藍學堂

學習・奇趣・輕鬆讀

THE SEARCH FOR A BETTER WAY TO SUCCEE

THE LONG WIN

贏家不是一時得勝，卻輸掉人生！成功是慢慢存、可持續終生的行

長勝心態

CATH BISHOP

凱絲・畢曉普——著

鍾玉玨——譯

獻給我的父親布萊恩，他無窮的好奇心不斷激勵我探索再探索不要把所有閃閃發光的東西看作金子。

阿蘭・德・里爾（Alain de Lille），《拋物線》（*Parabolae*），約一一七五年①

目次

各界好評

一本令人振奮的書，它翻轉了成功的概念。強大而深刻！

馬修．席德／《練習的力量》作者

勝／負是現代西方社會思考何謂成功時過於簡化的二分法。但是凱絲．畢曉普告訴我們競爭與比賽的現實遠比我們想像來得複雜。很開心看到本書根據實際的經驗，探討這麼重要的主題，顯示我們還須更努力地學習，了解我們評斷自己與他人的方式。對動機感興趣的人都應該閱讀這本書，並深入思考。

瑪格麗特．赫弗南／《微行動引爆團隊力》作者

暴起暴落的成功，常常引人注目。而穩紮穩打的累積，則容易被人忽略。只要方向對了，慢慢走，也能每天更接近終點。祝願您，能透過這本書培養長勝心態的三個關鍵。

洪仲清／臨床心理師

真正的幸福感來自於能與他人連結，並且影響他人來「一同競爭」，解鎖彼此更大的潛能，而不是只想到自己單方面的勝利。

李昆霖／提提研執行長

在追求「贏是好事，輸是壞事」的文化裡，這是一劑醒酒藥。

文森說書／YouTuber

推薦序　輸贏之外

綠角

什麼是成功的人生？

在學期間，考試贏過別人，拿到更好的成績；出社會後，升遷贏過別人，取得更高的職位；或是收入勝過他人，累積更多的財富。

我們太常也太習慣，以勝過他人、跟他人比較，來定義何謂成功。

比他人好，自然是更成功啊。而且，競爭不正可以激發人類潛能。這不是一個簡單又正確的想法嗎？

本書作者凱絲．畢曉普，前英國奧運划船隊隊員，以詳細的論述告訴讀者這個想法問題何在。

奧運，無庸置疑，取得獎牌就是成功。書中講述了許多金牌得主在衝過終點線之後的空虛感，以及隨之而來要繼續在下一場競賽證明自己的壓力。

看似相當不錯的第二名，銀牌得主，身為「第一」輸家，往往心中有著最深的遺憾。

奧運開幕時，上萬選手踏入會場，最後只有幾百位金牌得主笑著離開。絕大多數運動員帶著失落退場，而金牌得主也未必真如表面上看起來風光。

只有少數人是贏家，大多人是輸家。而身為贏家也不如想像中美好。這就是我們要的競賽嗎？

這是我們希望在學校、職場或人生看到的狀況嗎？

輸贏之外，你有其他選擇。

作者談到自己在競技運動的經驗，目前的選手與教練團，已經逐漸把目光從成果（result）轉到表現（performance）。

不只看競賽成果是第幾名，而是整個過程表現如何。

有次作者的划船隊得到第一名回到岸上時，教練臉色不善的說：「跟我說說妳們的表現。」隊員有點莫名其妙，我們是第一耶。可是在教練追問下，她們自己心中其實也明白，隊員開始檢討今天比賽的缺失，譬如起步後的節奏太快，無法維持。而且風向處理也不太好。

重點是為這個活動付出的努力以及持續追尋改進。不論今天是風光的第一名，或根本連頒獎台都沾不到邊，這都是要持續進行的功課。

作者也提到跟隊友兩人在世界盃划船賽的最後衝刺階段。作者一心想著划槳入水角度、划水時間、出水動作、隊友協調，她周邊的世界已經消失了，就只有她、隊友，跟船。船好像在水面上飛起來，以無比滑順的姿態駛向終點。

過了終點，作者根本不知道自己到底第幾名。抬頭起來看了大型記分板，她才知道贏得金牌了。

這場比賽讓作者真正珍惜的，不是那面獎牌，而是物我兩忘、全心一致的划船體驗。

這是真正的成功。這是會伴隨你一生，一直鼓舞你前進的人生體驗。

我們必須跳出簡單的輸贏框架，檢視自己在各種活動，不論是求學、工作還是人生，是否採取一個不斷精進的態度、不斷學習的心態。

追求進步的心態，不會讓你失望。願意學習的人，不會停止前進。不是為了勝過他人而進步，而是為了讓自己更好而前進。當你用這些全新的看法來面對自己的工作與事業時，你可以不那麼在意外界訂下的輸贏之分，以一個更健康的心態活在這世上，也更容易得到內心的真正滿足。

轉換心態，離開目前常見的輸贏二分法價值觀，不是簡單的事情。書中詳細介紹了三個C的概念，提供讀者實際行動之路。

想在輸贏之外，有更精彩充實的人生旅途？《長勝心態》值得一讀。

（本文作者為財經作家）

推薦序　不求常勝，但求長勝

齊立文

今年四月底，讀到了一則新聞：一九六九年創下人類登陸月球壯舉的三位太空人之一柯林斯（Michael Collins）辭世，享年九十歲。報導中提到了一個我過去沒注意到的事實，亦即乘阿波羅11號太空船登月的三名太空人當中，只有阿姆斯壯（Neil Armstrong）和艾德林（Buzz Aldrin）真正踏上了月球表面，至於柯林斯則是擔任指揮艙裡駕駛，停留在月球軌道上。

柯林斯的任務無疑很重要，將另外兩名夥伴送抵月球，但是也有人問過他是否感到遺憾，沒能在月球上漫步。「我當然認為我沒拿到三人當中的最佳席次，但是我可以很誠實地說，我對於我得到的位置還是無比振奮。」

本書也提到了登月計畫，做為大國競逐世界霸權地位的指標性戰場之一，只是作者採取了「月之陰暗面」的視角：「這些太空人返回地球後，心情如何？我發現了他們頻陷入憂鬱的報導。其中最早踏上月球表面的兩位太空人之一艾德林，把目睹月球時的描述『華麗的荒土』（magnificent desolation），用來形容他返回地球後的生活。」

或許，關於這個登月的故事，你還聽過更尖刻的版本：人們只會記得「第一個」踏上月球的人，第一之外，無人聞問。所以，我們都記得了阿姆斯壯，更能朗朗上口他那句記入史冊的名言，

「這是個人的一小步，卻是人類的一大步。」

以上這段敘述，可以部分呈現出作者的書寫動機：當人類探索未知領域的冒險精神，成了美蘇國力角力的陪襯；太空人往後的生活，成為了華麗的荒土，我們還一定都要當阿姆斯壯嗎？當柯林斯又如何？從國家乃至個人，總是想贏的意義何在？

「長勝思維」知易行難，甚至知之不易

本書一開場，就談到了作者在奧運划船比賽奪得銀牌後的心情：腦中一片空白，而且沒有想像中的快樂。這也促使她展開自我探索：「難道『體育』只在乎誰是勝利者？我們觀看的比賽裡，難道沒有更多值得欣賞、以及思考的面向？」

而如果將體育二字，置換成學校、企業乃至於國際政治，我們都可以隨著作者的思路，進一步扣問自己相同的問題，處在一個充滿競爭力排名的世界裡，真的有永遠的贏家嗎？畢竟拉長時間來看，我們都知道人不只是活一時，還要活一世；而且如同書中引述搖滾歌手巴布·狄倫（Bob Dylan）的歌詞：今天失敗的人，或許明日將贏得勝利，因為時代在變。

然而，問題就在於，本書提及的「長勝思維」，你多半已經知道了，或至少以為自己知道了，只是你非但做不到，還經常反其道而行。

根據作者的定義，長勝思維「重新定義了何謂『贏』，希望大家更廣泛地關注長期而言更重要的事；不僅重視結果，也同樣重視學習與成長；認清實現目標與抱負，少不得協作與建立連結。」

但試著回想你最近一次輸或贏的經驗？輸的時候，雖敗猶榮、過程比結果重要、入圍就是得獎的話

語，安慰得了你嗎？贏的時候，下一次輸得起嗎？換到選舉、企業經營、員工績效評估的場景，我們都知道眼光要放長遠，要追求目的、意義，而非只看重短期利益、營收獲利，實際上的作為又是如何？

或許，正是因為「長勝思維」知易行難，甚至知之不易，畢竟我們從語言、思維到行為，都很難真正做到「輸贏不重要」，因此在閱讀本書時，看到作者嘗試將長勝思維從體育延伸到教育、商場、政壇、國際政治時，不免產生陳義過高的疑慮。

但換個角度想，思維的轉變原本就需要時間，需要有人帶頭做起。本書提到的美國心理學家卡蘿．杜維克（Carol Dweck）在《心態致勝》書中提到的改變心態，從認為人的智力、能力天生不變的「固定型心態」，轉換成透過學習、挑戰就可以不斷自我提升的「成長型心態」，就是很好的起點。

一旦你相信自己是可以持續不斷改善、進化，就比較不會用一時一地的勝敗來定義自己與他人，接著就可以追隨作者提出的3C思維，即清楚思考（clarity）人生的目的、持續學習（constant learning），以及與他人建立連結（connection），逐漸培養出「長勝心態」。

我很喜歡看網球名將費德勒（Roger Federer）打球，一九八一年生的他，至今仍活躍網壇。很多名將在過了在「球場上常勝」的巔峰期後，往往選擇急流勇退，但是費德勒顯然選擇了「人生中長勝」，喜歡做的事，只要還能做，就超脫勝負，持續做。

（本文作者為《經理人月刊》總編輯）

自序

本書涵蓋的經驗出自奧運選手、戰區談判專家、企業領導階層、課程學員等等。我結合了故事、評論、研究，讓大家更清楚商業、體育、教育、政治等強調專業與傑出表現的領域的現況。我訪談了運動員、學者、心理學家、教師、企業領導人。廣泛參考了歷史、生物學、心理學、哲學、人類學的見解，以利我研究勝利如何影響我們的生活。

爭取勝利在我們的文化中占很重要的地位，但很難具體確定它的範圍。這現象的表面與表面下，看起來截然不同。求勝存在於我們的意識與潛意識，我擴大視角，除了援引傳統的證據，也涵蓋一系列的意見、態度、偏見和信念。

寫這本書是人生專業生涯中精彩的亮點，也是非常私密的歷程，讓我有幸能夠整理我親身經歷的不同世界——體育、外交、教育、商業以及家庭。

本書試圖平衡廣度與深度，內容力求盡到告知、娛樂、啟發的目的。我希望挑戰大家既有的預設想法、思考與行為模式、自己慣用的語言、周遭人說的話，也希望大家挖掘鞭策我們、親友、隊友、同仁前進的深層動機。

最後，我想鼓勵與協助你們探索成功與勝利對你們的意義，就像我也不斷深思它們對我的意義。我相信，這可以為我們、我們所在的世界、以及後代子孫打開更多機會之窗、創造更多可能性、立定更多志向。

No 1
A+
FINISH

序曲

二〇〇四年八月二十一日上午九點十分，雅典希尼亞斯湖

我等在起跑線，我們的船在第二個水道蓄勢待發，我深吸了幾口氣。我們的主要對手在左邊，分別來自羅馬尼亞、白俄羅斯、加拿大、德國，右邊一支隊伍來自紐西蘭。我感覺心跳加速，儘管我坐得穩如泰山。雅典市郊平緩起伏的山丘成了比賽場地迷人的風光與背景，山巒見證了歷來的英雄好漢。我又深吸了幾口氣，快速回頭看了一眼搭檔：我們眼神相遇、微微一笑、默默交換千言萬語，望著她身後兩千米等著我們征服的平靜水道。我再次轉頭，在起跑區一片靜默聲中，大聲地呼出一口氣。我看見眼前巨大的奧運五彩環，牢牢固定在起跑線裁判所站的台子前面。再更深地吸了幾口氣。我專注於演練第一次槳面入水，想像下槳的畫面，一如之前反覆練習那樣。在腦海深處某個地方，思考與消化接下來七分鐘的重要性，一如賽前幾週、幾個月、甚至幾年所做的那樣。我知道奧運的遊戲規則，唯有結果最重要。

二〇〇四年八月二十一日上午九點十五分，雅典希尼亞斯湖

這時候，每一次下槳，疼痛就增一分。我呼吸不順，注意力開始渙散。只能部分意識到周圍發

生的事，但警覺性卻非常高。在內心深處，我知道比賽進入最後關鍵部分：人生中的這九十秒將對我日後的一切產生深遠影響。

我全副意識都集中在下槳、船上、湖上，當下的一舉一動。但是潛意識裡，冒出過往一些片段：用功準備學校考試、無望的運動生涯、打擊人心的體育老師、與手足之間的較勁、把考試成績拿給父母看、第一次與槳的接觸、一路走來的高低起伏、所有的機會與選擇在這裡攀上頂點。

在進入最後的六十次下槳，直覺告訴我，無論我們多疲憊，都得加碼衝刺。我從眼角餘光知道，我們並未領先，但也沒被甩在後頭。我們得把儲備的體能用到極限，甚至有過之而無不及，才能成功提速。

賽前我就知道，有兩條故事線等著我們完成。多年來與教練以及老師的對話、閱讀體育版的報導、觀看頒獎典禮，讓我明白這兩條故事線會怎麼發展。第一個版本：成為榮耀的巨星、締造歷史佳績、夢想成真、運動生涯終於備受肯定。第二個版本：屢戰屢敗、再次與獎牌失之交臂、在關鍵時刻掉漆。這兩個故事都有可能，不管哪一個都會對我以及我之後的人生產生重大影響。

二〇〇四年八月二十一日上午九點十六分，雅典希尼亞斯湖

在最後關鍵的幾槳，我用盡僅剩的所有資源，盡可能加快槳入水面的速度，有力地把槳下到水裡，再以外科手術般的精準角度將槳抽出水面，儘管這會耗盡我的體力。我配合隊友單音節的號令下槳、抽槳，這樣的默契是經過數千小時訓練磨出來的，有時我能用心電感應的方式聽到號令。

我的潛意識閃現更多清晰的想法：所有愛我、支持我的人；發現許多事現在不做就永遠來不

及；完全不明白自己是怎麼一路走到這裡；清楚知道，我再也不會做這事了；我得找找自己還有什麼實力。

我們平行地划過擁擠的看台。人群喧鬧的雜音大到我們的船與我們的身體都能感到震動。他們的喊叫聲與跺腳聲在我耳邊迴盪，由於我全身力氣都集中在划船上，所以聽力不是很靈光。現在的我完全是憑本能行事。

二〇〇四年八月二十一日上午九點十七分，雅典希尼亞斯湖

我們越過終點線時，群眾靜默。我的身體，前一刻還全身緊繃，迸出體力與爆發力至極限，現在則垮在槳上。前幾分鐘拚命往前划的急迫感，現在煙消雲散。聽力逐漸恢復正常，聽到自己肺部大口吸氣震耳欲聾的聲音，我的身心自動進入賽後狀態，肌肉開始產生大量乳酸，改善剛剛蹂躪肌肉致肌肉細胞缺氧的現象。我的腦也開始回想剛剛發生的一切，以及它可能代表的意義。有個問題快速浮現眼前：我們贏了嗎？

奪獎的前三名隊伍出爐後，加油團繼續搖旗吶喊，我抬頭瞧了一下，看到幾面英國米字旗朝我們的方向揮舞。

聽到世上大同小異的電子嗶嗶聲，表示你過了終點線。多年的努力落幕了。對許多人而言，落幕的還有希望與夢想。當其他船隊陸續抵達終點線，聽到一個緊接著一個嗶嗶聲響起。儘管身心過度透支，腦袋仍能馬上分辨得出哪個嗶嗶聲是你的。我知道哪個嗶嗶聲是我們的，只不過無法立刻接受而已。

因為划船是面向後方，你可以看到落後的船，但看不到領先的船。我們屈著上半身垮在槳上，隨船載浮，我可以看到剛剛幾秒鐘前還跟我們拚搏的其他船隻，只有一艘例外，我看不到那艘船。我知道那代表什麼意思。

二〇〇四年八月二十一日上午九點二十分，雅典希尼亞斯湖

比賽結束後不久，工作人員示意我們把船調個方向，穿過人群，划向充當頒獎台的浮台。這對我是一條嶄新的路徑。我這輩子只有兩次在世界錦標賽上被示意划向頒獎浮台，但是在奧運則是首次。前兩次奧運比賽，我們只能灰頭土臉划回停船區，因為成績慘不忍睹。

我不解地看著那些瘋狂向我們搖旗的陌生人，努力想認出其中是否有熟人。我的記憶還很零碎；身體尚未從剛剛那七分鐘全力以赴的拚勁中恢復過來。到了浮台，要下船時還有些不清醒，本能地攙著隊友凱瑟琳·葛瑞格（Katherine Grainger），後來因為突然腳軟，癱坐在地上。我們了不起的加油團立刻遞了一些水給我們，這水真好喝。毒辣陽光照在體力透支與嚴重脫水的虛弱身體上。

沒多久，我們被帶到英國廣播公司（BBC）體育主持人的面前，接受「實況」採訪，主持人之一是五屆奧運冠軍史蒂夫·雷德格雷夫（Steve Redgrave）。麥克風遞到我的眼前，我被問及對這次的結果有何感受。我毫無想法，畢竟我才剛開始回神想弄清楚怎麼回事。我已記不得當時到底說了什麼。當時腦子還一團亂，搞不清楚發生了什麼，以及它的意義。我大概說了很榮幸能參加這次比賽，以及我們全力以赴了。其實我並沒有真正回答記者的問題。

採訪結束後，我們排好隊準備參加頒獎儀式。金牌站中間、銀牌在右邊、銅牌在左邊。我們站在右邊，脖子掛上獎牌、頭戴模仿古奧運儀式的月桂花環，頒獎台上升起了三面國旗，唱的是另一個國家的國歌。

我的腦袋馬不停蹄地處理感情、思緒、希望與疑惑。我覺得自己已被榨乾；覺得鬆了一口氣，因為終於能卸下賽前緊繃的神經；多年的等待終於結束，但又覺得不踏實。一個環環相扣的思緒在我腦海盤旋：我們已盡了全力；我們成功站上頒獎台，摘下銀牌。我該如何理解這些？

勝負／贏輸

那天我持續做了賽後分析，心裡有個疑問：「別人會怎麼看我們的成績？」我首先想到划船搭檔，她花了幾小時坐在我身後約六十公分處。對我而言，這是我第一面奧運獎牌；對凱瑟琳，這是她第二面奧運銀牌。沒有人想要兩面銀牌。這是菁英世界，勝利重於一切。我們兩人有明確的共同目標，希望以她之前的奧運經驗為基礎，更上一層樓。我們也開誠布公地談論彼此的信念與抱負，希望能成為英國奧運史上第一位摘金的划船女將。但是我們一路披荊斬棘才挺進奧運殿堂，挺進希尼亞斯湖決賽，最後站上領獎台。此外，我和凱瑟琳經歷了只有我們兩人才了解的箇中滋味，可在餘生中持續分享。

接下來，我想知道：「我們的教練會怎麼說？」澳洲籍的他在一九九六年的亞特蘭大奧運奪冠，二〇〇〇年在他老家雪梨主辦的奧運屈居亞軍。我知道銀牌並非他首次帶領英國划船隊出征奧運的目標，我不知道他現在人在哪兒，但我知道，在見到我和凱瑟琳之前，他已在斟酌自己的想法。

我的思緒轉到：「其他人會怎麼說？」坐在講評席的記者已經寫完了他們的評語，等著明天見報，接著等待下一場比賽登場。其他的評語也會陸續出爐。在英國老家的各路划船選手不久也會論斷誰是英雄、誰無能、誰英勇奮戰、誰成了絆腳石。

最後：「我的父母怎麼想？」這大大改變了我的參考框架。現在不再皺著眉頭，感覺身體放鬆，也不執著了。如果我還有體力笑，我一定會大笑。祝福老天保佑父母，幸好他們不在乎結果，只知道這對我很重要。我把他們捲進體育世界之前，他們從來沒對體育花過時間。他們的反應很大程度取決於我的反應，也會先衡量我的反應再做反應。他們以前不知道，所以頻凸槌，例如我輸了比賽，他們卻恭喜我表現很棒，而我的反應明明沒有慶祝的意思。自此他們學會調整反應，盡量跟我一致。

這些關於勝利的思緒和問題，成功的模樣與成功後的感受，在我越過終點線之後，像急流一樣在我腦海翻來覆去。自此我一直反覆思索這些問題。

我在演講時，最常被問到的問題仍然是：「越過終點線時，你有什麼感覺？」有很長一段時間，我對這問題百思不已，希望找出最佳答案。直到我發現，這問題不只是提問者的問題，也是我的問題。這是我們共有的問題，需要釐清何謂勝利，對照其他人的經驗，以利我們明白自己的成功標準。

有一段時間，我認為這是我個人的問題。

而今我明白，這存在於我們所有人的想法裡。

緒論

自體壇退休後，我真心認為自己遠離了一心求贏的世界，但我繼而在外交界、商業、育兒世界、教育等領域發現，求贏（獲勝）是個不斷重複出現的主題，放眼所及，大家莫不努力追求他們所想的勝利與成功。意識到這並非體壇或我個人所獨有的現象，因此我一頭栽入了研究，希望了解獲勝這想法到底是如何以及為什麼無所不在地深入我們的生活與社會。

當了外交官之後，我發現政治談判是另一個有贏家與輸家的世界，只不過牽涉的風險遠高於我參賽過的任何一場比賽。我再次轉換生涯跑道，開始鑽研領導力開發與組織績效（organizational performance），我認識了一群領導人與企業，爭相想在各自的領域「拔得頭籌」，將競爭對手踩在腳下，汲汲於尋找「勝利配方」、「成功祕笈」。

我當了父母之後，再次與學校打交道，這裡的輸贏與考試、成績、排名息息相關，輔以「天資聰穎」之類的好評標籤，或是遠在天平另一端「不思進取、不夠投入」的負評標籤。大學友人畢業後當了律師、進入金融業、或是成了管理顧問，莫不跟個奧運選手一樣，兢兢業業地奮戰，絲毫不敢懈怠，以求在職場的割喉競爭裡脫穎而出。

我們被求贏的語言與文化所包圍。說真格地，多達數百萬本書籍與產品承諾把我們變成「贏家」。二十世紀家喻戶曉的幾首暢銷曲裡，也聚焦在贏這個話題，諸如ABBA名曲《贏者全拿》

（*The Winner Takes It All*）、滾石樂團的《贏得難看》（*Winning Ugly*）、皇后樂團金曲《我們是冠軍》（*We Are the Champions*）等。

電視節目、廣告看板、社群媒體的貼文充斥社會推崇的「贏家」照片或畫面。成功的代言人與模範生包括體育場上的英雄、擁有「贏家外貌」的時尚模特兒、政治人物或企業偶像。這些每天出現的贏家是如何影響我們的世界觀？誰是我們追求模仿的對象？他們如何以身作則教導我們做人處事？我們彼此是競爭對手、同事、朋友、抑或敵人？我們對於周遭人是彼此提攜還是非勝過對方不可？

日常對話離不開要贏的語言與敘述，透露我們大家有意識以及潛意識想贏的心態與想法。感覺不易挑戰或推翻這個想法（**只有「魯蛇」會做這種事**），但這正是我斗膽想幹的事。有關什麼是贏，如果給了簡單狹隘的定義，將導致嚴重不可預料的後果。「贏是好事，輸是壞事」這樣的二分法角度並不成立，因為禁不起現實生活的檢驗。老實說，這樣的心態對我們大家壓根兒沒好處。本書旨在分析求贏表面下有什麼暗黑弱點，對照那些手捧獎盃的光榮時刻，以便我們可以更清楚地建構未來成功的模樣。

定義成功

我們心裡對於成功這個主題有什麼既定的想法與假設？我問了朋友與觀眾，「勝利對於你們的意義是什麼？」一大同小異的答覆與畫面躍然於眼前：獎牌與領獎台；獎盃與歡呼的群眾；擊敗所有人的佼佼者。大家對贏做出的肢體動作也差不多：咧嘴大笑、興奮握拳、高舉雙臂。有幾句話慣被大家引用，最常見的包括：「成功人士，人見人愛。」「贏不是重點，志在參加。」（**這話多半用嘲諷的語氣說的。**）他們也提到了個人功成名就的風光時刻、奧運奪牌的經典畫面、過去與現在的體育明星、歷代海陸冒險家、領先的實業家與全球商業巨擘、以及拿破崙或曼德拉（Nelson Mandela）等歷史要角。

放諸四海，這些都是英雄般的偉人，有時甚至稱得上是超人。他們讓人憶起神奇而又超凡的時刻。這類對於成功與勝利的深層本能反應，迴盪在我們四周，滲入我們的個人生活、工作職場與社會常規。贏等於成功，成功等於贏，意味得擊敗對手。

俗諺「競爭能激發我們最好的一面」，每當聊到成功的話題時，這話常被引用。我們慣把一些人類不凡的成就歸功於競爭，包括重大的科學發現、冒險挺進南極點、一九六九年人類登月等等。但是我認為事情沒那麼簡單，如果我們認為競爭是關鍵的驅動力，我們會錯過很多東西。

我們把偶像人物視為英雄與榜樣，但我好奇他們更廣泛的人生與經歷。英勇的登月先鋒，跨出太空艙首次踏上月球表面的重大時刻之後，接下來的生活是什麼模樣？這些太空人返回地球後，心情是如何？我發現了他們頻頻陷入憂鬱的報導。其中最早踏上月球表面的兩位太空人之一艾德林（Buzz Aldrin）生動地把目睹月球時的描述「華麗的荒土」（magnificent desolation）用來形容他返回地球後的生活。①

登月競賽是國際政治的一環，而國際政界充斥勝負的語彙。但是在政壇一路得勝，似乎完全無關能否成功解決我們當前的重大政治課題，諸如氣候變遷、恐怖主義、全球健康威脅、或是社會公平等等。在一味爭贏求勝的政壇，看看過去數十年來的軍事史就會一目了然，舉凡承諾會旗開得勝的地方，從越南、伊拉克到阿富汗，沒有一張支票兌現。關於誰是冷戰的最後贏家，至今辯論不休，也許有關這場打到最後都無法取勝的戰爭，最好的寫照出現在約翰・勒卡雷（John Le Carré）的小說裡，他筆下知名的間諜喬治・史邁利（George Smiley）與死敵卡拉（Karla）之間老是沒完沒了地爭高下，到頭來卻只是徒勞，堪稱最好的詮釋。

我們死抱著勝利背後簡單又誘人的意義不放：搶第一、擊敗所有競爭對手。「勝利不代表一切；而是唯一的事情」，這口號迴盪在會議室、運動賽場、家裡。我們太常視這口號為理所當然，認為「生活就是這樣」。這口號進一步強化我們的信仰：爭勝是造福我們生活、讓我們積德向善的強大力量，所以我們大家都該努力追求。大家可繼續接受這樣的想法，並根據這樣的想法過日子。只不過我無法接受。雖然和大家唱反調，彷彿異端，但我真看不出求勝爭贏的好處。

那麼什麼時候勝利不等於成功呢？例如美國自行車好手藍斯・阿姆斯壯（Lance Armstrong）因為禁藥醜聞，七次環法賽冠軍的頭銜被一筆勾消。英格蘭橄欖球得分王強尼・威爾金森（Jonny Wilkinson）是英格蘭球隊抱回二〇〇三年世界盃冠軍的最大功臣，原本以為賽後會喜不自勝，結果不然，套句他的話：「哪有開心，它連個鬼影都沒出現。」[2]或是聽到奧運金牌得主一進到更衣室，立馬把獎牌丟到垃圾桶，因為為了奪金，一路下來實在太苦了。

我們開始看到成功呈現了哪些不一樣的畫面嗎？成功人士為了取得勝利光環付出了什麼代價？還有哪些其他參賽者被我們鄙視或忽視？還有哪些有才之士、輝煌表現、未來成就可能因為我們狹隘的成功觀而被不屑一顧？狹隘的成功觀死守搶當第一這個標準，不願擴大成功的範疇。

在商業界，為了爭第一，有多少戰役後來變了調？我們怎麼看待「常勝軍」佛雷德・古德溫（Fred Goodwin）這位銀行大亨？在他主持下，蘇格蘭皇家銀行的年度虧損金額之高，刷新英國企業史記錄，並在二〇〇八年獲得英國政府史無前例注資紓困。知名基金經理人馬多夫（Bernie

Madoff）是全球最大投資騙局的幕後操盤手，我們怎麼看這個人？對於商業巨頭安隆（Enron）破產醜聞與福斯汽車（Volkswagen）造假廢氣排放，我們有何觀感？放眼組織界，產能低落無起色；各行各業員工士氣消沉；員工過勞比例寫下新高。在在顯示，公司慣常掛在嘴邊的口號：「做到最好」、「擊敗對手」、「當上第一」，其實並不管用。

在教育界，學校體制圍繞分數、目標、排名打轉，導致大批老師離開教職。多個研究顯示，全A學霸雖是校園的「贏家」，但畢業後，職場的表現並非最成功。舉幾個家喻戶曉的人物為例。微軟創辦人比爾．蓋茲（Bill Gates）自哈佛大學休學，史帝夫．賈伯斯（Steve Jobs）以及理查．布蘭森（Richard Branson）在校時的表現也非頂尖。

業務經理拚死拚活讓業績達標，以便爭取年度獎金與紅利。但是我聽到一些業務主管坦承，他們會**拒絕**另一地區同仁與客戶指派的業務，因為該業務無助於拉抬他們的銷售數字。這一切只為了求「贏」。我認識一位哈佛商學院畢業的校友，從事投資業，年薪一百二十萬美元。他告訴我，他實現了在商學院就讀時對成功所下的大部分定義與目標，但他坦言，討厭進辦公室上班，表示：「我覺得自己在浪費生命。」

求贏的欲望對社會每個環節都會產生影響。事實證明，它對新聞報導、學術研究、對抗性訴訟制的品質，均造成了負面衝擊。一些大型法律訴訟案被新聞廣泛報導，被好萊塢改編上映，因為法庭上水火不容的雙方讓訴訟多了戲劇性，法庭這個地方，轉移、扭曲、甚至欺瞞等手段都能發揮作用，一切無非為了打贏官司，讓對方敗訴。

當我們以更長的時間軸、更廣泛的視野看待這麼多「贏家」時，我們對於成功大同小異的定義開始鬆垮變形。所謂的贏，常見畫面多半聚焦在某個單一時刻：奪冠選手站在領獎台上、公司宣布年度獲利、打贏一場官司、宣布選戰壓倒性勝利等等。美國女網好手克里斯・艾芙特（Chris Evert）曾說過一句名言，稱在溫布敦賽封后後，大約只會嗨（high）一週。一週之後會發生什麼？贏（或沒有贏）對於體育健將接下來的一輩子意味著什麼？企業如果把眼光聚焦在員工、公司所在的社區、甚至擴及社會，那麼企業界的成功又是什麼模樣？全A的成績能為學生日後的生活做何準備？政治領袖打贏選戰坐上執政位子，如何把選票轉換成解決當前重大問題的推進力？

美國傳奇體操教練瓦洛里・康多斯・菲爾德（Valorie Kondos Field）告訴我，我們癡迷於獲勝，這心態正在教育界、體壇、企業界製造「破碎的人類」（broken human beings）。誠如她在TED的演說，**為什麼獲勝未必就是成功**：

> ……我們創造了不惜一切代價獲勝的文化，這讓我們陷入危機……整個社會推崇在金字塔頂端的人。我們為那些奪冠、打贏選戰、獲獎者熱烈鼓掌。但不幸地，頂著全A頂尖成績光環的學生畢業離校時已是「傷兵」。運動員帶著獎章與獎牌離開隊伍時，往往毀的傷，不只身體受傷，感情與精神也受了傷。員工離開公司時，儘管帶著鉅額獲利，也已受傷。③

如果獲勝與成功在這麼多例子裡都不是好事，是時候該更深入剖析這是怎麼回事，找出我們怎麼會走到這一步，然後看看是否有辦法改變。

本書並非一味否定獲勝、競爭、以及凡事做到最好的心態，也絕非要大家降低標準。反之，本書意在挑戰我們針對獲勝、競賽、成功所設定的框架，希望能換個角度，思考我們怎麼做才能把事情做得更好。本書重新回頭檢視我們通常不屑一顧的事情，或是掃到地毯下假裝看不到的問題，希望能進一步了解為什麼有些時候，勝利不見得能對我們的人生創造意義與成就感。唯有看到硬幣的正反兩面，看到獲勝的光明面與陰暗面，才能重新定義何謂成功，繼而朝設定的抱負邁進，絕非僅簡單地以爭第一為目標。

深入剖析這個根深柢固的文化現象，代表得探索表面以及表面以下發生了什麼，亦即我們的心態（mindset），心態建構我們的信仰、偏見、態度、看世界的鏡頭。心態常在偶然以及不經意時竄出表面，每每讓我感到意外。我們會安排每天要做的事項、會議、簡報電話、專案計畫等等，但似乎忘了照顧我們最重要的部分：我們的心、思考方式、信仰與感受。然而這些看不見的元素支配上述一切具體可見的工作事項，驅策我們外顯的行為以及與他人的互動。接下來各章將探討構成這個共通點（爭第一、拿冠軍）的深層元素。

第一部分的章節從語言、科學和歷史的鏡頭分析獲勝如何發展到現在的意義。我們會考慮來自語言／文化、宗教／哲學、心理學／生物學等一系列的影響因素，雖然無法一網打盡，但足以協助我們更清楚地認識，社會大眾如何在不知不覺中養成了對獲勝的看法。

第二部分的重點探討了社會執迷於獲勝，如何在教育界、體壇、商業界、政壇起了作用與影響力。我會從不同的視角剖析我遇到的實例、其他人和我分享的經歷、以及在公共領域出現的情況。更深入地分析整個社會的獲勝心態也能刺激我們開始思考，該如何重新看待以及定義成功。

在第三部分，我們闡述什麼是「長勝」（long win），這是定義成功的另一種方法。我們將分析可如何積極地為我們自己以及社區創造不同於傳統的成功圖像，而非因循過去根深柢固的觀點。我也會列出一些問題、技巧與策略，協助實踐長勝的思維。

本書列出非常多的問題，因為問題是必要工具，可幫助我們深入理解、發展思維、刺激我們採取不同的行動。如果我們想要挑戰一些我們視為理所當然的信仰、假說、「普遍真理」，我們就得透過不同的視角重新探索這個世界，並反思我們現在的所見所聞。我想到了一個笑話：一條魚問另外一條魚：「水怎麼樣啊？」另一條魚答道：「水是什麼鬼東西？」我希望大家重新省思獲勝在我們人生裡的意義。

首先深入獲勝這個主題背後的腹地。接下來三章，我們會綜覽語言、科學、歷史等領域，一路追溯獲勝如何主宰我們的生活。

第1部

獲勝的意義是什麼？

誰獲勝，對我們生活造成的影響之全面，遠甚其他因素。

神經科學家伊安．羅伯森（Ian Robertson）教授，《勝利者效應》（*The Winner Effect: The Science of Success and How to Use It*）作者

第1章 魯蛇！：圍繞獲勝打轉的語言

大學教師警告我，不要走「魯蛇」路線，他們努力把我拉回正軌，勸我不要花太多時間在運動上，也不要經常光顧酒吧。我認識一位奧運划船教練，他多年來一再用以下這個問題嘲弄我以及其他運動選手：「你是冠軍還是魯蛇？」他特擅長在我們脆弱不堪一擊、對自我充滿懷疑、筋疲力盡的時候，來上這麼一問。我進入職場，基層第一線主管勸我，如果我在某事上受到不公平待遇，最好別抱怨，「因為沒有人喜歡發牢騷的人；這種人慣被視為魯蛇，通常無緣升官晉級。」

「你想當贏家還是輸家？」我這輩子老是被問到這問題，電影、書籍、演講，也都會看到或聽到這問題。有時候問得赤裸裸，有時候問得含蓄，力勸我，如果我不照他們所說的做，我就會失敗；我會輸。這些話出自有分量的權威人物，強調我在面臨人生困境時，有著一清二楚的選擇：要嘛贏要嘛輸。領導人、教師、教練、經理主管建構了一個二元世界，看似顛撲不破、不證自明，這個二元論一再強調生活的本質就是兩股對立力量不斷地角力拔河。

這類語言、思考方式、對周遭世界的理解與詮釋，成了社會裡贏家與英雄長期偏好的深層敘事方式（narrative），至今仍支配著職場、企業界、學校、家庭、平面媒體、廣播媒體。輸贏勝負的辭彙支撐了董事會上的交談，諸如市占率、努力當上市場的領導羊、發豪語摧毀競爭對手等等。世界各地的新聞每天沒完沒了地報導股市裡的贏家與輸家。

成百、上千、數百萬的書籍、演講、產品承諾公開「獲勝祕笈」，教你如何變成「贏家」。這些產品幾乎涵蓋了所有類目，從美髮產品、行銷活動、乃至網站不一而足，承諾教會你「如何成為金牌博主」，或是不管你選擇什麼活動，務必讓你成為贏家。上市的書籍包括傑克・威爾許（Jack Welch）在二〇〇九年出版的《致勝：威爾許給經理人的二十個建言》（*Winning: The Ultimate Business How-To Book*）；奧運金牌得主暨「國際田徑聯合會」（IAAF）[1]主席塞巴斯提安・柯伊（Sebastian Coe）的著作《求勝之心》（*The Winning Mind*）；英國政治顧問艾勒斯泰・坎柏（Alistair Campbell）的《贏家及其成功之道》（*Winners and How They Succeed*），書裡他「勾勒了成功的藍圖」；英格蘭橄欖球教練與實業家克萊夫・伍沃德（Clive Woodward）出版《致勝！》（*Winning!*），繼而出版富想像力觀點的領導力書籍《教你贏》（*How to Win*）；《紐約時報》記者尼爾・艾文（Neil Irwin）的書籍《如何在贏家通吃的世界中致勝》（*How to Win in a Winner-Takes-All World*），講述如何成功駕馭事業，並概括了我們所有人面臨的難題。我還可以繼續洋洋灑灑地列舉下去。

到了書店，不管你在哪一區（商業、體育、政治、歷史、或是自助工具書），不須花太多時間就能輕鬆找到書名中有「贏」這個字的作品，書裡充滿堅若磐石教你如何致勝的祕笈、工具以及公式。讀者就像亟欲減重的人士一樣，熱切地搜尋最新書籍：一本真正能讓他們成為贏家的寶典。

念書時，致勝的語言響徹操場與考場。孩童從周遭的人與事發現，必須搶先知道所有答案，必須雀屏中選並成為頂尖。在許多國家，學校得爭排名，排名愈高，愈能確保未來前景，這和足球俱樂部也看重排名非常類似。

政治人物超愛用致勝的語言，不厭其煩地一提再提，也許認為，說得夠多次，就能提高致勝機率，下次再面對選民時，能脫穎而出。美國總統川普一次又一次地打這張牌：

……我們又要開始吹響勝利的號角，我們會大贏，會贏在每一個層面，贏在經濟，贏在軍事，贏在健康醫療，贏在退伍軍人，贏在方方面面……我們必須繼續贏，我們會一直贏下去，贏得更多……②

英國首相強森（Boris Johnson）慣用打贏一場英勇戰役的比喻法，鼓勵英國在二〇一六年脫離歐盟。在二〇二〇年他再次借用獲勝的修辭，激勵國民「擊敗新冠病毒」。贏這字已成了政治人物的「標配」，不管眼前碰到什麼樣的問題。儘管政治人物幾百年來已（濫）用和贏相關的語言，但我認為，這樣的用語和我們所處的複雜環境已愈來愈不協調。與贏相關的用語當然無助於我們集體應對社會面臨的各種不確定以及無法預知的挑戰。政治人物和我們其他人一樣，必須調整以及擴大他們的應對方式，才能與時俱進。

體育迷與記者一樣都喜歡觀看並描述溫布敦網賽上廝殺激烈的決賽；英超足球俱樂部之間激烈的戰況，以及美法球隊在萊德盃（Ryder Cup）高爾夫對抗賽上史詩般的較勁。觀看高水平的體育賽事是一大樂事，是一種可讓人回味無窮的特別享受，我是這類節目的忠實粉絲。但是我們如何詮釋看見的現象，以及我們觀看的角度，構成了體育所代表的重要意涵。難道體育只在乎誰是勝利者嗎？我們觀看的比賽裡難道沒有更多值得欣賞以及思考的面向嗎？

體育悍將被冠以神一般的地位與超人的能力，一旦狀態不佳或是輸掉比賽，立刻被毫不客氣地淘汰。要嘛上，要嘛下；中間幾乎沒有灰色地帶。但體壇也出現另外一個現象：放眼體壇，熱門菁英體育項目出現心理健康問題的現象愈來愈多，例如國家美式足球聯盟（NFL）球員的自殺率有增無減，觀看奧運的人數持續流失，運動員服用禁藥的危機層出不窮等等。這些在在顯示，在體壇，並非所有真金都閃閃發亮。關於獲勝的片語已融入日常生活的語言，大家習以為然、耳熟能詳，因此鮮少會注意。不過這些語言到底是助力，抑或會阻礙我們實現目標，這問題值得大家反思。以下只是幾個簡單的例子。

重贏的產業（industry of winning）沒有淡旺季，也絕不僅限於體壇。爭取獎學金、寫出最棒的作品、登上全球頂尖鋼琴家寶座、成為求職者最想進入的企業、推出最厲害的行銷活動、設計無人能及的最佳發明。還有頒不完的獎項與頒獎典禮，肯定最新的獲獎者。

但這些頒獎活動有何意義？首先，大量的人必須花大量的時間填寫提名或被提名的表格，主辦單位收到表格後，得花時間審閱然後排名次。評審的標準往往相當武斷、狹隘，有時由之前的

日常致勝用語

連番獲勝

贏了就是贏了（服氣吧）

眉開眼笑

有輸也有贏，
勝敗乃兵家常事

致勝方式

不惜一切代價也要贏

喜不自勝

贏者全拿

贏家人人愛

魚與熊掌不可兼得

贏者永不放棄，半途而廢者永不成功

贏得朋友

贏得輕鬆

成敗論英雄

要贏，你得親自下海

大贏一英里

容不下第二，
退無可退

雙贏局面

好人難出頭

得獎人訂定標準（儘管主辦單位強調獨立行使職權）。若你再花點心思細究，會發現獎項往往可以用「買的」，只要你成為活動的贊助商或是評審之一，便可提高自己獲獎的機會。除了靠武斷的標準領先其他競爭對手，該獎項幾乎沒有任何實質意義，也不會對其他人有更深層的影響。

以最矚目的競賽為例：誰能建造出全球最高的大樓？這競賽已持續了幾百年。揆諸歷史，最高的人造建築物是埃及的吉薩金字塔，蟬聯冠軍寶座逾三千八百年，直到一三一一年英格蘭的林肯大教堂落成。在一八八四年華盛頓紀念碑竣工之前，全球最高的建築物是歐洲的基督教教堂與天主教主教座堂。進入二十世紀，美國率先興建摩天大樓，繼而摩天大樓熱吹向西亞、中國、東南亞。馬來西亞吉隆坡的國油雙峰塔（Petronas Towers）寫下新高，然後是杜拜的哈里發塔成了離天最近的高樓。甚至出現「高層建築與城市人居委員會」（the Council for Tall Buildings and Urban Habitat）的國際機構，認證哪棟建物是「世界最高」。

一棟接著一棟高樓陸續在世界各地拔地而起，各國爭先恐後建造下一個世界最高的大樓，藉此彰顯影響力、支配權與國力。

高樓在波士尼亞古城莫斯塔爾（Mostar）發揮了重大的象徵作用。這個被族裔衝突嚴重撕裂的古城，一邊是波士尼亞穆斯林，一邊是波士尼亞克羅埃西亞裔（信奉天主教），雙方為了爭這古城的掌控權，你來我往激戰多年。雙方各自把禮拜場所設在內雷特瓦河（Neretva River）兩岸的顯著位置，鮮明的對比日日提醒市民，穆斯林與克裔之間的差異與分歧。在一九九〇年代內戰之後，天主教徒決定重建鐘樓，蓋得比莫斯塔爾市內任何一個清真寺的叫拜樓還高，並在鐘樓頂端增建一個大型的十字架，充分顯示當地依舊走不出族群互相迫害之痛。

不只是飽受戰爭蹂躪的城市，或是一擲千金的億萬富豪會想高高在上，每個人都躍躍欲試加入高人一等的行列。領導人被勝利的語言吸引，熱中於把自己以及轄下公司和致勝扯上關係，認為這是抬高自身價值的做法。然而這些榮譽與獎項，以及獎項背後的努力，如何以實際、有意義、而非曇花一現的方式改善我們的世界？眼前的勝利與光環在幾年後，還有什麼意義？畢竟多年後，換其他人接棒獲獎，地球會蓋更高的大樓，後浪會取代前浪，成了新一輪的得獎人與獲勝者。

我們怎麼走到今天這一步？

我們先思考贏這個字的起源。該字的起源可追溯到中世紀的日耳曼語，衍生於兩個觀念：gewinn與wunnia。根據《牛津英語詞典》，gewinn的意思是「工作、勞動、努力、拚搏」，這些最早的解釋強調了努力與勤奮。而與wunnia最接近的解釋是「歡樂、愉悅、開心、幸福」，[3]在這個古語裡，贏關乎努力與愉悅，而非失敗、損失、擊敗他人。它關乎人的經驗，而非任何物質性結果，也無關乎某個時刻，而是一種持續的行動或存在狀態。

沒多久它在《牛津英語詞典》裡的定義就變成了「征服、制伏、戰勝（對手）、擊敗、消滅、勝過（對手）」。相關的詞彙「**競爭**」（competition）同樣被扭曲了，與出自拉丁文competere的原意「一起拚搏」漸行漸遠。Competition的基本精神是協力與合作，發展到今天，變成了擊敗與摧毀他人。「競爭者」（competitors）從合作與協作對象，變成了強勁對手。

打勝仗一詞用於軍事背景已有幾百年之久，並繼續擴大版圖，應用到市場、國會、乃至運動場上。商業界為戰鬥創造了另一種格式，與戰場相關的用語巧妙地轉移到商業世界與其他領域。作為一個企業，敵人是你市場上的競爭者；若要打勝仗，必須在經濟上殲滅他們。

工業革命加速了社會變革的步調，與機器相關的語言也快馬加鞭滲入商業界，被成功企業挪用。例如，員工被矮化成數字；到了今天我們還在談論人力資源與人力資產。流程與目標是攸關成功的關鍵。人類情緒與感受幾乎退出了每個工作場所的舞台。勝負取決於營收與物質財富（material wealth）。直至二十世紀末，職場文化的影響力與重要性才開始受到重視。工作環境亟需被重新賦予人性關懷（rehumanization），但這十之八九還在起步的階段。

輸／贏的二分法心態依舊是我們目前理解致勝意義的主要架構。公司行號專注於擊敗競爭對手，直到把他們趕出市場才罷手；政治人物爭相摧毀反對勢力；政治對手愈弱愈好，即便在號稱擁戴民主原則與政府問責制的社會也不例外。學生爭當班上的第一名，把其他所有同學視為競爭對手，而非可互相支援學習的朋友或合作對象。

致勝有多大程度取決於擊敗對手？這是我們得退一步抽身出來，好好思考的重要面向。我們是否必須打敗某人才覺得成功？我們的成就若沒有涉及到削弱另一個人，成就的光環是否會有些失色？若我們在校表現傑出，根據的是自己優異的表現，抑或優於周遭其他人的表現？如果滿分是十分，你拿到八分，其他人拿到七分；或是你拿到八分，但其他人拿到九分，哪個會讓你更開心？

如果只有你被拔擢，別人只能望之興嘆；相較於大家都獲得拔擢，前者會讓你覺得更有成就感嗎？若你公司的業績有所成長，但競爭對手的成長幅度更大，你會不會較負面地看待自己的成績？如果一個運動健將打破一項世界記錄，這絕對是了不起的成就，但如果和他同場比賽的選手，以更優異的成績打破世界記錄，那麼這位現在被擠到第二名的運動員，他的成就是否就無關緊要了？

我們定義成功時，會多看重獲勝這個「相對化」成分（relativization），將很大程度影響我們對其他人的想法與互動。它會影響我們信任或不信任對方；願意與對方分享我們最棒的想法或守口如瓶；支持或欺瞞；合作或單打獨鬥；鼓勵或是打壓對方；釋放或是箝制潛能。依我之見，這是致勝元素裡危險的成分，長期下來，會誤導、分散、破壞我們成功的機率。

致勝的語言裡也有「時間」與「視角」這個關鍵成分。在中世紀，致勝最初的定義側重於努力與歡娛，並無明確的時間限制。致勝描述一路走來所付出的努力，而非最後的結果。側重經歷而非結果出爐的最後一刻。只不過致勝的定義後來發生了變化，與時間軸上稍縱即逝的短暫時刻聯繫在一塊——諸如運動員先馳得點的那一剎那，每日證券交易所股價被記錄的時刻，或是被宣布勝利與獲頒獎項的短暫時刻。

多數體育項目仍以年度為單位進行比賽：足球聯賽、環法自行車賽、六國橄欖球賽、各類運動的世界錦標賽等等。企業以季度為單位公布財報，也許是受到一年一期的商業計畫書影響之故。計畫與策略鮮少超過三至五年的框架。政府鮮少考慮到下屆選舉日之後的事，計畫頂多四至五年，往往更短。在體壇，「長期」思考可拉長到四年，因為世界盃與奧運每四年登場一次。最近比較激進的盤算是上看八年，亦即兩屆的世界盃或奧運。然而上述活動理應（說不定也能）跳脫這些週期的框架。男男女女運動員越過終點線只是一瞬間，但比賽前後還有長遠的人生要過；企業足以影響員工在公司期間的福利與工作體驗，也影響社區和整個社會；政治人物所做的決定會改變民眾的生活，有時甚至影響幾世代的人。

我們定義成功時，成功的規模有多大？是專注於個人成就抑或共同的社會目標？看待社會時，是限縮在本國境內抑或站在全球視角？這些問題的答案會衍生不同的思維與行為方式。二十一世紀面臨著獨特又複雜的挑戰，尤其是如何保護地球，因此選擇努力成就什麼時，時段長短與成就規模很重要。要做到這一點，我們必須質疑自己對致勝與成功的既定想法，然後重新摸索出新的定義，以便提供更好的指引。

我們對勝利的妄想

關於勝利的定義，有太多普遍（錯誤）想法。先看看以下這些，接著你會陸續發現更多。第一種涉及力量（strength）。我們習慣認為贏者身強體壯，敗者體弱無力。力量被視為是男性的刻板特徵，這與史上贏家通常是男性的現象有關。儘管性別平等在過去一百年來取得進展，但不論是體壇冠軍、政界領袖，還是企業領導人，相關的故事與照片依舊存在巨大的性別失衡。

勝利一詞愈來愈帶有性別色彩，與英雄主義、競爭、支配等陽剛特質相關聯。超級英雄十之八九是男性，遵循的簡單樣板包括痛擊壞蛋、拯救世界、成為最後贏家等。

研究職場的「性別編碼」（gender-coding）發現，會議、招聘、晉升過程所使用的語言，不外乎支持與保護在位的支配者，通常是白人男性領導人。[4]「勝利」、「競爭」、「信心」等字眼，咸信對男性的吸引力更甚女性。當然，許多女性與男性漸漸學會違背他們的本能，加入這樣的勝利賽局。他們學會使用這類語言，並摸索出符合外界預期的致勝方式，因為在很多情況下，這是唯一的致勝途徑。當今的世界，贏家是擁有對下層使喚權力（hierarchical power）的人；占主導與支配地位的人；被群眾「簇擁」的人；是你不會與之為敵的人；有時還會欺負霸凌人。

作家兼人類行為專家艾菲．柯恩（Alfie Kohn）引用的研究顯示，每個人都應該具備競爭力的想法如何變成了自我應驗的預言：「競爭心強的人（誤）以為其他人都和他們一樣愛爭——實際上，那些大聲喧嚷『外面是個狗吃狗的世界』的人，往往要為他們高於配額的好鬥性負責，因為好鬥，他們倍增了自己愛爭的傾向。」⑤

我認識一些組織領導人，深信與民對談或溝通時，必須提及「致勝」、「贏家」等話題，指稱大家不僅想聽，也覺得自己是勝利組的一分子。「致勝」往往暗含力量、成功等含義，讓「致勝」一詞猶如強力的春藥。但「致勝」的定義可能出自高高在上的當權者，是當權者駁回挑戰與質疑的手段，並用它來合理化極具破壞力但下層民眾難以挺身對抗的種種作為。

將勝利者與超級英雄、無所不能的領導人畫上等號，會造成巨大的心理壓力。勝利除了與超人的能力掛鉤，一些老生常談，諸如「勝利者永不喊退，中途喊退者永不會成功」等勵志語，把勝利和毅力與韌性等特質相連。中途放棄者被視為弱者，還被貼上「魯蛇」的標籤。

我們小心翼翼，不願試錯或甘冒失敗的風險，儘管失敗是學習與創新的必要一步。而今創業精神方興未艾，這種傳統思維受到挑戰，主張你愈快縮手，愈能持盈保泰。

當勝利的定義是不惜一切代價堅持下去，等於強化了「沉沒成本」的偏見。我們明知項目搖搖欲墜，最後一定行不通，卻還是咬牙續撐，只因為根深柢固地認為，堅持就是勝利。這樣的想法也會對個人造成龐大的壓力，代表如果我們在某些地方能力不足，會立刻覺得自己一無是處或導致心理健康亮紅燈。

當提到病患對抗病魔或癌症時，戰爭與戰勝用語無所不在，長期以來這現象讓我惴惴不安，而今證明這樣的比喻弊大於利。雖然這樣的語言意在激勵大家保持警覺、積極向上，但有個研究發現，沒有證據顯示可達到上述目的，甚至發現，借用戰爭的比喻反而會削弱大家維持健康習慣與行為的動機。⑥最具殺傷力的是，這些隱喻暗含病患努力不夠，沒有勇於對抗病魔，所以最後被癌症或新冠肺炎「打敗」。

掉入指標的陷阱

勝利之所以吸引人，部分係因其可被測量的特性。在體壇，賽場上的終點線提供了大家渴望的確定性。工業革命期間，各行各業可以計算產出與產能，讓領導人忍不住認為，現在可以輕而易舉地評量成功。但指標會扭曲與窄化勝利的意義，特別是在教育以及商業領域，這現象我們在後面的章節會提到。衡量的目的往往是為了激勵大家當個贏家與勝利者，所以致勝穩居評量目的的榜首，往往是評量被合理化時最冠冕堂皇的理由。

評量本身走到今天，已被視為是件好事，至於實際結果如何，大家並不在乎。政府愈來愈在乎評量，為的是證明自己做到了權責分明與作業透明，卻不管評量實際證明了什麼。指標（metrics）僅因為經歷了「評量」而受到額外的重視！任何事只要可被量化，立刻讓人覺得符合「科學精神」，聽起來正經八百。收集數據以及評量資訊，成了進步的標誌，藉由數據營造成功的感覺與迷思，實際上根本看不見任何進展。咸認為（科學）數據比個人的判斷來得可靠，這似乎已是金科玉律，不再受人質疑或挑戰。

放眼西方世界，所有可被評量的東西都會被評量：學校、企業、習慣、偏好等等不一而足。儘管評量往往是出於正向積極的動機，例如有意提高效能與成果，但我們必須考慮到指標會如何影響行為、心態以及定義成功的方式。一如諾貝爾經濟學獎得主約瑟夫．史迪格里茲（Joseph Stiglitz）提出的警告：「如果我們找錯評量的對象，我們會做錯事。」⑦

量化評量會影響行為，如果我們要被評量某樣東西，我們會花更多心思在那件事上。我遇過一些學生，進入商學院修課時，提問的第一個問題是：「我會被評量什麼？」而非「我要學習什麼？

我怎麼做才能從這門課得到最大收穫？有什麼機會可讓我成長？」傑瑞．穆勒（Jerry Muller）在《失控的數據》（*The Tyranny of Metrics*）中詳述了量化評量如何扭曲社會各個層面，從警務、健康醫療、學術界、乃至企業界，不一而足。⑧

媒體

我參加二〇〇四年雅典奧運划船女雙單槳決賽，英國廣播公司評論員在比賽進入最後高潮時的播報（評論員從頭到尾聲音高亢，粗體字代表他強調那一句話）：

> 毫無疑問，領先的羅馬尼亞選手已出現疲態……還剩一百五十公尺。羅馬尼亞選手維持領先，英國選手放慢划槳速度，才剛趕上白俄羅斯隊。還剩七十五公尺……剛擠進奪銀的位置。現在**讓我們為羅馬尼亞隊加油**，再划十下，金牌就入袋。**加油，英國隊！**全力以赴衝衝衝，為了金牌，再加把勁。**衝吧，全速衝吧……**全力衝向終點線，衝過終點線，但他們只拿到銀牌……

輸贏一清二楚，涇渭分明，在媒體推波助瀾下，這個輸贏觀牢不可破，亦不容質疑。你要嘛是贏家，要嘛是輸家。我們看到贏了比賽的運動明星、打贏選戰的政治人物、搶占市場先機的企業領導人，有關他們的畫面莫不被簡化、誇大、充滿刻板印象，因而忽略了這些個體的廣度、矛盾、與複雜性。他們被嵌入幾個簡單的樣板：克服重重困難的英雄、天生的領導人、得到全民擁戴的冠軍。這些故事一再重複，身為讀者，我們還沒開始讀，就已知道是怎麼回事。每張「奧運臉孔」大同小異，因為打造形象與畫面的公式差不多（**記得二〇一二年倫敦奧運摘金女將潔西卡・艾妮絲－希爾〔Jessica Ennis-Hill〕或是二〇〇〇年雪梨奧運四百米金牌得主凱西・費里曼〔Cathy Freeman〕**？）。再者，記得每個痛宰對手、贏得壓倒性勝利的政治人物意氣風發的形象嗎？我們已無力深思他們皮相之下內在的糾結矛盾、致勝方式的細微差異、思考過程的複雜面向。輸贏二元論不僅限縮了那些贏家，也同樣限縮了我們這些仰望他們的人。

在這個二元對立的世界，政治人物只能在輸／贏、對／錯裡擇一。中間沒有空間容納更多變的選項，例如承認可以從錯誤中學習，理解與自己不同甚至是對立的觀點。致勝的法則一清二楚：妥協讓步代表軟弱，堅持己見代表強悍。我們看到雙方彼此對立，等待最後誰贏誰輸：氣候變遷懷疑論者 vs. 環保活躍人士、左派 vs. 右派、貧 vs. 富等等。影響所及，我們會遠離問題的核心，看不到實際正在發生的關鍵問題以及問題造成的長期後果。政治人物需要做出複雜決定，多數選民卻難以理解，雙方之間的鴻溝愈拉愈大。大家愈來愈難和傳統上所謂的勁敵或對手妥協與合作，也難以做出需要吞下短暫苦果的決定（短痛可能被理解為「失敗」），儘管短痛是為了長期下來更好的結果（我們稱之為「長勝」）。社會只讓我們看到勝者與敗者，簡單地以五百字或更短的一百四十字總結他們的經歷。

長期看短不看長的心態左右了平面新聞、電視廣播、電影製作、部落格、社群媒體的走向。今天的報紙很快就會淪為舊媒體；網路新聞不斷被更新的即時新聞取代；推文看過即忘，壽命只有短短幾秒。研究顯示，新聞業白熱化的競爭長期下來反而降低了報導的品質，不難理解為什麼會如此。一九八〇年代一個針對科學新聞報導的研究發現，記者有強烈動機扭曲報導，為的是得獎，肯定他們優異的報導。[9]之後的研究也繼續證明這點。[10]取巧走捷徑、自以為是、過度簡化等現象有增無減。媒體報導愈來愈不符我們實際經歷的現況，畢竟生活愈來愈長，而非愈來愈短，愈來愈複雜，而非愈來愈簡單。

語言為什麼重要

讀了本書，你會對圍繞勝利打轉的語言、畫面、比喻愈來愈敏感，發現它們無所不在——出現在報紙的政治版、財經版、體育版，也出現在世界各地的餐桌上、國會殿堂、股市、董事會。

圍繞勝負之爭的語言已經深入我們的潛意識，所以基本上大家會照單全收，不會對其提出任何質疑，甚至鮮少注意它們的存在。但這真的對世界有益嗎？對於世上大多數遠離戰爭的民眾而言，這是符合他們人生的合適框架嗎？適合移動、多元、快節奏的企業界嗎？畢竟很多公司必須隨時調整、創新、合作，才能蒸蒸日上。贏是否有助於我們發揮潛力、更上一層樓？勝利難道是一切嗎？

接下來的章節中，我們會繼續探索語言如何影響我們的思考方式，理解語言如何把我們困在二元世界的陷阱裡，阻礙我們探索輸贏以外其他複雜的現象與結果。

但首先，我們得重新檢視與剖析我們何以會執迷於贏與勝利，並正視何以大家認為，這就是我們身為人被建構的方式。我們是否能把責任推得一乾二淨，將自己身心對於贏的反應，簡單地歸咎於科學與天性？

第2章 我們是這樣被設定的：致勝這門學科

指導領導力課程，我一定善用活動，讓學員深入了解人類的思維與行為。目的是協助領導人思考在他們的工作環境裡，員工更深層的心理狀態。其中一個練習是模仿證券交易所，小組必須決定買入還是賣出股票。他們要買還是要賣的選擇，與「囚徒困境」賽局理論裡選擇支持還是背叛對方的情況一樣。囚徒困境這個大家熟悉的博弈遊戲出自行為心理學，凸顯選擇自私自利抑或和他人合作，兩者之間的張力。①

若每個小組每一輪都選擇「買入」股票，那麼每組都會賺。若一組「買」，另一組「賣」，那麼「賣股」組會大賺，卻犧牲「買股」組，導致後者的收益轉負。若每組都選擇「賣股」，最後大家都會賠。遊戲的目標清楚設定在最後結算時，每組都賺錢，**而非**某組賺得比其他組多，**也不是**務必要讓某組破產。

每次我都很緊張，擔心各組很快便發現顯而易見的解決辦法是合作，以及每一輪光買股不賣股。我也擔心，若每組都表示每一輪都要買股，這活動最後可能落得沉悶無聊的評語，而且時間未到就早早結束，秀出顯而易見的結論（**讓我安排好的時間多出個大空檔**）。所幸迄未在任何一堂課，看到所有小組選擇「買股」以及和他人合作這個簡單的方式，達到課堂要求的結果。②

有些人表示，活動進行後沒多久就發現，只要所有小組「買股」，就能達到目標，但老是被組裡一些強勢聲音反駁，呼籲小組「賣股」，以便能「坑殺另一組」（**順帶一提，這是他們的用語，不是我的！**），為的就是非「贏」不可。儘管他們對贏的定義（獲利比其他組高／以及其他組慘輸）不符合這活動清楚闡明的目標：最後的損益表必須是黑字。

對某些人而言，「贏」的重要性勝過其他一切可以達到預定目標的選項，而（**根據他們的**）定義，「贏」就是「打敗其他隊伍」。大家對「贏」的想像與假設如下：贏必須包括讓「對手」輸得很難看；大家都贏不是「致勝術」；贏家只能有一個。

每一個小組裡，挑戰上述思維與定義的人，看到了與他人合作的更大好處，想知道合作後更大的獎賞是什麼？也會開始質問「我們到底想成就什麼？」，以便試著理解活動背後的意義。一開始，在小組的討論裡，這些提問者處於「弱勢」的地位。反觀前者的地位強勢、高人一等，而受到擁戴。

在練習的過程中，每個小組都會知道其他組的投票方式，而且小組長可以彼此交談。有機會建立信任，也有可能展開新一輪的合作。談判的方法和溝通方式對接下來是否合作至關重要。小組長是否表露威脅或互相指控背叛／變節，或是在思考需要採取什麼措施來增進別人的合作？有時，小組會意識到合作是成功的好方法。但是若其他小組不了解或不接受，可能會令人氣餒。最常見的是，受求勝想法所制約的小組會一直避免合作。有些小組甚至想像出一種「致勝策略」，完全無法為所有小組創造共贏，達成最大化集體利益的目標。

聽取參與者的意見絕對需要時間。支持小組組員認清他們自己（有意識與潛意識）的本能與行為並不容易；了解他們對其他組員以及其他組別的影響；思考為何這類行為會出現並影響他們在實際職場上的表現；接著討論如何打造一個工作環境，不會鼓吹自我設限，也不會讓自暴自棄的行為

（self-defeating behaviors）占據主導地位。取而代之的是，創造合作的空間，為長遠共同的目標而努力，放棄狹隘、只求個人好的短期成果。

這通常是開啟全新思考方式的第一步，也是極具意義的一步，有助於我們擺脫致勝的陷阱。我們內在的掂量、假設、想法對於我們在職場的思考、行為、決策方式至為重要。這些內心活動會決定求勝欲是否凌駕在與同事合作之上，以便最大化整體的成效。

這樣的內心掙扎也在我們的生活中上演：一邊是自身利益與短效，另一邊是集體利益與長效，如何取捨找到平衡，著實不易。這樣的困境也出現在國際問題上：從體育界的禁藥問題、到國際核子武器競賽、乃至氣候變遷。

大家通常會對我的問題做出這樣的回答：「我們就是這樣被設定的」、「我們也是沒辦法，只能這樣」，「致勝是我們一部分的本性」，「競爭激發我們最大的潛力」，「這是人類的天性」。但這些回答從來說服不了我。此外，這不外乎是拿來捍衛現狀的說詞與論點。艾菲．柯恩在《反對競爭：競爭無助於競爭力》（*No Contest: The Case Against Competition*）一書中指出：「我們用這種方式為競爭與求勝提出辯解，但這些以天性作為搪塞的理由，十之八九會引起反感；反之，說到慷慨之舉時，鮮少因『人之常情』的理由被駁回。」[3] 在本章，我想探討什麼是致勝的「天性」，什麼並非致勝的「天性」，然後應用不同的觀點剖析，觀點涵蓋了人類學、倫理學、生物學與心理學。

人類學與倫理學的觀點

我們對自己的行為以及思考方式有什麼預設看法？哪些看法是出自（我們自認的）祖先或動物

世界的智慧？我聽過各種有關本能的說法，斷言人類多麼需要贏，證明自己最強最壯，這也是我們山頂洞人祖先能夠成功活下來的主因。或者說，動物世界教會了我們強者生存的道理。

我們都看過獅子吃獵物、大魚吞小魚的畫面。但是仔細一瞧，其實這只占自然界一小部分，而非全貌。有太多互利共生的例子，只是我們似乎鮮少提及或引用。例如啄牛鳥（oxpecker birds）會棲息在犀牛或斑馬身上，吃寄生在他們皮膚上的蟲子，不僅可以餵飽自己肚子，也能替這些大型動物除蟲。狒狒與羚羊會互通哪裡有危險；黑猩猩會一起狩獵，分享戰利品。我們認識的生命週期，似乎是個噬血、「狗咬狗」（或「狗咬貓」）的世界。我們習慣忽略動物世界裡也有一些互利行為，顯示牠們重視關係、有同理心、會彼此安慰、發揮公平的精神。從黑猩猩到海豚，這些動物懂得如何透過行為，克服衝突與調解差異，「如果社交生活完全靠支配與競爭主導，這些行為就太多餘了。」[4]

美國古生物學家史蒂芬．古爾德（Stephen Jay Gould）與喬治．辛普森（George Gaylord Simpson）在他們的著作中指出，自然選擇（又譯天擇或自然淘汰）與你爭我奪並無必然關係。自然優勢（natural advantage）與其說來自爭奪，不如說來自於「更好地融入環境，維持自然界平衡，更有效地使用現有食物，更好地照顧幼者，消除群內不和……善用環境的可能性（可能大家並未把這些可能性視為競爭的對象，所以仍有諸多潛力有待大家開發；抑或因為一些可能性尚未被有效地利用）」。[5]

有關自然界的成功者，若你的定義是留下能倖存的後代，那麼「合作」策略（如共生和互利）應該和「競爭」策略（如適者生存）一樣多，其中適者生存最被大家耳熟能詳，也最符合我們文化一再鼓吹倡議的「不惜一切代價也要贏」的心態。[6]有趣的是，我們搞不好還扭曲了達爾文對「生存競爭」(struggle for existence)這詞的用法，我們的解釋是，這是一場論輸贏的戰鬥。實際上，根據達爾文自己的解釋，他是在「廣泛而隱喻的意義上使用這個詞，包括一個生命依賴另一個生命」。[7]

身為一名奧運選手，我曾走過驚訝與困惑，畢竟我並未全盤接受「人生就是一場競賽」這個「事實」。有位奧運金牌得主告訴我，她覺得自己被「爭第一搞得筋疲力盡」，因為多年來，身為運動員，每天都得拚命做到最好，一如對訓練環境的要求。此外，她也對大家視為理所當然的自私自利生活方式感到心疲。不用再過那樣的生活之後，她鬆了一口氣。她自認邁入了人生另一階段，但其他人認為她應繼續對一切事情保持旺盛（以及毫無意義的）鬥志，希望她隨時隨地展露不惜一切代價也要贏的態度。

為什麼這想法（不惜一切代價也要贏）如此根深柢固？顯然，我們自小開始觀察並學習何謂競爭，部分歸因於我們周遭充斥競爭。我們往往只看到一條通往成功的途徑，也常被教導要贏就得看到結果、得按照預先設定的標準、得把其他人視為比較的標竿，還被灌輸成功是好事，失敗是壞事。社會學習理論（social learning theory）也告訴我們，學習得在社會環境中進行；[8]如果有某個特定行為固定被獎勵，該行為就會持續，反之若某個行為固定受罰，可能就不再犯。我們社會多半鼓勵與獎賞競爭性的思維與行為，但這其實只是一部分的我們。

我們不該漠視多位人類學家的發現，根據他們的說法，彼此合作是定義人類始祖的重要標誌，而非腦的大小、會用工具、抑或攻擊性。我們人類之所以不同於動物，因為我們有能力集眾人之力、透過複雜的語言交流溝通、透過交流想法與遭遇建立關係。人類的溝通與思考手段不斷精進，可進一步開發建立關係、有利合作的方式。好消息是：社會、經濟、環境等複雜挑戰，沒有一個可以單獨解決。我們蜻蜓點水式地回顧倫理學與人類學的研究，提醒我們勿對什麼是「自然」、「天性」、「本質」妄下定論。

生物學與心理學的見解

在一個科學實驗裡，研究員將兩隻公鼠放在同一個籠子裡，看哪隻會脫穎而出。其中一隻老鼠在賽前吃的食物裡攙了少量鎮靜劑，一如預期，另一隻未服用鎮靜劑的老鼠贏了比賽。這結果一如預期，但在下一回合的比賽，出現了更進一步的發展。之前靠作弊獲勝的老鼠，這次的對手既強悍也沒有服用鎮靜劑，但牠還是贏了，多虧牠之前打贏過服用鎮靜劑的弱鼠。

行為科學家將小鼠的實驗視為支持「贏家效應」的證據，⑨也就是說，動物戰勝較弱的對手幾次後，再與更強的競爭對手較量時，勝算會比一開始直接對戰強敵更高。這個效應對人類一樣適用。勝利的經驗會刺激荷爾蒙分泌，影響行為、決策、自尊與自信。我們開始見識到「權力的生物學」在發揮作用。但這是把雙刃劍：短期的收穫會導致長期的損失。動物戰勝太多更強的對手，從中建立的自信會變得危險，因為這信心讓牠們覺得自己會一直贏下去。不難在企業界、體壇、教育圈、政壇發現這類思維與行為的實例。

老鼠實驗只是勝利經驗可能產生的效應之一。至今沒有一個科學實驗足以概括性說明勝利或成功。這是一個複雜的知識拼圖，更多新的發現陸續被發表，涵蓋了神經科學、生物學、心理學等領域，揭露更多有關我們思考、感覺、行動的方式，並重新分析現有的研究資料。

我們仍無法完全了解男女不同的荷爾蒙系統如何影響他們求勝的能力與欲望。我們都聽過睪固酮（testosterone），這激素的高低往往會影響支配欲、侵略、反社會等行為。男性的睪固酮分泌量高於女性，所以咸信男比女更愛競爭，是天生的英雄與勝利者，求勝的欲望與野心也更高。但近來的奧運成績顯示，女性選手的比例之高，前所未見，至少足以反駁一些這類的迷思。

儘管睪固酮會影響行為，但反過來行為也可能影響睪固酮分泌。哈佛大學心理學家艾美．柯蒂（Amy Cuddy）因提出「強勢姿勢」（power poses）的觀點而備受矚目，後來研究也證明強勢姿勢可提高女性與男性的睪固酮分泌，進而改善我們對自己以及周遭人對我們的看法，有助於提升自信與權威感。[10]這開啟了先天 vs. 後天的古老辯論，挑戰一些一向被認為是自然與人類天性所主導的行為。人類如何積極地發展各種行為，也許背後成因與選項比我們自認為的多很多。就連對睪固酮的看法，外界現在也多了一些不同的角度。

長期以來，睪固酮被連結到支配欲、權力、成功。但研究也證明它會阻礙判斷、影響情緒智商（emotional intelligence），而判斷力與情商愈來愈被視為是打造成功團隊、成為傑出領導人、提高組織績效的重要特質。這也再次證明，我們如何定義成功，攸關我們會選擇培養、獎賞哪些行為。

一如我們在老鼠實驗所見，贏得比賽或獎項會增加自信，提高多巴胺分泌，多巴胺是一種讓人感到愉悅的荷爾蒙，所以有了一次，會讓我們想再體驗一次，影響所及，贏會變得誘人，讓人上癮，但上癮並非受社會肯定的特質。不意外運動員特別容易受賭影響，因為他們經常得和比賽以及各種外在獎勵打交道，競賽與拿獎正是賭徒兩個常見特徵。[11]

在企業界，競爭與獎賞（諸如獎金與升職）通常是象徵成功的兩大標記，進而影響了領導人的行為。領導人把成功與下一次升職畫上了等號，不認為成功是集體朝著共同目標邁進的更大藍圖。短期而言，這可能奏效；但長期而言，成功會被打問號，而且還會在前進的過程中，對他人造成很大的傷害。這當然是致勝行為的黑暗面之一，從惡棍交易員尼克．李森（Nick Leeson）到美國龐氏騙局首腦馬多夫等例子可以看出，這些人的成就最後都以成績持續下滑的惡性循環告終。

上癮並不常被視為積極的社會現象。我們從上癮的活動中獲得的愉悅感會遞減。我們鮮少將上癮者與成功人士聯想在一起；更多時候，我們把上癮者看成有病與虛弱；與「強壯有力」的勝利者形成強烈對比。當我們更仔細地剖析勝利在現實生活中的意義時，這是其背後諸多的矛盾與悖論之一。

運動健將，不論男女，在獲勝的那一刻一結束，多半感到空虛，忍不住想立刻投入下一場比賽，開始愈來愈像成癮的賭徒。奧運乒乓球選手馬修．席德（Matthew Syed）在《一萬小時的神奇威力》（*Bounce*）一書中形容「形而上的空虛感經常伴隨渴望已久的勝利」。[12]他認為，這是自然而然的過程，畢竟走出勝利的成果才能繼續迎接下一個挑戰。當然，運動員在某個程度上須把注意力轉到下個目標，才能不斷精進。然而，極端程度的「空虛感」出現在許多菁英運動員與教練身上，幾乎到了有損而非提升成績的地步。

亞歷克斯．佛格森爵士（Sir Alex Ferguson）被眾人仰望，視其為這現象的縮影以及正當化的理由，他無情地重新聚焦於下一個賽季，即便在曼徹斯特聯隊（Manchester United，簡稱曼聯）拿下「三冠王」的歷史記錄（英超聯賽、歐洲聯賽冠軍盃、足總盃）後，他也是立刻收拾喜悅心情，投入下一場賽事。儘管這有助於球隊向著下一個成績邁進，但也存在風險，很容易讓球隊或球員走上自我毀滅的路線，假以時日導致成績下滑，整體狀態每下愈況。協助英格蘭奪得第一個世界盃橄欖球賽冠軍的傳奇球員強尼．威爾金森（Jonny Wilkinson）就是個血淋淋的例子。他在其職業生涯，不斷激勵自己一贏再贏——測試賽次數、冠軍數、積分等等，但他坦言，回頭看，這些對他一點用處也沒有。他花了多年時間，試圖靠「『拿下另一個六國錦標賽、爭取更多的國際賽參賽資格、更多的冠軍頭銜、累積更多的積分』對抗自己的憂鬱症。我告訴自己：『這鐵定會讓你不再糾纏我。』結果不然。贏，永遠沒有止境的一天。」⑬

在一九九〇年代，羅伯特．古德曼（Robert Goldman）醫師詢問運動員是否會服用一種藥物，這藥可保證他們在運動場上攻無不克，交出漂亮成績，但五年後這藥會要了他們的命。該研究又名「古德曼困境」（Goldman Dilemma）。結果約半數受訪者表示，他們願意⑭（**更近的研究顯示，這數字稍稍下降，**⑮ **但這現象並未消失**）。這個假設性問題，引起我們所有人的興趣，揮之不去糾纏我們大家，這問題彷彿與魔鬼浮士德打交道——如果我們置於那樣的情況，我們會怎麼做？

但是禁藥對運動員的風險極大，為了短期內提升地位以及「勝利感」，恐得付出長期健康與名譽受損的代價。勝利的意義被嚴重扭曲與美化，以至於服用禁藥似乎是值得一冒的風險。然而這樣的收穫往往無法持久（**甚至毀了——若運動員作弊被抓到**）。而且大多數的例子顯示，勝利顯然與反高潮與空虛感並行。若所冒的風險很高，那就更可能了。

分析我們人是怎麼被設計的？生物學與心理學發現，人類有能力在很短的時間內行動，這是基於百年前求生存必備的條件。若發現老虎逼近，我們知道腦部的「邊緣系統」會啟動，確保我們能本能地迅速採取行動。一如上述的老鼠實驗，當我們贏了一個對手，我們會振奮，渴望進入下一場戰鬥，打敗另一個對手。問題是我們得避免過度依賴與過度刺激腦部的邊緣系統。反之，我們應該有意識地開發腦部決定我們行為與思考的部分，應該活絡腦部負責理性思考的部分，努力追求長期、更有意義與使命感的事情。意義與使命感的重要性不容小覷，將是之後重新定義成功與勝利的關鍵因素。

爭勝的心態

有沒有「贏家的心態」這種東西？我們在學校、運動場、職場等，都會聽到激勵大家成為贏家的勵志名言，籃球之神麥可．喬丹（Michael Jordan）的名言：「我打球是為了勝利，不論是練習或是實際比賽，都要贏球。我絕不會讓任何事情阻礙我或我非贏不可的狂熱好勝之心。」高爾夫球高手老虎伍茲（Tiger Woods）說過：「贏球能解決一切問題。」我認為這是一種老掉牙的致勝心態，經不起觀察、實際生活經驗、或是心理學研究的解析，但是這心態普遍存在於運動場、學校、以及職場裡。

了解我們想贏的心態是怎麼來的，這個挑戰性工程讓我想起了剛開始成為奧運選手的情形。我非常認真地想知道，如何健全自己的心態，如何能理解盤旋在我腦裡的各種想法。我一直在迷思與事實之間擺盪，覺得困惑不解。特別是當教練與經理人提到哪些奧運選手有想贏的心態，哪些人沒有時，我有種感覺，想贏的心態似乎是天生的，而非後天培養。這當然讓我很憂心，因為我不知道自己有沒有想成為贏家的心態。

我當然不喜歡輸球。輸球的感覺並不好，而且周遭權威人士、教練、成績表現考核主管等，在我們輸球時，反應都不友善，而且希望我們以行為明白表現出我們不喜歡輸球，也不希望再輸球。很明顯，輸球不可取，必須避免，但我腦袋的理性區也告訴我，輸球是人之常情，不可避免，說不定還有助於精進贏球所需的球技。

儘管所在環境中不斷強調「必勝的意志」，把這奉為最後能致勝的人格特質，但我也認識到，**想要**贏的心態，似乎與加快速度沒有直接關聯。唯有專心在「表現的過程」（亦即那些讓船走得更快的必要條件），才能有效提升速度。我將精力專注於找出各種提速的辦法，探索各種可能性，目的不是**想要**划得更快或**靠意志力**讓自己划得更快，這轉變細不可察卻是關鍵的一步，隨著時間推移，在我腦裡醞釀，讓我擺脫要贏的執著心態，轉而走向心靈的空間，諷刺的是，這反而讓我提高了勝算。

這也引領我認識了動機、目標導向（goal orientation）、能力等心理學的不同面向。我們是否有一種「自我導向」（ego orientation），習慣和他人比較，確定自己是否做得不錯？這正是用排名與獎章定義這個世界的一切核心。還是說，我們擁有「精通導向」（mastery orientation），亦即我們每天都努力提升自己，與自己做比較，減少外求代表成功的標記。

運動員必須在各種評量（獎章、排名等）定義的世界裡行動與生存。不過為了茁壯以及持續拿出最高水平的表現，他們的方法與手段必須和精通心態相連。心理學與哲學在精通思維的概念裡，找到了結合點。追求或實現某個目標時，專注於當下——不管最後結果如何。這也是面對人生的態度。在本書稍後出現的長勝思維裡，會看到這些核心主張。

損失規避

要了解求贏的心態，必須先了解輸的心理。心理學家指出，若你一天損失二十英鎊（約台幣七五六元），會比你賺了二十英鎊更有感。從理性上講，兩者的衝擊應該一樣大，但根據人類的生存本能，我們對於威脅與負面事件，反應更強烈。這就是所謂「損失規避」（loss aversion）的現象。

有人主張，這說明了我們為什麼被鞭策著一贏再贏，若我們陷入贏或輸二選一的局面，基於害怕失敗，這種恐懼感會驅使我們求勝的欲望。運動教練以及企業領導人在怕輸鞭策下，認為這心態是激勵員工的唯一辦法。但一如上癮行為，這是一種限制性做法，可能有短效，但長期下來會付出慘重代價。

愈是看重勝利，輸了愈是讓人消沉。以恐懼為本的激勵方式，封殺了我們發揮創意、建立合作關係、成長、學習、適應等能力，這一切都是攸關成功的核心能力。長期而言，怕輸會導致高度焦慮，壓力有礙我們發揮理性思維，也無法調節我們的情緒，影響所及，我們變得「不那麼聰明」，分析能力下降，無法精準分析已經發生的事情，以及下次該有什麼不一樣的做法。為什麼我們選擇讓自己陷入勝負二選一的情境，從而降低自己學習與精進的能力，以及讓自己變得不那麼聰明呢？任何工作若要求創意、協作或解決問題是必備能力，那麼因為怕輸而力爭上游只會降低工作表現與學習成效。

如果輸或失敗是具有強大殺傷力的經歷，讓我們深受其害，那麼奇怪的是，我們卻選擇強調輸／贏觀，一再抱著這種需要許多輸家的說法不放。若第一名是贏與成功唯一的定義，那麼很多場合裡多數人都是輸家。正如一位奧運選手跟我說的，退一步看，會發現這是奧運的基本設定。上萬名全球最頂尖的運動員齊聚在奧運開幕式上，每人莫不懷抱夢想、希望、興奮感。兩週後，原班人馬再次齊聚閉幕式。這一次只有三百多人開心慶祝，其他人都是敗將，多數人的名字再也沒有被提及，許多人滿心羞愧、高度懷疑自己能力不足。

心理學家法蘭克．萊恩（Frank Ryan）指出，往往那些比較成功的競爭人士最怕輸，最常和失敗奮戰。對輸感到苦惱、不開心，是成功人士的特徵（我們每個人自小被鼓勵當個成功鬥士），所以過五關斬六將的風光記錄會增加苦惱等不愉快的反應。[16] 回顧過去，我可以看到這一點如何被刻意放大，以及自己受訓成為奧運國手期間，這一點如何被美化。若你不介意輸，也樂得輸掉比賽，你會被視為與未來冠軍無緣。所以每次輸掉比賽時，一定得表現出痛徹心扉、極端悲痛的模樣。我也不例外，當我們的隊伍輸了比賽，我會追問那些表現得不夠悲慘的人。現在回想起來，我發現，這些情緒無助於我們整理思緒，找出下次比賽增速的辦法，反而讓我們的心態陷入怕輸的「生存」模式。我想，當時大家應該覺得挑戰這些以結果論成敗的主流說法困難重重，畢竟這是負責人以及曾經贏過比賽的人奉為「正確的方式」；我們這些選手害怕被貼上與未來獎盃無緣的標籤。

而今運動心理學家建議我們選擇並培養一套完全不一樣的應對輸的方式，把心思集中於學習才是目標與目的，勿把成敗結果視為最終目標。學習力有一部分得看自己是否能接受內心全部的想法、情緒、感受等等，以便能重新平衡我們的心態，避免在輸了比賽後驟下判斷輸對於我們的自我價值會有什麼影響。我們會在稍後的章節分析這點如何成為長勝思維的一環。

國際政治與談判心理學

不難看出自我利益與集體利益之間的選擇會如何影響企業界、全球貿易、氣候變遷與安全。例如，氣候變遷的協商很大程度反映了我們在本章開頭提及的「囚徒困境」，談判雙方可以選擇要背叛祖國（抑或選擇不合作），因為選擇合作讓對手占你便宜的（經濟）風險太大。儘管合作是迄今為止有利集體利益的最佳選項，但民族國家就是不願意承諾會大幅配合，因為這會增加個別國家的成本。氣候變遷峰會淪為大拜拜，各國齊聚一堂，力爭確保自己的減排目標不會大於其他國家，結果原本應該利用峰會找出最佳辦法保護我們地球的真正目標反而不見了。有些區域性合作的例子，例如北歐部長理事會設法敲定二〇三〇年北歐國家合作藍圖，合作項目包括醫療、環保等，但這是特例，而非常態。

在國際政壇，我們大家如何集體定義成功非常重要，畢竟這影響層面太大。我在英國外交部「外交暨國協辦事處」擔任外交官十二年期間，參與了一系列政治談判，涵蓋歐盟的庇護準則，英－西班牙－直布羅陀的三邊協商，在前南斯拉夫一九九〇年代解體後推進波士尼亞－赫塞哥維納亟需的政治改革等等。存在著根深柢固歧見的地方，如西班牙對直布羅陀的主權之爭，可以追溯到一七一三年《烏得勒支條約》（Treaty of Utrecht）。此外，一九九〇年代波士尼亞激烈內戰落幕後，族群之間的敵意在之前長達數百年爭戰不休累積下，依舊強烈。因此談判時，你發現自己陷入零和賽局的心態裡，簡直寸步難行。大家覺得，一方之所得乃是建立在另一方之所失上。

我們身為外交官與談判者，就得想辦法找出可見縫插針的機會，創造一種新的敘事方式與說法，步步推進，讓雙方都覺得他們可以有所得，最困難的是接受你的對手應該有所得與有所進。這工作很吃力，需要多年時間折衝。一如中東和平進程所示，這幾乎是不可能的任務。但這已在世界許多地方發揮作用，阻止不穩局勢進一步惡化成衝突。

在二〇〇八至二〇〇九年，我在英國駐伊拉克領事館（位於巴斯拉）擔任政治科科長，我們主要目標是說服當地的政治領袖、民兵領導人、武裝組織首腦坐下來談，這三方人馬幾乎每晚都在巴斯拉的街上互鬥，我們希望說服他們放下暴力，改以合作，合力打造一個和平也更繁榮的巴斯拉，希望每個人在這樣的巴斯拉都能善盡其才。但多年來，我們一無所獲，因為當地勢力互不相讓，打個不停，爭當贏家、當最有權有勢的霸主、未來的「巴斯拉之王」。我們懇切呼籲該國邁向民主化，舉行和平民主的選舉，悉數被當耳邊風。

但是到了二〇〇八年左右，全新態勢出現。隨著各方勢力已疲於應戰，死傷人數不斷攀升，加上其他嚴重後果，大家發現，沒有人得到他們想要的結果。所有的已得或已成就，反而讓巴斯拉蒙受其害，而且短期內沒有結束的跡象。覬覦在這城市稱王的各方不約而同求改變，這給了我們外交官一個小小窗口，開始創造一種新的敘事與說法，以及新的思維模式，找出合作的前進方式。由於牽涉許多不同的利害關係人，我們得重新定義何謂「贏家」，這是個混亂的過程，因為情況複雜而多變，以至於處處是波譎雲詭。但還是出現了新的態勢。當我們開始詢問當地領導人、政治人物、民兵首腦，他們想要什麼以及原因，我們聽到了一些共同的訴求。他們都說到要讓巴斯拉再次偉大，讓一度享有「中東威尼斯」美名的巴斯拉重回繁榮的盛況。我們外交官也希望那樣。這種雄心抱負與巴斯拉慘被蹂躪至支離破碎的現況形成強烈對比，卻有助於我們開始一步步地改變大家的思考方式。

儘管一再拒絕國際社會的呼籲，不願建立民主體制或舉行和平的政治選舉，但各方找到了更有吸引力的共同目標。他們希望巴斯拉更繁榮，這成為了制定偉大長期願景的基礎，也需要每個人發揮功能助一臂之力。一些領導人提到想在伊拉克南部建立「杜拜」，這時大家開始有了共同的語言，為「雙贏」而非「零和賽局」的思維提供了機會。當然事情並非一夜之間就可改變；過程並非一帆風順，期間還是有流血衝突事件。在混亂、衝突叢生的環境下，有太多演員登場，各自懷著不同的動機。不過一旦更多人同意朝繁榮的共同願景邁進，就可見到顯著的改變，這個轉變小歸小卻有助於當地明顯趨穩，這既非西方強加的民主體制，也不是只有一組「人馬」獨勝，把其他人悉數殲滅。

外交經驗告訴我，改變心態與思維是多麼重要，但也會遭遇重重挑戰。此外，政治協商和技術性問題談判的背後，牽涉到行為心理學。你必須認清「遊戲」（賽局）進行時所用的語言，然後決定要在遊戲的框架與界限內進行遊戲；抑或改變你的語言，連帶重新設定遊戲的框架與界限。無論是體壇、企業界或是人生，我們參與的遊戲或比賽裡，握有的選項其實超過我們所預期，也有能力決定要怎麼玩這遊戲。

為什麼理解致勝這門學科這麼重要？

雖然我們人體構造裡，的確會對競爭出現生物與心理方面的反應，但我們也可以用其他方式做出反應。機會與挑戰在於環境，如何打造一個有利環境，讓人類的理性思考、行為、動機等面向受到重視與獎勵。我們的工作場所或是家庭環境是否充滿了對峙與威脅，因而出現各種短期性的壓力反應？還是所在環境鼓勵支持、接納、安全的文化？並非完全沒有衝突，而是衝突能以建設性的方式加以解決。

如果認定競爭與追求自利不過是我們人類的本能以及創造最佳成果的方式，那就錯了。我們得再教育以及重新權衡，以便了解什麼是「勝利的陷阱」，避免這類自我設限的思考方式。科學沒說我們不用費心建立長期合作關係或是多元化的協作團隊；但科學告訴我們，我們得創造多元的環境，以利我們每個人茁壯成長，發展成功的關係與合作無間的團隊。為了進一步了解文化對於致勝的看法，我們得回顧一下歷史，看看致勝在史籍裡發揮了怎樣的角色。

第3章

「戰利品歸勝利者所有」：爭勝的歷史

角鬥士闊步走進競技場，大力揮舞手中的劍，觀眾歡聲雷動，大聲叫好。鬥士們拔劍相向，在激烈的肉搏戰裡，奮力衝撞刺殺對手，現場氣氛愈來愈熱烈，觀眾情緒愈來愈激動。大家都知道，這是一場膽識與技巧的比拚，會一直進行下去，直到分出勝負為止。所有目光集中在這兩個拚搏的壯漢身上，至於競技規則，明確又易懂：最後只能有一個贏家。戰敗的鬥士將付出終極代價（自己的命）。

奧運國手選拔規則與上述並無百分之百不同。你贏了，你獲選；你輸了，你落選，得不到裝備，無法參加奧運，拿不到獎牌，你失敗了，你永遠是個「敗將」。

換位子挑選法（seat-racing）是挑選划船選手的一種方式，相當關鍵也很殘酷。選手兩兩一組進行比賽（**單槳船，划手每人只有一個槳，所以不能一個人划，否則船會原地打轉**）。教練會嘗試每一種組合；你得和另一個划手搭檔，與其他隊友競爭，為了力爭第一，兩人得合作無間。完成一回賽事，你回到上下船的平台，換另一個搭檔，這人是你一分鐘前才想打敗的對手，這次卻一起合力要打敗其他隊友，包括你剛剛才合作的搭檔。

可能會出現各種異常狀況：你可能拿下所有比賽，僅輸了一次，但若輸的那一次，你划得超慢，可能會讓你的排名墊底。兩名划手搭檔，可能划出最快速度，但個別和其他人搭檔時，表現卻沒那麼出色。如果成績不是那麼截然分明，對教練可能是一場夢魘，對選手也是一場折磨，懸在半空中等待宣判，但這就是遊戲規則。往往僅在短短一天，就決定誰「上」、誰「下」。其他運動項目也有類似做法，有的甚至更不留情。美國甄選奧運國手時，只用一組測試就決定所有名額，不會因當天運動員是否受傷或生病而酌情考量。

差距可能微不足道。我認識一些優秀的運動健將在排名賽出局後，老覺得自己是個失敗者，一瘸一拐地過完餘生。但這就是「比賽的遊戲規則」：若你不能做到這一點，顯然你無法脫穎而出成為贏家。落選者的意見被駁回，因為他們失敗了。入選者不會蠢到質疑自己的地位以及成為贏家的潛力。這是一再循環、顛撲不破的運作方式。但是入選者與落選者是否都要為此付出代價？這真的有助於提高成績至最高水平嗎？

羅馬帝國的神鬼戰士至今還保留著自帶光環、一眼就能讓人認出的英雄氣概與戲劇性，幾百年後，被好萊塢改編成賣座大片。政治人物嘗試用這套辦法吸引選民，不斷引用和戰爭相關的隱喻，有時還把自己裝扮成羅馬競技場的鬥士，讓自己看起來像個英雄與救世主。許多企業領導人也披上神鬼戰士的外袍，大膽行徑（有時顯得殘酷）讓瀕臨倒閉的公司轉危為安。或是以巨無霸態勢奮力一搏，成為市場贏家。歷史上不乏史詩般的商戰，諸如在二十世紀前半葉，汽車界有福特 vs. 通用；一九八〇年代可口可樂與百事可樂捲入「可樂大戰」；在二十一世紀初，微軟 vs. 蘋果的雙強戰。

我們可以在歷史的長河裡，無論是在政治、哲學、運動抑或商業等面向，找到我們這麼專注於勝利的種子。重新檢視這些，可以讓我們一探當前大家對勝利的認知與理解，深思這對我們現在以及未來是否有用。

勝敗的意義與德行

世界各地的史書多半聚焦於自古以來的成功人士：以軍事將領、政治領袖居多。這些人生勝利組往往是事件的口述者與作者，所以我們難免會透過他們的視角看待這個世界。歷史的確如其字面的意思，說的是「他的故事」（his story），這是高度戴著濾鏡的觀點，是勝利者的觀點——勝利者八九不離十是男性，多半是老人、白人、基督徒。一如卡洛琳・克里亞朵・佩雷茲（Caroline Criado Perez）總結的論點：「大部分被記載的歷史都缺了一大塊資料。」①在一面倒的父權視角敘事中，有個簡單共同的主題主導了一切：勝利者身強力大，無人能出其右，打敗了弱者。

我們不難發現，當今社會將力量與勝利聯想在一起，其實是古今皆然的現象。這個聯想伴隨著統治、控制的敘事架構，帝國主義的語言。這個聯想反映只有兩種狀態的二元世界：主宰或臣服，殖民或被殖民。

要嘛勝利、統治，要嘛輸了、被打敗。戰勝的英雄，其英勇事蹟透過家喻戶曉的經典文學傳給了後人，最早始於荷馬的《伊里亞德》（*The Iliad*）、維吉爾（Virgil）的《伊尼亞德》（*The Aeneid*）等史詩故事。描繪英雄人物從圍城中脫困以及對抗打家劫舍的盜匪，頌揚統治者與勝利者的偉業，這些故事被一代又一代的作家借鑑改寫。故事主題往往符合當時的政治形勢：國王與帝王想要將統治權延伸到其他國家和民族。戰鬥與勝仗成為政治與政府的主旋律，繼而反映在文化與娛樂裡。

長期以來，戰爭常見的做法是，戰勝的軍隊可以在「贏得」的領土上為所欲為，亦即掠奪或占據所有想要的戰利品：財富、農作物收成、婦女、財產等，都是告捷一方合法的「戰利品」。類似的原則今天依然適用。有時候，勝利仍會讓「勝利者」以及社會上最強勢（最有力）的人覺得他們有特權，可以有恃無恐，愛怎樣就怎樣——讓他們不用遵照常規，甚至允許他們凌駕法律之上。這些基本例子，說明勝利多麼容易腐化人心。自古以來，這些鮮少有訴諸司法的機會。儘管近來國際砸重金，成立國際法庭，審判犯了嚴重戰爭罪與暴行的國家領導人，例如盧安達國際刑事法庭、前南斯拉夫國際刑事法庭等，但要將這些罪大惡極的罪犯繩之以法，仍是難如登天。

我們對打勝仗的英雄輕易流露愛慕之情，這現象始於幾世紀之前，但既然歷史的觀點已如此豐富多元，為何我們還繼續輕易地全盤接受呢？幾世代之前的人，較無機會與管道接觸其他觀點，而今拜先進技術之賜，更多元的作家與專家提出看法、更強大的修正主義（revisionist thinking）思潮，應該會打開現代人更廣泛的視野。大家可以回頭看看過去發生的事，聽聽之前未曾聽聞的故事，繼而重新調整對過去的看法，重新摸索對未來的見解。但是另類的歷史與政治觀點似乎尚未進入「主流」。當學校、企業、國家繼續舉辦「科學界的女性」、「黑人歷史月」等宣傳活動，我們大可論斷：老套、簡化的歷史論述持續占據主導地位。

歷史由「勝者」支配主導，受益於重大政治事件與軍事行動的人，占據著有權有勢的位子不放，繼續定義勝利在未來社會、政府、國際等層次的意義與模樣。只要哪裡有求變的呼聲，他們便帶頭改變，確保他們可以持續保住勝利者的角色，將他們根深柢固的偏見灌輸在社會嘗試的各種改革中。《紐約時報》專欄作家阿南德．吉瑞達拉達斯（Anand Giridharadas）提出了解釋，指稱這也是何以許多人覺得「遊戲被動了手腳，不利他們這樣的人」。所以他呼籲採取進一步行動強化我們的民主機制，因為這才是在講究平等的背景下，落實改變的最佳方式。②

溝通管道方便又暢通，讓大家有機會聽到之前聽不到的聲音。當然，這也為「假新聞」開了一扇門，因此有時候大家會覺得還是回到以前「可靠」、「流傳已久」的歷史論述會更安全。但是這個問題不該妨礙我們尋找更多元、更正確的過去觀，所謂鑑古、知今、挑戰未來。我們需要有挑戰與質疑的精神與做法，切勿只尋求簡單的答案草草了事。

奪權篡位的戰役在史書裡占了大部分，哲學家和其他思想大師一直在尋找更大的生命意義，以及能更充分地理解個體與社會。古希臘哲學家對於什麼是成功、圓滿、人類幸福等，提出了大哉問。許多人握有軍權與社會重視的財富，但仍渴望探索更深層的生命意義。

亞里斯多德與斯多葛學派的哲學家關心何謂「德行」（virtue），爭辯成功或「幸福」該聚焦在個人還是集體，討論成功屬於肉體（物質）還是精神的層次，是短暫抑或永久。斯多葛學派哲學家反對肉體和物質的所得有助於人類的幸福感。亞里斯多德在其著作《尼各馬科倫理學》（*Nicomachean Ethics*）列舉了所有你可能誤認為人生意義與目標的身外物——榮耀、金錢、榮譽、名聲等等，解釋為什麼這些東西永遠無法滿足你，因為人唯有「盛放」（human flourishing）才能臻至圓滿幸福的狀態（eudaimonia）。斯多葛學派看重追求幸福的**過程**，而非幸福本身，因為結果超出我們掌控。他們很可能為現代運動心理學的濫觴奠下了根基，亦即「控制可控因素」，專注於可控的「表現過程」，而非你掌控不了的結果與成績。這個重點是我們可重新定義勝利的關鍵領域，我們稍後會再談。

這些哲學家通常用較長期的觀點剖析短期的社會常規。他們延長了時間軸，有的提及「來生」，有的提及在生命走入尾聲時悟到的觀點，這些多少呼應了許多宗教裡的靈性觀。

在印度次大陸，佛教強調精神生活，不重視物質生活，根據這樣的生活方式，成功的定義圍繞虔心冥想打轉。印度教也同樣強調冥想，認為這是和一個人「靈魂」相通的方式，遠離一切世俗或物質形式的高尚德行。放眼亞洲，以儒家為本的傳統思想將德行聚焦在社會與集體層面。華人文化講求超越（transcendence），這是出自於社會、群體，而非對上帝的信仰。此外，源於古非洲的烏班圖哲學（Ubuntu）相信完全社會化的人類，主張人類是個大家庭，互相連結與分享。③這些主張在許多西方文化中並不存在，但大家對這些哲學思想愈來愈感興趣，用以因應過勞、壓力、非人性化的職場、社會不義、歧視等挑戰。

基督教充滿了矛盾。聖經的故事涵蓋爭權奪位這類傳統爭鬥，基督教會的歷史也是沒完沒了的戰爭史，出兵擊敗其他宗教，靠戰爭累積財富以及擴權。但基督教的教義，獎賞是死後進天堂得永生，而非有形的物質財富、社會地位、或是政治權力。耶穌，作為人類早期一位顛覆性思想家，挑戰了他那個年代許多的社會常規。馬可福音描述了一個場景，門徒們爭論誰最偉大，較勁誰的成就最高，呼應當時猶太社會大家爭奪地位與認可的現象。對門徒而言，追求偉人是自然、高貴、值得努力的目標，但耶穌卻顛覆了這點：「誰願為首，就必做眾人的僕人。」

拒絕物質的誘惑是各大宗教神學理論的共通點。在伊斯蘭教，《可蘭經》講述先知穆罕默德指導信徒什麼是美好的生活，以及怎麼做才可得到上天堂得永生的回報。成功的定義圍繞信徒如何生活，無關他們這一生的財富、健康或幸福。成功人士來世會有豐厚的回報。成功一詞在阿拉伯文是falah，每天清真寺的喚拜聲都會聽到這詞，hayya alal-falah，字義是「速求成功，快來祈禱」。

如何定義成功，雖是個苦惱已久的哲學難題，但提供了我們一個歷史性的思考主體，當我們質疑勝利在我們生活中的意涵時，會將這牢記在心。

體育哲學

我們在爬梳致勝的歷史脈絡時，最佳參觀地點是古希臘奧運。第一屆古奧運會在公元前七七六年登場，為的是紀念萬神之首宙斯，每四年舉辦一次，直到第四世紀。希臘人認為，奧運根源於宗教，運動賽事和祭神息息相關。

古奧運會是一個包羅萬象的歡慶活動，涵蓋體育、文學與宗教。在奧運會舉辦期間，希臘各邦齊聚一堂，並放下武器，專心比賽，為希臘締造和平與和諧。一開始的比賽項目只有田徑，但隨著時間推移，競技項目包括摔角、拳擊、潘克拉辛（pankration，古希臘搏擊）、[4]賽馬、馬車競速、跳遠、擲鐵餅等。多數運動反映軍事征戰、一決生死的影子。參與搏擊運動（combat sports）的選手必須豎起食指以示投降，有些人來不及示意就死了。

勝利能讓一個人享盡光環。勝利者會得到一頂橄欖枝葉編織的頭冠，橄欖枝葉摘自奧林匹亞的一棵聖樹。只有冠軍可留名入冊。亞軍或季軍無足輕重，也沒有獎牌。冠軍可為自己建雕像，表揚自己的豐功偉業，往往還有為他專門創作的勝利歌曲。此外，冠軍可獲贈終身免費食宿與看劇的門票。奧運冠軍成了大家追捧的英雄，有大量的粉絲追隨。儘管古奧運一開始有更廣泛的文化與宗教意涵，但是勝利以及隨勝利而來的崇高地位，才是比賽的核心與主角，也反映了當時主流的政治與軍事論述。

十九世紀末二十世紀初，在法國貴族皮耶・德・古拜坦爵士（Baron Pierre de Coubertin）努力下，奧運重新復活，並加入了他對體育與教育的理念。他尤其推崇古奧運有關休戰的神聖做法，這做法讓交戰的希臘城邦可暫時休兵。他相信，現代奧運也可以促進和平、增進文化之間互相理解。

在一九九二年，國際奧林匹克委員會（IOC）提議恢復奧運休戰精神，聯合國在一九九三年借鑑古奧運傳統，通過決議，進一步強化奧運休戰精神。數年後，奧運休戰基金會成立，目的是推廣這些和平原則，並鼓勵每個主辦城市結合奧運休戰的精神與原則。之後出現了一些歷史性時刻，諸如在二〇〇六年與二〇一八年奧運開幕式上，南北韓的代表隊一起進場；例如主辦城市努力讓年輕世代理解並支持奧運休戰精神等。但奧運休戰基金會難以對世界政治發揮更大或更長遠的影響。

德・古拜坦爵士的做法很大程度受到普法戰爭影響，他目睹法軍慘敗造成嚴重的社會後果，看到奧運是個契機與工具，可以作為某種軍事訓練之用，既能針對心靈，也能針對身體，一石二鳥。他看到體育說不定可成為「內在提升的泉源」以及社會改革的動力。

參觀英式橄欖球以及英國其他公立學校時，德・古拜坦看到了體育在教育所扮演的角色，有助於培養「社交能力與道德情操」，以及栽培出一群懂得「善戰」的厲害年輕人。雖然他的方法仍舊充滿戰鬥的隱喻，但他把道德以及倫理價值涵蓋在體育內。他強調比賽「過程」的重要性，而非只看重最後的勝負結果，這點不同於古奧運的道德觀。這個觀點反映在他最為人熟悉的名句：「重在參與，而非輸贏。」這句話首見於一九〇八年倫敦奧運（摘自幾天前美國賓州主教在倫敦發表的演說）。後來這句話作為官方聲明的一部分，出現在一九三二年美國加州洛杉磯奧運開幕式主場館的計分板上。至今這句話依舊是奧運精神的精髓：「人生裡，重要的不是勝利，而是奮戰過；不可缺的東西，不是贏了，而是曾經精彩地戰鬥過。」⑤

「重在參與，而非輸贏」這句話已成日常用語。通常被用在兩個截然不同、鮮明對比的情況：一，有人展現不同凡響的善意與慷慨之舉時，這故事的精彩度凌駕在勝負之上。例如一個跑者幫助另一個途中摔倒的跑者，儘管這會讓他付出極大代價。在此見到更高的人性，因為相較於勝利，尊重以及友誼等人類價值更崇高。這些是奧運場上最經典的感人時刻，無關輸贏。例如在二〇一六年巴西里約奧運場上，美國長跑選手艾比・達戈斯蒂諾（Abbey D'Agostino）在五千米田徑預賽中被毀滅性絆倒，爬起來後沒有繼續跑，反而回過頭協助紐西蘭選手妮基・漢布林（Nikki Hamblin）起身，兩人互相打氣一起抵達終點線。

但這句話更常見於嘲諷失敗者。大家引用這句話，其實是假惺惺地同情那些無法風光站上領獎台的參賽者，或是帶著揶揄地挖苦，或是表面安慰實則嗤之以鼻。這完全違背了該話的原意，進一步強化主流的態度：亦即唯有當贏家才是重點，凡是不這麼想的人，都是失敗者。

德・古拜坦希望將奧運的精神奉為一種哲學並寫入奧林匹克憲章。所有參加奧運的選手至今都會得到一枚參賽者獎章（**雖然鮮少在媒體上看到參賽者高舉這枚獎章的照片**）。還有一枚特別的皮耶・德・古拜坦獎章，這是奧委會一九六四年以來開始頒贈，表揚在奧運上展現運動家精神的運動員，或是為奧運做出特殊貢獻的人士。技術上，該獎章被奧委會視為奧運的最高榮譽，但大多數人都沒聽過，也鮮少登上頭條新聞。

奧林匹克憲章明定三大奧運價值：卓越、友誼、尊重，旨在強調奧林匹克精神（Olympism）的價值體系，以及運動競賽重在過程而非結果。帕拉林匹克（帕奧，Paralympic）的價值建立在四大基礎上：決心、啟發、勇氣、平等。這些都是深具影響力的重要價值，但它們和體育界（不論是基層還是菁英）結合的程度有多密切呢？以及它們在我們聽到的評論或是讀到的報告中，受肯定的程度有多高呢？如果對奧運以及帕奧的運動員進行民調，我懷疑有多少人能夠說出這些價值，以及他們如何有意識地圍繞這些價值觀接受訓練與比賽？在我征戰大大小小比賽的那些年，我不記得這些價值曾被提過任何一次（**實際上，教練曾明白告訴我，不要太尊重對手，就怕我若太彬彬有禮，可能會在比賽時不夠「無情」**）。

奧運格言：更快、更高、更強（citius, altius, fortius）實際上比奧運標榜的價值觀更出名，也許是更言之成理、展現英雄氣概的運動口號。國際奧委會在一八九四年成立時，首次提出更快、更高、更強，當時德．古拜坦認為，這三個詞代表了「道德美的節目單」（programme of moral beauty）。放眼體壇許多部分，我們似乎已離這一點愈來愈遠。打破體壇以及其他領域的諸多壁壘，的確振奮人心，目睹或探索人類可能的極限，也令人沸騰。但這也可能變成不惜一切代價，拚了命想在競爭中脫穎而出，過關斬將打敗所有人，證明自己的價值。後者與勵志或充實生命完全是兩碼事。你想成為最好的動機，強烈到什麼程度，會變成不惜一切代價也要當第一的強迫性動力呢？在商界、教育界與政界，這個臨界點對我們如何定義與追求成功至關重要。

武術重視道德與價值觀，這點有其悠久的傳統。武術的起源可追溯到幾千年前的古埃及、希臘、中國與印度。武術包含顯而易見的競技元素，但也同樣重視情感與精神健康。武術首重背後的哲理，不管你接受哪個層級的訓練或是參加哪個層級的比賽，不管你是新手抑或菁英，都不例外。這點與奧林匹克主義形成鮮明對比，畢竟後者的價值觀與哲理未被完整而連貫地貫徹，鮮少被置於勝負之前。

國際奧委會通過了「二〇二〇奧林匹克改革議程」，根據的是「年輕」、「公信力」、「永續性」等三大支柱，議程認識到奧運需要大刀闊斧的改革，才能繼續吸引未來的觀眾。與奧運的基本理念重新建立關係，可能是讓奧運脫胎換骨更有效的辦法。

許多體育項目意識到需要營造環境，以利落實強而有力的指導原則與價值觀。這包括了培養出來的運動員必須是個德技兼備的全人，以及等重地支持他們身體、心理、情感與精神健康方面的需求。可持續的成績表現、運動員續留體壇的比例、運動員心理健康等挑戰，在在需要改善，尤其是最高等級的各類體育賽事。教練的發展扮演舉足輕重的角色。教練是否延續過去的做法？抑或有空間接觸新的觀點？一些教練與體壇領導人認為這是在專注於比賽的過程或是關注勝負之間做選擇。有人表示，他們試著將兩者合而為一，但這誤解了全方位的做法，以為你在場上的比賽方式包含了成績。要嘛運動員的健康與幸福自始至終排在第一位，要嘛根本不是高居首位。這需要我們相信，幸福不僅僅重於結果，而且攸關結果。它還需要信任，長期下來，信任是得以保持亮眼成績的最好方式。信任也是一種責任感，支持運動員在比賽場內與場外都能有最佳表現。這可能會讓人不顧風險，排斥高高在上、一切以結果、結果、結果為尊的敘事。

個別運動員與團隊面臨成績好還要更好的持續性壓力，此外，社群媒體的干擾有增無減，加上大家需要（重新）吸引更年輕與更多元的觀眾。從我們第一次接觸開始，沒有比這更好的時機，開始探索體育背後的基本理念、目的與經歷。

商業史

若說體育重新想像以及改寫了什麼是戰鬥，商業的誕生以及發展進一步強化了競爭的首要性。商業與貿易自我們有歷史記錄以來，就成了歷史的一部分。商業史主要記錄了什麼呢？是贏家：誰創立了偉大的貿易帝國？誰創造了富可敵國的財富？

商業的概念最早可以追溯到公元八世紀，當時在印度有個叫作「施雷尼」（shreni）的組織或行會，是史上第一個可以獨立簽訂合約或擁有自己財產的公司。到了公元九六〇年，中國宋朝發明了火藥、印刷術、以及出現史上第一個合夥企業與合資股份公司，類似我們現代資本結構的概念。到了一五〇〇年左右，政府支撐的國企，例如荷蘭東印度公司與英國東印度公司，開始建立跨全球的貿易帝國，隨著他們的貨物在世界各地流動，也成立交易所買賣股票與債券。

到了十八世紀末左右，歐洲與美國出現工業革命，徹底改變經濟的發展模式。在此之前，農業經濟幾百年來沒什麼變化，但是工業革命大幅提高產量，造成巨大影響。成長成為主要目標，事實上這目標自此貫穿整個商業史，也是定義成功的主要條件。時至今日，大多數企業的目標、策略、經濟競爭力，都與成長以及利潤不可分割。我們會在第七章進一步探討這點。在進入二十一世紀之前，幾乎沒人反對企業存在的目的只不過是想辦法最大化利潤。

工業革命期間，社會出現巨大變革，背後推手是普及的教育以及開始進入更平等的時代。隨之而來的是重新思考生命的意義。經濟學家辯論自由市場經濟理論以及「資本主義遊戲規則」，根據的基礎是蘇格蘭哲學家暨經濟學家亞當・斯密以及他一七七六年的巨著《國富論》（*A Wealth of Nations*）。政治人物試著抓住這些思潮，鼓勵大家追富，並增加大家的財富。

科學化管理，又名泰勒主義（Taylorism），係根據其創始人佛瑞德里克・溫斯洛・泰勒（Frederick Winslow Taylor）命名。這類管理始於十九世紀，主要理論是管理人得負責提高生產系統的效率。科學化管理歷久不衰，造就我們今天非人性化的工作環境，想方設法讓員工投入工作，滿足現代商界世界的各種不同需求。

到了二十世紀左右，「自由國度」的美國準備好迎接「美國夢」的誕生，美國夢一詞是美國歷史學家詹姆斯・特拉斯洛・亞當斯（James Truslow Adams）創造，見於他一九三一年的暢銷書

《美國史詩》（*Epic of America*），全書宣揚的理念包括了可能性、希望、信仰，堅信「每個人的生活都應該更好、更富足、更充實」。美國夢的起源其實可以進一步追溯到《獨立宣言》標榜的思維，「人人生而平等，造物者賦予他們若干不可剝奪的權利，其中包括生命權、自由權和追求幸福的權利。」亞當斯接著明確地說，這不「僅僅只是汽車夢和高薪夢」，但人生的贏家愈來愈與物質成功畫上等號，一如F．史考特．費茲傑羅（F. Scott Fitzgerald）的一九二五年小說《大亨小傳》（*The Great Gatsby*）裡生動的描述。

美國夢所用的語言以及理念強而有力地繼續貫穿美國人的意識與心理，但到了二十一世紀，這些已愈來愈脆弱，顯得搖搖欲墜。過去幾代人無法如願實現理想與大志，到了二十一世紀初期，全球化的衝擊，讓許多寄望或夢想擁有美好生活的人愈來愈孤立。儘管歷任美國總統一再承諾提供民眾更好的生活，但實際上，社會制約、嚴重的不平等、種族歧視、社會歧視等問題仍普遍存在於美國社會，讓許多人「失去」他們想要的生活。大家愈來愈意識到，我們不可能都像美國夢承諾的那樣，成為人生贏家。儘管美國是極端例子，但綜觀已開發國家，可發現類似的社會、經濟現象。

上個世紀的歷史與政治

隨著二十世紀西方工商業快速發展，結合了政治與軍事，讓戰爭的侵略性以及破壞性「更上一層樓」。各方繼續在贏－輸的基礎上磋商和平協議，導致下一場戰爭永遠不會太遠。

一九一八年，歐洲努力走出第一次世界大戰衝擊，英國首相大衛．勞合．喬治（David Lloyd George）與法國總理喬治．克里蒙梭（Georges Clemenceau）以及美國總統威爾遜（Woodrow

Wilson）三人在凡爾賽會面，討論簽署和平條約。這三個戰勝國想著如何「逼戰敗的德國付出代價」，當時這個口號在英國非常響亮。凡爾賽和約不是透過談判達成的，而是戰勝國強加在戰敗國身上的，也為不久後的第二次世界大戰以及接下來的中東動盪埋下伏筆。就短期的結果而言，凡爾賽和約也許在某種意義上是諸多戰役中的「勝仗」之一，但回顧隨後發生的嚴重政治事件，長期而言，很難將締結和約這一刻視為任何一個與會國的勝利或成功。

第一次世界大戰後造成的餘波與餘震，揭開國際合作新形式的序曲。首先是建立國際聯盟（League of Nations），繼而在二戰後陸續成立聯合國（United Nations）、北大西洋公約組織（NATO）等。這是一個大膽之舉，嘗試在不間斷運作的框架內，改善國際合作，讓合作變得比不合作來得容易些。當然啦，這些機構確是由「戰勝國」成立，立意雖良善，但創始國也是最有影響力的大國（聯合國安理會的五個常任理事國在幾十年後依舊是原班人馬：美、英、俄羅斯、中國、法國），而且依舊走不出零和遊戲的思維與爭權奪利的鬥爭。二十一世紀最大挑戰在本質上都是全球性的，不論是保護地球抑或應對全球大流行疾病等，但這些國際機構很難充分發揮角色。

正如工業化在第一次世界大戰中徹底改變作戰形式，二十世紀末，科技也再次翻轉了戰爭，傳統武器已無法應付新形式的威脅與衝突。什麼叫打勝仗？相較於以往任何時候，似乎都更難定義。在一九九〇年代與二〇〇〇年代的阿富汗戰爭、伊拉克戰爭，不論報導或聲明宣稱打了多少場勝仗，回歸到現實，則是一次又一次地被打臉。美國及其盟國一再高估了他們的武力，認為可以在每次衝突中取勝。要想在衝突中取勝，手段必須更多元，方式必須更彈性，能夠隨機應變。然而許多政治人物難以擺脫戰勝「敵人」這種簡單的勝利定義。

歌頌英雄的敘事方式深植於人們腦海，並在政壇的實體結構中一次次被強調。在英國，素有

「全球國會之母」的英國國會殿堂裡，執政黨與在野黨議員面對面分坐在長椅上，雙方相隔兩把劍的距離，中間擺著帶刺的金屬製權杖。議員們可選擇要坐在哪一邊。從一個黨跳槽到另一個黨，所謂「跨席」（crossing the house）被視為最嚴重的背叛、背棄、懦弱之舉。在這世上，無論如何都要與自己的黨共存亡，即便這違背自己的價值與信仰也不能跳槽，因為這才是「強人」、贏家之舉。

著名的每週一次「質詢首相時間」（PMQs）形同唇槍舌劍。每週三中午，在野黨領袖以及下議院所有議員，可以當面質詢首相。這個過程的特色是歡呼聲、噓聲、咆哮聲、指著對方鼻子罵人聲。政治線記者與政論家充當裁判，宣判「誰是質詢PK賽的贏家」，是首相呢還是在野黨領袖。政治評論員甚至為兩位領導人打分數，滿分十分。相較於實質問題，大家更重視兩位領導人的口才表現以及實力強弱。

英國的政治設計很適合電視炒作：猶如將古羅馬競技場搬到了現代的國會殿堂。媒體報導，贏家與輸家是誰，但很難看出這種二元對立競賽能協助政府找到什麼錦囊妙計，帶領國家邁向「符合國家利益」之途（**借用議員在議場激辯時喊來喊去的空洞口號**），或明智地應對二十一世紀複雜的全球重大挑戰。

這種針鋒相對的語言與思維會讓民族主義的言論輕鬆找到可乘之機，而且在世界各地都可找到換湯不換藥的版本。各國繼續靠犧牲鄰國，以便在政治和經濟上「取勝」。我獨贏的敘事與言論有損跨國交流、國與國結盟，也被視為英國激烈辯論脫歐的基礎。英國加入歐盟的這些年，致勝與征服的語言一直存在。不論是保守黨還是工黨首相，從歐盟峰會返國或是結束談判後，習慣揮舞達成的協議，顯示英國在與盟國的談判中「略勝一籌」。難怪許多民眾一直將歐洲鄰國視為敵人，而非過去七十年來，英國最大的貿易夥伴以及友好盟國。在涇渭分明的脫歐辯論中，參選的政治人物為了爭取選民支持，提高分貝呼籲英國應挺身對抗歐盟這些和平的貿易夥伴，試圖說服英國民眾，脫離歐盟，生活會更好。

有趣的是，在英美這兩個向二元論看齊的國家，牢不可破地認為，聯合政府軟弱、不可取。這樣的迷思遍存在兩國的社會裡。在認為聯合政府軟弱的國家裡，強而有力指的是速戰速決的決策，而非彼此合作、分享與交流多元的觀點，共同找出帶領集體前進的最佳方式。脆弱的義大利政府，很快就淪為聯合政府有諸多瑕疵的例子。不像德國，成功運作的聯合政府自二次世界大戰以來，早已成了常態，英國長期以來對聯合政府、跨黨合作心存負評，無疑限縮了跨黨集思廣益、攜手共同解決二十一世紀龐大棘手問題的可能性。

然而勢必得探索其他途徑解決我們長期面臨的全球性挑戰，無論是氣候變遷、全球大流行疾病、還是貿易。企業發現當國際貿易現實／跨境經濟活動捲入政治角力時，自己陷入左右為難的處境。同理，從氣候變遷乃至移民等跨境問題，也一樣讓各國政府傷透腦筋。

全球化的不僅是商業與貿易；犯罪、戰爭、恐怖主義也是無國界；再者，移民、疾病、乃至平等的一系列社會問題，也在在需要跨國境的視角因應。氣候變遷、環境惡化等衝擊，是二十一世紀的終極挑戰，但是在若干國家，這問題鮮少出現在每日針鋒相對的戰役裡，反觀在國際談判上，有些國家則是不鬆手，試圖要「戰勝」對方。

為什麼考慮歷史

我們對於致勝的看法深藏在我們的心底。我們對於自古以來各種事件的認識與理解，影響了我們對致勝的看法與思想。因此，除非我們能進一步理解過去對致勝的想法，否則我們無法找出適合我們所處時代的新思維。歷史向來是「贏家一言堂」，回顧過去，可以看清贏家的敘事與故事有其狹隘與不足的一面。我們也可看到，生活、商業、戰爭隨著時間推移，發生了巨變，但延續多年的敘事與說法仍舊不動如山。政治與文化系統漸漸與其存在的世界脫節。沒有一個國家能夠在氣候變遷問題上「獨贏」；沒有一個國家可以單打獨鬥「擊敗」恐怖主義或是全球大流行疾病。一如自古至今哲學家所言，沒有人可以「戰勝人生」。第二部分將揭露致勝這個根深柢固的文化現象如何貫穿我們的人生，以及如何以各種不同的方式阻礙我們發揮潛能。

第2部

執著於勝利反而阻礙我們的發展

不惜一切代價求勝，得付出代價：愛爭、倨傲、自私、小氣、目空一切的附帶效應。

《薩爾斯評論》（Salz Review）：二〇一三年巴克萊銀行商業行為評估報告

—第4章— 從大富翁桌遊到爬滑杆取物：真實生活裡處處要贏

我仍然記得神經緊繃到滋滋作響的聲音。經過數小時如坐針氈、偶爾鬧鬧脾氣的對戰，我朋友的弟弟湯瑪斯擲了骰子，然後移動他的棋子，他已經可以預見結局，但他心裡仍殘存著希望，不願承認自己要輸了。我朋友和我也預見他會輸，兩人屏住了呼吸。湯瑪斯迅速評估要怎麼脫困：他的體溫上升、手臂寒毛直豎。他可以感受到內心情緒湧動。他對棋盤的視野愈來愈窄，大腦理性區退位，改由執掌本能、直覺、求生欲的區域控制。他把棋子挪到最貴地標「公園巷」的邊邊，上面已有一棟龐大的紅色酒店。他站了起來，又哭又吼地說不公平，指控他的姊姊和我作弊，然後一不做二不休掀了棋盤，把上面的房子、酒店、紙牌撒的滿地都是。

讓我們回想自己小時候的獲勝經驗，可能是家庭遊戲、學校考試、音樂比賽或足球比賽。我們對勝利的想法很大程度受到環境以及教養方式的影響：什麼行為會獲得獎勵？父母與師長認為誰是勝利者？這是我們開始摸索與建立自己勝利觀的起點——勝利是外在還是內在？勝利是學校的排名表？父母的期許？還是由媒體決定什麼才叫成功？如果沒人看到我們贏，我們能算贏嗎？贏是打破某人之前締造的最佳記錄？還是擊敗對手？贏是由外人決定？還是我可以自己定義什麼是成功？

咸認為勝利的故事可方便我們訂定努力的目標，包括訂定學校考試成績、職場表現、運動比賽的目標等等。勝利的名言常被借用、追捧、引用：企業領導人希望激勵銷售團隊提高業績、教練希望球隊贏得比賽、父母希望子女在考試成績上拔得頭籌。這是容易又合乎邏輯的模式。我本人也曾一古腦兒地照本宣科，照著成功人士的劇本做。問題是，這方式一次又一次地讓我們與目標失之交臂，沒把我們帶到我們想去的地方。

童年的際遇

我們第一次和輸贏、戰鬥、談判交手，往往發生在小時候加入的第一個「團隊」裡，亦即我們的家庭。我們很快認識到價值觀，誰有權（誰沒權），怎樣才能吃到想吃的巧克力餅乾！這很快左右以及影響我們和他人的關係。我們的家庭環境、親戚、父母、兄弟姊妹等對於我們第一次嘗到的「勝利」以及附著在勝利上的意義，具有舉足輕重的影響力。這些小時候的機會教育，在在左右我們會選擇競爭求勝，抑或和他人合作／協作以便獲致不同的結果。

在電視劇、書籍和電影裡，兄弟鬩牆常用「贏家」、「輸家」的方式呈現，受零和遊戲的心態支配。這可能是大家小時候認識二元觀點的序曲，通常年長的兄姊認為，他們只能靠犧牲弟妹的利益勝過對方，否則就會輸給他們。第一個小孩已習慣得到母親完全的關注，後來妹妹或弟弟出世，「瓜分」了一些母親的時間。第一個孩子遂花很多時間與力氣，「爭取」母親的時間、關注與愛，但這樣的戰鬥最終一定以失敗收場。畢竟母親若有了另一個孩子，絕不會把注意力全放在第一個孩子身上。

這是一個辛苦的適應期，直到每個小孩都能找到方法（但願如此）「分享」母親的時間，學會和大家一起玩耍以及樂於一起比賽。任何一位家長都知道，這不容易做到，但我們身邊似乎也很少看到可借鏡的例子。電視劇、新聞專題、書籍和電影似乎更關注該隱–亞伯式的手足相殘，鮮少著墨如何調整以及創造不同的互動模式。

在童伴群裡或是幼兒園裡，我們再次經歷這整個過程，想辦法獲得一切最好的玩具，爭取大人所有的關注。然後發現這不可能發生，我們遂開始花時間與精力爭取我們心儀的玩具以及渴望的關注，或是另闢蹊徑，想辦法適應所處的環境。

父母的教導與學校教育決定「贏家–輸家」的敘事會怎麼發展，決定了短期競爭以及零和遊戲心態是否會深植小孩腦海，或是會刺激他們培養不同的思考方式。學校生活至今仍不脫競賽、獎項、金星獎章、分數，這些在在灌輸學生什麼才重要。我們有多少人還記得當年就學時爭先恐後搶答正確答案？希望老師點到你而不是其他同學？如果老師點到他們而不是你，你私底下希望他們答錯？如果他們真的答錯，你可能有機會向大家證明你有多厲害——你的成功可能建立在他們的失敗之上。潛在的朋友與合作對象，變成了對手與敵人。

在英國學校，學童若表現不錯或是循規蹈矩、上課安靜、對同學友善等，通常會得到貼紙、金星、點數等獎勵。問題是，這些優良行為本身往往很快被拋諸腦後。到了一週接近尾聲，貼紙、金星、點數的統計圖讓人一目了然誰是「贏家」誰是「輸家」，但每項值得稱讚的活動或行為卻被忘得一乾二淨。

我七歲的兒子發現，獲得點數最簡單的辦法是在校時替人開門，而且開門時要熱情有勁，他靠這一路累積了不少點數，讓他的總積分大躍進。替人開門扶門是不錯的行為，但他不明白為什麼這是好事，除了能讓他在班級的點數排行榜上衝上第一名。隔年他無法再靠替人開門累積點數，他自然而然不再這麼做了（**好吧，直到我們小聊了一下，我力勸他偶爾還是應該幫人開門扶門，只不過用了不同理由！**）。

有些學校在強調某些重點時，少用了一招——是希望大家學習如何登上每週積分榜的榜首？還是學著了解自己的慷慨、助人、友善對他人發揮了什麼影響力？有時候，用貼紙肯定這些行為，的確是更容易些。身為父母，我確實看見貼紙有多好用，但其實這有侷限。短期而言，貼紙的確有助於鼓勵善行與良好的行為，但這是靠外力激發，靠提供外在獎勵而非內在獎勵，這些無法解釋善行的長期好處，也無法灌輸更深層、更持久的價值觀。

學校愈來愈頻繁地「討論」合作的重要性，但它位在獎勵制度的哪個等級？合作的例子（或劍及履及的人）受到的肯定，是否曾超過或接近那些因為學術成績、音樂甄試、體育競賽名列前茅的人？正是這種「實至名歸」的獎勵制度，才能教導每個學生認識什麼東西的價值是真的而非虛有其表，了解牆上貼的學習宗旨到底有多重要，以及成功到底是什麼？

我詢問朋友與受訪者，他們第一次與勝利相遇是什麼時候，他們往往會停頓一下然後倒抽一口氣。讓我意外的是，多得是人睜大雙眼、挑眉道：「哦，我的老天爺！大富翁！」然後記憶如潮水般湧現，想起當年如何被自己手足以及近親痛宰，輸到破產。

維基百科形容大富翁桌遊是「國際流行文化的一部分」，以玩家互相競爭為基礎與前提，目標是把對手逼到破產。① 贏的定義是其他人得輸，最好是慘輸。大富翁的設計，讓我們在小時候就開始接觸零和遊戲的世界，在這世界裡，合作不僅無助於贏，也不可取。成功完全建立在別人的失敗以及痛苦上，而這是你刻意與精心選擇後造成的結果。

其他桌遊也是建立在類似的「零和遊戲」基礎上，最後只能有一個贏家，得靠其他玩家輸，證明自己贏了。如果你想贏，得不惜一切代價避免合作。無論是「蛇梯棋」（*Snakes & Ladders*）、「海戰棋」（*Battleships*）、還是「戰國風雲」（*Risk*），顯而易見的致勝之道是專注於自己，盡一切可能智取對方，如果可能的話，乾脆殲滅對手。

我的童年的確也有過一些「大富翁時刻」，而且不限端出那個長方形紅色盒子的時候。除了桌遊，學校與家裡也教導我，世上只有「一個贏家」，若想說話有分量，我必須努力成為贏家，成為最後拍板定案的人，這需要拿出能服人的說法（或是用高分貝的聲音壓過其他人）。幾乎沒有空間容納其他說法，也不讓大家暢所欲言、充分溝通、深入探討。只剩「勝利的論點」與「失敗的論點」。我靠這個教導一路從中學、大學、乃至後來奧運的訓練場，過關斬將，成為贏家。但在處理學校課業以外的事、以及在大學與體育場上、乃至後來進入社會與家庭，這樣的教導並沒有提供我充分的護身符。

從小學到高中，優勝者與失敗者涇渭分明：學生大抵分成念書型、運動型、音樂型等類別。但許多人被排除在外，不屬於其中或其他任何一個類別。大家都清楚，誰是班上的佼佼者，誰是墊底的。對世界有不同看法的人，往往會落到最底層。畢竟大家忙著應付大大小小的考試，沒有時間思考不同的觀點或想法。

如果你選擇繼續升學這條路，會發現同樣的現象（**當然啦，在你開始修課之前，你上的大學本身就意味著成功或失敗**）。勝利的定義顯然是根據成績和分數，而非學生選了深具啟發性的課程，也非因為他們受到鼓勵勇於認識這個世界，更不是因為他們努力想改變現狀或創造什麼新穎的東西。同樣的邏輯延續到職場，大家為了晉升、獎金、高階位子而你爭我鬥。

但是滿腦子想著贏，一心想著在一翻兩瞪眼的小考、大考、面試上勝出，會侷限我們的學習與發展。下一章我們會探討狹隘、短效的評量會分散我們的注意力，讓我們無法專注於精進自己，以至於無法長期貢獻我們的所長。

與「一心要贏的心態」初次相遇

我小時候並不是特別愛運動，儘管後來發展事與願違。我的體育成績在班上並非名列前茅，很快被歸類到「運動遜咖組」。這種成功的定義，根據的是誰跑得最快，主要是看誰的身體發育最發達而決定：要嘛是該年級年紀最大的學生，要嘛是學童的父母在週末都會帶孩子出去活動。

在「運動型」以及「非運動型」的分類下，前者被視為學校運動會上的「勝利者」，上體育課時會受到老師的表揚，這些經歷是我中小學體育生活的寫照。我是同年級裡年紀最小的，所以曲棍球比賽或是在更慘的排球比賽上，我往往被嫌弱（**拖累全隊的掃把星**），成了對方猛攻的箭靶。有趣的是，我想要成為頂尖的人。我並非不在乎。儘管學校成績單顯示，我學習態度差，不夠努力（**「四A班：體育：凱絲有時候對體育課的態度消極，導致努力不足」**）。我只是不知道如何改善，擺脫「拙於運動」的標籤，也不知道有什麼途徑可以幫我解決這個問題。

一旦年輕時放棄規律健身或運動的習慣，運動就不再是生活裡養生的一環，許多人也無法再恢復運動習慣。放眼世界，政府與體育機構想方設法力阻兒童在十多歲時放棄運動，或是努力讓他們重拾運動習慣。第一波計畫往往側重在提供更多活動，並以青少年感興趣的活動類型為主。直到最近，隨著更多研究出爐，我們才更了解大家對運動有什麼樣的「體驗」，以及體育活動背後的文化脈絡與環境的重要性。「致勝」在文化裡扮演的角色，對於小孩自小從運動經驗中學到的東西影響之大，足以決定運動能否成為他們一輩子的健康生活習慣。

我覺得自己非常幸運能在大學時接觸划船這項運動，這無疑改變了我，讓我養成了終生與運動為伍的習慣。因為自認不愛運動，也不喜歡早起，所以無意學習什麼新的運動，尤其不喜歡耗體力、又多半在大清早練習的運動。偶然的機會下，新結識的朋友在第一學期期中時，拜託我「替補」他們的新手上陣（**請我在大學酒吧喝了幾杯酒當成賄賂**）。

第一天清晨划下來，感覺讓人振奮，儘管旁人看來，我的表現根本是荒腔走板。第一次坐在船上，我根本拿它沒轍。為了不讓船撞到岸邊，我用力地划，因為笨手笨腳，弄斷了勺型木槳。但大家似乎沒放在心上，反正我們都是初學者。教練很快換了一把新槳給我。整個隊伍重在學習與開心。沒人划過船，所以大家的起步一致。划船需要大家天衣無縫地配合，所以首重協調性與時間性。作為初學者，我們得互相幫忙，找出合作無間的方式。

我並未愛上一大早響起的鬧鐘聲，但沒多久便開始期待清晨河面上泛起的一層薄霧，槳桿劃破水面的拍擊聲、船歪歪扭扭朝目標邁進的畫面、菜鳥划船手彼此的交談聲、身心接受鍛鍊的興奮感、組員充滿活力發揮同舟共濟的精神。這種在一條船上相互倚賴的一體感，是一種令人興奮的全新體驗。我對成為奧運國手沒有任何奢望與雄心；其實我甚至連想都沒想過（**現在回想起來，我很慶幸是這樣**）。我想盡我所能，盡早學會該學的，以免拖累全隊。我們小組想在期末的新手賽中取得好成績，但不管結果如何，大家已決定下學期繼續划下去，因為很開心，也因為珍貴的友誼。

我很慶幸有人引薦我加入划船隊，嘗試接受挑戰，努力做到與他人同步划槳。當彼此下槳的方向不一致時，難免覺得挫敗，但唯一的選項就是調適以及一試再試。一旦上了船，無法像我之前在學校的曲棍球隊或排球隊一樣可「選擇退出」，你必須繼續前進，並竭盡所能拿出最好的表現。你也無法機械性地分析需要改進什麼。划船的關鍵是適應船下的水流，隨機應變。亦即要百分之百地「在場」，感受你旁邊划手的動作，以及船下的水流。划手得一起尋找那些難以捉摸的時刻，大家同時下槳、聽到槳同步拍擊水面發出的「咔嚓聲」，然後船飛速前進。同在一條船上傳神地比喻了合作與團隊精神。

數年後，比賽與勝利逐漸成了常態，我也開始踏上成為英國奧運划船國手之路。我很快學會一個認真、全力以赴的運動員該遵守的規定。勝利才是一切，享受則排在很後面。多位教練最常說的一句話是：「你可以等站在領獎台上時好好享受。」亦即，等到或除非你贏了比賽，否則不要指望享受：兩者密不可分，但也是危險的組合。我很後悔沒有早點質疑這個邏輯，儘管我懷疑自己是否有膽子說出這看法。顯而易見，在團隊裡，一切努力都為了排名：誰排在第一，誰墊底。沒有人想要吊車尾。有些人被稱為「贏家」，有些人被稱為「萬年輸家」。即便已進入國家隊，屬於全國最頂尖的選手，但我很快就感到恐懼與絕望。身為新加入的女國手，必須努力和前者（贏家）扯上關係，而非後者。

這並不容易。在那個年代，女子划船選手往往被視為「失敗者」。當時沒有任何一位女划船手拿過奧運獎牌，僅有少數幾位曾在世界錦標賽摘過牌。因此，在他人眼中，我們女子划船隊似乎成了大家不得不承擔的包袱。我們迫切需要證明我們也能成為贏家。但這到底意味什麼？以及我們怎麼做才能成功？

我僥倖地擠進一九九六年亞特蘭大奧運國手隊時，感覺遙不可及的夢想竟然不可思議地實現了。回想自己在中小學慘澹的體育成績，簡直不敢相信自己也有今天。但我所在的團隊，一切所作所為似乎都在強調，女性並不出色，當然絕對遜於男性，這讓我覺得訝異與不解。有時還公開地成為男子隊裡的笑柄。我們努力地想證明，我們與眾不同，有實力贏得比賽。但是周遭太多的人與事似乎都在扯我們後腿。

奧運女子國家隊裡並沒有運動心理學家隨行，男子隊教練不避諱地說到女子隊似乎沒有「求勝的態度」。我當時並不是很清楚那是什麼意思，只是陷入苦思，心想到底自己有沒有這種心態，以及糾結地想，自己能否靠後天的努力，培養出這種態度？抑或求勝的態度是天生的？

我還記得，我們隊得到了一個千載難逢的機會，可以參加帶領上一屆巴塞隆納奧運隊金牌教練暨心理學家的講座。他談了很多關於求勝的態度，然後問我們大家：「你們有想贏的意願嗎？你們**真的**想贏嗎？」我心想，想贏顯然有其必要，也覺得這事一定很深奧，而我還沒遇到。我困惑不已，努力想釐清自己到底有沒有求勝的態度。冒名頂替症候群（imposter syndrome）很快不請自來，讓我陷入精神錯亂。「我覺得我有，我希望我有，但我怎麼樣才能真的知道？如果我沒有呢？如果我在自欺欺人呢？我憑什麼認為自己想贏呢？如果我認為我有，但我真的沒有，而比賽場上其他人更有呢？」

「想贏的意願」被我們高高舉起，高到讓我們遙不可及。但是花時間思考「想贏的意願」這個看似難以捉摸的問題，轉移了我們的注意力，讓我們無法專心思考提高速度的各種辦法。由於種種原因，我們在那屆的奧運表現不佳。

奧運「失利」後，過了一年，換了一位新的運動心理學家加入，他開始用不同的語言。他用的說法是「表現心態」（performance mindset），從來沒有一次問過我是否有「想贏的意願」。他確實問了我的能力以及長項，以及我該如何善加利用，提升成績。他也問了我是否在受訓以及比賽時，全力以赴做到最好。並問了我是否相信自己每天都能進步。這開啟我全新的思維方式，重新定義什麼是成功的女運動員。這一次，我不再侷限於結果論成敗，反而有助於我做到最好，交出最棒的成績。

我們將「想贏的意願」和體育聯想在一起，但這個概念同樣存在於許多運動以外的脈絡。例如在職場，領導招聘時，我們會聽到「延攬贏家」進入工作團隊之類的語言與心聲。在許多團隊以及組織的策略以及目標裡，我們也會聽到類似的語言。「讓我們都成為贏家」、「務必讓我們團隊脫穎而出成為贏家」，這些積極向上的話似乎輕鬆就能脫口而出。不過難的是，對這話的實際含義以及「致勝行為」的具體模樣形成共同的看法，也難在不易理解老想贏的心態會對你想要實現的目標造成哪些更廣泛的影響。

在職場，層級分明的制度幾乎每天都會給出一張清楚可見的贏家與輸家表——誰的意見最重要，誰在公司最具身價等等。當我加入公務員行列，每個人的身分根據的是他的級別以及是否在可直達層峰的「快速道」。這些「評價」會形成你對他人的偏見，也會決定誰在會議上有發言的餘地，誰的意見會被漠視。企業領導人兼作家瑪格麗特・赫弗南（Margaret Heffernan）總結了層級分明對組織造成的傷害：

> 數十年來，高層想像著晉升之梯能激勵員工，心想員工夢想有朝一日能爬到高位，所以會奮發向上……結果是員工吝於分享……出色的想法與重大的問題都在權力鬥爭以及搶奪地盤時被犧牲了，或是卡關而動彈不得。②

工作了一陣子，可能會心生一種要贏但為時已晚的感覺。若你到了某個年紀或某個階段，仍然一事無成，心想這輩子也就這樣了。但實際上，這可能只是大家普遍的假設。里奇・卡爾加德（Rich Karlgaard）對這現象提出了挑戰，強調我們的文化對成功要趁早的崇拜不合邏輯，指稱若低估職場裡「大器晚成者」，可能得付出慘重代價。③

重新思考生活中的各種贏

我們一生中與勝利交集多次，可能是在家裡、學校、運動場、或職場等等。值得我們帶著好奇心，重新思考與勝利交集的際遇，超越既有的標籤與預設的想法。在這些勝利史中，我們發展出什麼樣的心態？強化了什麼行為？以及對我們有什麼影響？有什麼可能被忽略或被低估？

我們已經分析了為什麼大家會這麼執著於拿第一。之後的章節會從社會各個角度分析一些例子，說明致勝如何影響了教育、體育、商業、政治等領域，這些潛移默化的方式往往被視為理所當然，但如果我們想找出更好的成功方式，必須進一步分析，並提出質疑。

第5章 誰才是班上的南波萬？力爭第一對教育的影響

心理學家麥德琳．雷文（Madeline Levine）講了一個十歲男孩的故事，他安靜地坐在她辦公室的沙發上，雙腿稍稍懸空，無法完全放在地板上。她問他有沒有想過長大後要做什麼，他毫不猶豫地端坐了起來，說：「我要開一家新創公司。」他連什麼是新創公司都不知道，卻巨細靡遺地知道，得做什麼才能讓公司賺大錢。他繪出自己未來十五年的藍圖：他計畫申請進入明星高中，提高自己成功就讀史丹福大學的機率。他知道自己得實習，最好能在谷歌（Google）。他打算做人生的「贏家」。他的父母、老師、社區居民無不鼓勵他這種想法，卻不了解，他們可能弄巧成拙，打壓他成功的機會。

雷文接著說道，「在這個國家（美國）的權貴小圈子裡，部分文化愈來愈強調成功是什麼模樣，以及什麼才是成功的正道，但是觀點狹隘。金錢的重要性被高估，人品被低估。」坐在她沙發上的那個十歲男孩就是這種風氣下的必然成品：「他想成為贏家，但對於自己要從事的工作一無所知。」①

我至今還記得與一位母親的超現實對話，她有個才**兩歲半**的兒子，但她對於兒子的未來憂心忡忡：

我擔心我的兒子。我們努力教他怎麼握筆，但他不感興趣。我不知道該怎麼辦。他這樣根本進不了X校，如果進不了名校，天曉得他的後半生會變成什麼模樣。有人推薦了一位家教給我們，我們迫切希望，他能讓兒子順利通過即將到來的入學面試。

我以為自己的經歷已夠極端，但是上述對話，顯示年僅兩歲半幼兒就已站在競爭位置，搶著擠進倫敦頂尖私校，這真的讓我咋舌。孩子打從出生，父母就開始擔心，如果進不了某個幼兒園，就進不了某個明星小學或預備學校，接著會無緣進入頂尖高中，最後數一數二的大學也泡湯了，小孩的人生鐵定毀了。對於一心望子成龍望女成鳳、有管道讓孩子進入名校的父母而言，這是個心力交瘁的競賽。但許多家庭連進入這個競賽的資格都沒有。

對於家長與孩子投入念名校的競賽，我至今還深感困擾。大家似乎覺得，如果你表現不錯，如果你「打贏」進名校的比賽，那麼你的人生就此一帆風順。但你若「輸了」進名校比賽，你這輩子就毀了。這個受到父母與教師背書的想法，是孩子的人生初體驗之一，也灌輸孩子什麼是成功的定義與標準。

基於排名、目標、指標的教育策略

許多國家仍有僵化的考試制度，狹隘的升學管道，這些做法與人生經驗或現代職場所需的特質完全脫鉤。業界疾呼公司需要注入更多的創意、創新思維、協作能力、解決複雜問題的技能。一些國家（尤其是北歐和荷蘭）已轉向，重視培養協作與合作的能力，減少考試次數。但許多國家仍然採一刀切的教育方式，讓孩子小小年紀就被宣判是贏家或輸家。

這世上，比東比西以及隨比較而來的壓力無所不在，衡量成功的標準包括了絕對值（學校成績）以及相對值（你的孩子與另一個孩子相比如何）。商學院教授瑪格麗特．赫弗南以及教音樂的指揮家班傑明．詹德（Benjamin Zander）試辦一開始就讓全班學生拿A，希望學生擺脫比來比去的負面困擾。赫弗南的課與創業有關，成績幾乎與創業無關，但赫弗南的企管系學生並不滿意。多年來他們習慣爭取好成績，也習慣靠比較（優於或遜於同事）評斷自己的實力。「他們不只想學習；他們想透過別人的失敗證明自己的成功。」②

在指揮家詹德的課上，學期一開始他就給全班每個人A，熱心地想為學生創造新的「可能性」。之前，一班又一班的學生，處於沒完沒了的焦慮狀態，老是擔心會搞砸演奏，導致成績不好看，因此不敢冒險嘗試不一樣的演繹。他說：「音樂這門藝術，既然只能透過演奏者演繹傳達靈魂，所以它的生命力取決於演奏時的表現力。唯有我們在表演時犯了錯，才能真正開始注意哪裡需要多花些心思。」③

既有制度的批評者與支持者（**往往是在狹隘成功定義下的成功人士，忠於這些成功的標準與定義，甚至仰賴這些標準合理化自己的成就**）疾呼，放水可能導致水準下降。但詹德發現正好相反。他不靠一體適用的標準來衡量學生，而是和學生一起努力，激發他們最大的潛能，突破自己的極限。詹德不希望學生為了討好老師或是躲避老師，而侷限了學習。他希望學生能與老師同行，一起探索更高的境界。他說：「給自己一個A，並非為了吹噓或是自抬身價。給你A……讓你擺脫成敗的框架以及被打分數的世界，助你進入充滿可能性的浩瀚宇宙。」④拿音樂做比喻，也許更容易讓你逐漸明白，一流的藝術表現，靠的不是讓表演者比來比去，看誰拿第一。不難想像在其他世界，諸如商業與政治，也是同樣的道理。我們的國家由最擅長打選戰的人領導，但他們不見得擅長治理國事。企業界由擅長高升的人領導，但未必是最好的領導人。

在許多國家，教育已淪為競賽，運作方式類似體育比賽。師生很快學會比賽規則，找出標記贏家與輸家的標準。

追本溯源，教育「educate」這個字源於拉丁字「educare」，意思是「栽培」（bringing up）。Educo字面意思是「I educate」（e-duco），翻成中文是「我帶頭前進、我扶持大家」。多麼棒的教育基礎，著墨於帶頭前進，提升他人水平，一如詹德的教學核心。這裡沒有贏家與輸家，看不到競爭、排名、指標。到底英、美、日本、中國等諸多大國的教育語言裡，怎麼會被目標以及排行榜所控制？

在英國，學校漸漸被視為「企業」，在競爭激烈的教育市場求生存的企業（涵蓋公部門與民營部門）。複雜的學術鏈（chains of academies）由執行長掌舵而非校長。政府鼓勵民營企業的高層進入教育領域，將推動成果的商業模式移師到學校，提高學習成效與成績表現。然而這些做法在商業界是否真的有效，目前都還是問號，遑論能否適用於或移植到教育界。

重視評量在實務上對於老師、學生、教育界有何意義？特別是在英國、美國與日本等國，競爭已成教育的核心，藉此提高孩童的教育品質，確保公共財的投資有不錯回報，並縮小社會族群之間的「成就差距」。背後誘人而簡單的邏輯是，所有學校都想在排行榜上名列前茅，所以會努力求好，連帶改善教育品質。這立意當然不錯，但實務上要如何落實？「贏」的概念對下一代的學習方式與內容有何影響？

在英國與美國，不難發現許多中小學教師半途離開教職，因為他們覺得自己被困在數字與指標的官僚戲碼裡動彈不得。這與他們當初加入教職的初衷有著天壤之別，他們的初衷是激勵下一代、釋放學生的潛能。校長尤其無奈，彷彿掉進無法脫身的陷阱。政府為衡量指標提出的說法與理由非常正向漂亮：為的是提高水平、增加流動性、追蹤進展等等。誰能站出來反對這些立意呢？但這些立意造成的衝擊與立意本身根本不符。工作人員的時間被挪作追求成績與排名，而成績與排名可以透過多種方式反過來不利學校，例如經費被砍或列入黑名單。大家強調短期見到改善，卻忽略了令人擔憂的長期趨勢——包括教職員士氣下降、教師留任率偏低、師生的身心狀態等等。

有增無減的考試、評量，以及追不完的考試目標，造就出特殊的思考和行為。大家不會把時間花在無法被直接評量的項目上，而是把時間挪來做可增進排名的事。這影響了更廣泛的學習，諸如藝術、音樂、體育、社會科學、歷史等科目，相較於可被評量的科目，例如英語、數學、科學等主科，處於被犧牲的不利地位。這些科目有各種考試，老師開始狹隘地關注考試所需的特定技巧，而不是更廣泛的學習過程，或是可拓展思維的經驗。學生若帶著分數的濾鏡看待學習，恐不太敢選修他們也許喜歡但不太擅長的科目。我不確定現在是否還有人正視並解決以下的「為什麼」——為什麼上學？上學的目的是什麼？但這是非常有用的問題，值得我們深思。看到教育不過是為了一連串的成績，讓人難過。大衛．波爾（David Boyle）在其著作《打勾欄》（*Tickbox*）揭露了公共服務部門裡，普遍存在毫無意義的目標文化（target culture），他懷疑那些在排行榜上名列前茅的學校，指稱：「恐怕他們爬到前段班是因為刪了一切有創意的課內與課外活動，並放棄了比較有問題的學生。」⑤

傑瑞・穆勒教授深入探討美國「不放棄任何一個孩子」（No Child Left Behind）的政策，該政策旨在「透過究責、彈性、選擇等方式，縮小成就差距，不讓任何一個孩子掉隊」。穆勒和許多人一樣，強調「學生花太多時間在精進考試技巧，而非學習實質性的知識」。⑥

當學生的考試成績成為當局評量學校的主要標準時，校方想要脫穎而出的求勝心會導致學校出現嚴重的功能失調，有時甚至會出現不法行為。例如，將較弱的學生重新歸類到身障組或是特教班，不讓他們參加評量，以免拖累整體評量數據。或是將這些學生轉到其他學校。某些學校則是動手腳作弊，例如老師竄改答案或是「弄丟」分數低的試卷，抑或學生以不實手段提高成績。

儘管政府這麼努力，公務員花了數小時制定教育政策，數十年來持續記錄追蹤並公布各項指標，但是成效有限，不管在英國或美國，不易看到在縮小全民「成就差距」上有任何顯著的進展。當然沒人願意承認這一點，所以又制定了更多評量指標，希望他們能證明努力確實有進展。

這做法催生了一批只重結果但不在乎學習過程或理由的學生。這個教育系統告訴學生，成績或分數要靠「賺」：「你做了這個，就能夠拿到那個。」學習得到的獎勵，並非你學了，或是學以致用，或是隨環境改變稍加調整所學。不是你有了不一樣的想法，或是學會如何思考；一切都是分數掛帥，在意自己最後拿了幾分。

詹德深思了這點：

> ……大多數情況下，成績與努力無法畫上等號。當你對一個學生說，他弄錯了一個概念，或是在解數學題時走錯了一個步驟，這才能讓他知道自己真正的學習狀況，但你若給他B+，無助於說明他對這個科目的掌握程度，只是把他和其他學生拿來比較罷了。多數人承認，成績的主要目的是讓

一個學生和另一個學生互相比較。⑦

排名讓學生互相比較競爭，破壞了學習與同伴協作與合作的過程，而這時正是他們認識與發展社交技能的關鍵期。排名傳遞並強化了以下這個概念：一個學生要贏，另一個學生必須輸。儘管出了社會後，多數組織得靠團隊完成作業，但在學期間，學生多半是單打獨鬥完成作業。由於在學期間過於強調「對比性」（relativization）（透過與他人比較，定義成功與獲勝），扭曲了學習與發展。

過於重視「贏過他人」，也導致了對教育的狹隘看法，忽視教育的全面性發展，諸如學習批判性思維、自我控制、如何和他人合作與協作、發揮創意等等。一般的文科與藝術表現，相較於其他科目較難評量，但對於當代職場卻愈來愈重要，因為職場講究創意、創新、以及因應不確定性的能力。

凱倫．阿諾德（Karen Arnold）研究了畢業典禮上的致詞生，發現高中若是學霸，上了大學表現應該也不俗，但不代表進了社會工作表現會平步青雲。儘管許多人可以找到不錯的工作，但她訪問的致詞生，沒有一個更上一層樓，領導世界或改變世界。阿諾德發現，這些學生在校表現優異，靠的是遵守校規、謹守分寸、只學考試要考的東西，但這些無助於他們在職場的表現，因為職場的規則並非黑白分明，所以思考要超越明顯的框架，最好能用不同的方式做事。⑧

這種強調排名與競爭的教育方式也讓我們的自尊心（self-esteem）老是承受巨大壓力。艾菲．柯恩對此提出解釋：

> 渴望比別人好，完全不同於把事情做好，前者本質上存在著補償性心理。一個人想要超越別人，為的是彌補給人的印象……彌補他人覺得自己不夠好的印象……一個人想要比別人更強或更聰明，其實多多少少是在說服自己，我還不錯。⑨

詹姆斯·凱斯（James Carse）在《有限及無限對局》（*Finite and Infinite Games*）裡點出短期有限贏家（finite winners）的悖論，指稱：「我們愈是被公認為贏家，我們愈覺得自己會變輸家。」因為要一直贏下去，才能證明外界所言實至名歸。贏家的頭銜、獎盃、財富，都仰賴和他人比較，以及觀眾是否追捧。這讓他們陷入致勝的陷阱：

> 贏家（尤其是高調的贏家），必須一再證明他們是贏家。劇本一遍又一遍地重複上演，在一次又一次的比賽裡，捍衛冠軍頭銜。沒有一個贏家覺得自己已攢夠財富、榮耀、掌聲。⑩

這是孕育缺乏安全感、高成就者的溫床，常見於菁英體育界、頂尖法律事務所、管理顧問公司、以及社會各種高層工作。他們把扭曲的人類價值與強迫性的比較，帶入他們領導的世界。有趣的是，在激烈競爭文化裡發現的特質，接近精神官能症出現的破壞性衝動。這似乎不是一個人成功的最佳方式。

出自標準化教育體制的評量與比較，無視孩子是否「愛讀書」、「聰明」、「深具潛能」，儘管研究證明，孩子的發展速度不一，因人而異；潛能也可能存在於課堂科目以外的領域。分數與評量顯示，智力無法改變，智力用一個簡單的數字就交代了，以及孩子的智力可按照線性順序排列。

但我們知道實情不是如此。大家都以為在這套教育體制內成功的人各個是人才，失敗的人就一無可取，這樣的想法沒有道理可言。有關人才的定義過於狹隘，尚有其他形形色色的想法與能力等待我們探索，一旦受到承認與支持，說不定能嘉惠雇主與社會。

在強調能力分班的學校，分流（streaming）是常見的做法，學生從中清楚知道，誰是贏家誰是輸家。雖然校方將學生排在後段班，可能是想鼓勵孩童，讓他們知道自己還有進步的空間，實況則是「不愛讀書」的標籤如影隨形，成了「失敗者」的縮寫。這樣的標籤具殺傷力，一旦這孩童沒多久也覺得自己不是讀書的料，預言可能不幸應驗成為事實。年幼時就「失敗」的孩童，也許認為自己可能永遠不會成功。不容反駁的贏－輸競賽，無樂趣可言，可能導致許多人卻步，不想再經歷一次，連帶讓社會失去了寶貴的人才、創新思維、以及一堆誰知道的諸多好處。

小孩被捲入這個良性或惡性的循環，最優的學生愈來愈受到重視，被明確地公認為「資優生」，因此獲得各種投資與支援。反觀表現較差的學生獲得的重視與資源愈來愈少。明白了兩者之間的差異，家長開始急躁，努力支持小孩在這場競賽裡「獲勝」，全家掉入沒完沒了、略顯無意義的世界，畢竟這樣的教育能否替他們做好迎戰未來的充分準備，不得而知。

「虎媽狼爸」應運而生，家長不惜一切代價要小孩的學習成績好還要更好。「虎媽狼爸」與亞洲文化有關，學習成績好（由考試成績決定）讓家人有面子有地位。但是這些是要付出代價的。在南韓，學生承受的社會與家庭壓力極大，儘管考試成績不俗，但自殺率居高不下，讓人擔憂。[11]

要贏的心態也以類似的方式推動學術界。「影響因子評估」以及其他指標鼓勵學者追求高排名為第一要務，把精進學術研究排在次位。

排名的競爭本質阻礙了學術合作，但這是催生進步的活水。二十一世紀許多發現以及新的研究領域來自於學者結合各種想法，或是綜合兩個或兩個以上之前不同領域的研究。合作和跨領域思維也許可以開始得更早，如果我們擺脫僵化的評量制度，重新考量我們重視什麼、希望培育什麼樣的人才，以及該如何「栽培」下一代。

學習心態

許多人辨校時心懷一個基本想法：孩童的天賦和能力可以用量化的方式鑑別、測試、印證。這也是政府設計考試、決定課綱、評量學生成就的基礎。

這左右了孩童心態的發展，影響他們的思維與行為，可能會長達一輩子之久。釐清家長與老師真正在意什麼，是孩子心智發展的關鍵時刻。根據美國心理學家卡蘿．杜維克（Carol Dweck）的研究，我們已非常清楚孩童心態對於學習能力的重要性。[12] 杜維克發現，小孩對自身能力的看法會決定他們能以多開放的心態學習新事物以及挑戰自我。她創造了「成長型心態」（growth mindset）一詞，指稱不對自己能力設限、不怕失敗的孩子，能夠廣泛而有效地學習。反觀那些有「固定心態」（fixed mindset）的孩子，害怕失敗，給自認能力所及的事設了天花板，讓他們趨易避難，不太敢嘗試學習困難的東西。這種思維自然而然定調了你以後因應挑戰、面對不可預測變數的方式。

杜維克在一九七八年的研究剖析了學生解決問題時是否對自己的智商帶著定見（固定心態）。她給了受試者一系列待解決的問題：前八題簡單易解，後四題棘手難解。碰到難解的問題時，杜維克觀察到帶著固定心態的小孩，相較於覺得自己的智力是靠努力決定而非一成不變的孩子，兩者出現不同的反應。固定心態的孩子認為自己的智力是天生以及固定的，他們會說：「我想我不是非常聰明」、「我的記憶力一直都不好」、「我一點也不擅長做這個」，儘管他們才在一分鐘之前成功解決了一連串問題。反觀成長心態的孩子，碰到有挑戰性的問題時，不會怪東怪西，甚至不認為自己做不來。他們樂在試錯與學習的過程，並能自己當老師，自學一些新穎以及更複雜的方式，迎接新的挑戰。

師長如何表揚、定義成功，以及如何與孩童談論成就，會極大程度影響孩子的心態發展。只會討論誰贏誰輸以及一試定江山的結果，而不談論學習、努力、和他人合作過程的點滴，都會強化固定心態，而不是成長心態。兩者造成截然不同的差異，顯示我們若太早對輸贏或成敗貼上標籤，將長期影響我們後來在學校以及其他地方的發展。

激勵

教育淪為比來比去的競賽，爭結果、成績、點數、獎品、排名，也會對學習動機與表現造成重大影響。教師高調表揚「勝利者」的同時，也會挫傷其他學生的士氣——儘管不是故意的。我們都有這樣的經歷。當優勝者受到歡呼，上台領獎時，其餘人心裡會覺得自己不夠好，所以台上的人不是我。有些人可能受到激勵，希望下次做得更好。但你若問問其他參賽人的心情，多半是失望大於開心。太多學生離開學校後，根深柢固覺得自己的學習失敗，更要命的是，他們可能早在成年進入社會前，就已斷定自己做人也失敗。

學校過於重視形式（看得見的標記）以及外在獎勵（成績與分數），導致學生忽視內在的引擎與動力。這不僅限制學生成功的機會，也限制了對學習的經驗與感受，對學習的正向態度，還扼殺了理應讓人開心的探索與發現過程。

教育界的內在動機（intrinsic motivation）指的是學習以不同方式思考、熱愛語言與數字、解開難解謎題以及設計新的難題。這些技巧需要長期的接觸周遭事物，並靜下心來思考。大小考鮮少獎勵「擴散性思考」（divergent thinking），亦即對問題提出一個以上的選項與解決方式。各種考試要求的是「求同思考」（convergent thinking），亦即統一的標準答案，方便評分。不過我們每天都發現，成人生活與世界並非以對／錯為基礎；往往沒有預期的答案，所以領導人得發揮創意與創新能力。但學校考試鮮少測得出創意與創新行為，也忽略協作技能或挑戰現狀的能力（**這恐怕會讓你被退學吧**）。然而我遇到多個組織莫不疾呼員工發揮團隊精神。其中我合作的一個組織將「挑戰現狀」視為關鍵行為與核心價值，但就是不明白為什麼這麼難說服員工做到。

在當今的世界裡，這一點讓人更加困惑，畢竟人工智慧（ＡＩ）漸漸取代了一成不變以及可預測（自動化）的工作，人類的價值與重要性在於可發揮創意、想法、創新能力、建立關係、跨界合作、以不同方式思考事情。[13]這些能力必須是學校必修課程之一。歷史學家暨教育專家安東尼．謝爾頓爵士（Sir Anthony Seldon）長期以來不斷呼籲學校，擺脫十九世紀以來將學校變成「工廠化」生產線的做法，重視「實業家精神、主動學習、創意」等特質，以及努力探索人工智慧如何幫助學習轉型、輔助個人化的學習。[14]

心理學家泰瑞莎．艾默伯（Teresa Amabile）與貝絲．韓尼斯（Beth Hennessey）進行了一系列實驗，探索教育體制哪些層面扼殺了創造力。她們的發現如下：

・孩童學習是為了預期的獎勵
・孩童專注於預定舉行的評量與鑑定
・廣泛地監測
・限制選擇
・打造競爭的環境。⑮

以上是多數西方國家教育體制的特質，職場也都看得見這些現象，一如在教育界，這些都具破壞力。丹尼爾・品克（Daniel Pink）針對激勵這門學問，提出了三把鑰匙，分別是自主力、精通、目的。⑯這三把鑰匙在許多學校的學習過程受到侷限，在職場也不例外。

認識成與敗

一切以排名、分數為主的制度，對失敗貼上了明顯的標籤，讓各級學校視失敗為畏途。學生也不容失敗，因為這會拖累學校，讓校方付出慘重代價，包括收入減少、資金縮水、以及其他一切攸關學校生存的關鍵因素都會受到衝擊。然而針對成長心態所做的研究顯示，失敗是學習必經的過程。我們早在入學之前，就是靠一路跌撞學習成長，沒有一個牙牙學步的小孩第一次嘗試站起來就能一路暢行。

不乏體育冠軍選手的勵志故事，他們在邁向成功的路上不知跌跤了多少次。籃球之神麥可・喬丹替耐吉拍廣告所說的名言至今讓人印象深刻：「在我的籃球生涯中，我有九千多次投籃沒進。輸掉近三百場球賽。二十六次在關鍵時刻，我被球隊寄予厚望卻失手。」這句話的意思很清楚：成功需要擁抱失敗。燈泡發明家愛迪生也提出同樣的觀點：「如果我找到一萬種不成功的方法，我就沒有失敗。我不會消沉氣餒，因為每放棄一次錯誤的嘗試，等於向前邁進了一步。」

然而這種從失敗中邁向成功的精神在許多學校裡卻莫名地消失了，更有甚者，被刻意忽略或動了手腳。大家普遍接受的做法與說法是，可以有失敗，但次數不能太多，而且得有助於最後的成功，這些成功用的是簡單的結果來衡量，往往欠缺更廣泛的長期意義或社會效益。運動員受邀到學校演講或媒體報導時，多半都照著這個公式或模板。強調的不外乎結果以及輝煌的勝利記錄。一路走來的艱辛都因為結果而值了。但失敗在真實生活的樣貌並非如此，我們的親身經歷也不符這樣的模板。一些頂級運動員鎩羽而歸，無論再怎麼努力，就是無法抱回一面奧運獎牌。也許因為當天表現失常，也許有其他無法控制的原因。但我們沒興趣聽他們娓娓道來箇中緣由，似乎羞於接受或承認我們偶爾也會不夠好，但沒關係，這就是人生常態。某年一位商學院院長對我說，那一年倫敦出現二十萬家新創公司，其中九五%會關門。商學院邀請的來賓或研究的對象來自那成功的五%，鮮少來自失敗的那九五%。但這做法肯定限制了學生認識創業是怎麼回事，導致他們對創業有不實的期待。一如在學校，成功的人受到表揚與獎勵，背後預設的想法是，其他人多多少少沒那麼有才氣、沒那麼勤奮、沒那麼有價值。我相信我們對成功的定義過於狹隘，對成功有錯誤的期待，以至於錯過了大量的遺珠。

哲學家艾倫・狄波頓（Alain de Botton）感嘆，我們到底是怎麼回事，竟然認定「平凡的生活不夠好，必須要活得不凡」，然後用這擊潰失望與沮喪。沒有道理我們每個人都要像臉書創辦人馬克・祖克伯（Mark Zuckerberg）或足球明星利昂內爾・梅西（Lionel Messi）一樣，只要相形遜色，就覺得自己「不夠好」。但這就是現實生活裡經常示眾的勝利模樣。望子成龍望女成鳳的心態，意味著孩子期待自己的人生要精彩與不凡，但實際上，他們將來可能只是個普通人，「平凡的生活就是美好的生活。」執著於當一個「逆襲人生的贏家」，其實是嚴重的否定自我，以及患了狄波頓所言的「精神不健康流行病」（epidemic of mental unwellness）。⑰

我總覺得不安，認為自己推波助瀾了這種扭曲的想法與說法。我受邀演講，分享自己的故事，提及我一路走來遭遇的挫敗。我獲准上台，因為我的故事以成功收尾，成功拿到奧運獎牌以及世界錦標賽的頭銜。但是其他沒有入選國家隊的划船選手，或是入了國家隊但沒能奪牌，則無緣受邀分享他們的故事，也無法加入名人講堂，或是到學校演講。但他們有精彩的故事，能感動我們所有人的溫馨故事：他們毫無保留全力以赴；探索自己的潛能；每天承受巨大壓力；學習怎麼激勵自己以及面對壓力；支持隊友並與其建立一輩子的友誼。他們儘管沒有摘下獎牌，但也憑實力打入了前幾名，還在一些最經典的奧運比賽上扮演關鍵角色。一流的比賽需要團隊每個人正常發揮，而非只是贏家的個人秀。戰術的應用、場上的心理戰、表現的細節等無一不讓人著迷，而非只有最後的結果才重要。但我們通常只關注誰拿了第一，忽略了其他有趣的面向。

有些運動員雖然不是跑得最快，卻是我學習的榜樣，也讓我非常尊敬。他們以不卑不亢的態度、強大的心理素質面對艱巨挑戰，最後仍不得不面對這樣的事實：賽前受傷來不及復原；實力就差了那麼一點點；或有其他無法掌控的因素影響了他們的比賽成績。我們的奧運划船隊若不是有其他人幫忙，根本撐不下去。畢竟名額有限，無法讓每個人來這兒學習與精進高水準的划船技巧。但是我相信，他們每個人都有精彩的故事可講。

英國女子曲棍球在二〇一二年倫敦奧運摘下銅牌，其中一位選手安妮・潘特（Annie Panter）

的解釋，讓我無知而驚訝地發現一個事實，她也道出沒有道理第一名才是英雄：

> 你看到沒有拿到獎牌的人，從來沒有贏過一面獎牌的人，他們體現了我看重的一切奧運精神與價值。其實他們的實力更強或更有天分，只是時運不佳。但是你也看到獲得獎牌的勝利者，他們也許不看重那些價值，也不具備你看重的一切條件……但是時運大好。[18]

第一位單人划船橫渡三大洋的女子羅茲・薩維奇（Roz Savage）可謂耐力與韌性的代言人。她在耶魯大學開設一門勇氣課，並在世界各地巡迴演講。有天她從收音機聽到非洲移民搭乘破船橫渡地中海，船上設備簡陋、物資匱乏、沒有導航設備。

如果他們成功靠岸歐洲（許多人失敗了），會被送進拘留中心，甚至更惡劣的地方。他們的勇氣與毅力無人能比。羅茲突然意識到，她的故事和這些移民沒有兩樣，但最終結果卻是天壤之別。有人付錢請她站在講台，為她的堅毅喝采，而移民卻被關押在環境惡劣的收容中心，因為出生地點，他們被註記為社會敗類。我們或許要更謹慎地看待我們看重的故事，以及重新思考為什麼會看重這些故事。

深思教育裡的致勝現象

我們自小怎麼定義成功，會影響我們餘生的心態和行為，除非我們有意識地改寫成功的定義。重新評價什麼是贏，並不會限制小孩的抱負與雄心大志，其實正好相反，這反倒能創造一個不一樣的環境，有利開發以及拓展每個小孩的可能性，提高他們未來對社會的潛在貢獻。

體育常被拿來作為範本，教導大家認識何謂贏，讓大家可以有樣學樣。體育為我們塑造了英雄與榜樣，讓我們看到贏該有的模樣。因此接下來我們要從這裡出發，仔細剖析求勝在體育界的現況。

第6章

「一切都是為了獎牌」：競技運動的真相與迷思

一九九六年，二十五歲的高爾夫球手湯馬斯・畢永（Thomas Bjorn）拿下在歐洲巡迴賽的第一場勝利，心想：「就這樣嗎？」他接過「羅曼德湖世界邀請賽」的冠軍獎盃後，意氣風發地接受媒體採訪。事畢，他回到更衣室收拾自己的東西，出來時發現只有自己孤身一人。「我覺得空虛。這是我在歐洲巡迴賽的第一個冠軍，在頒獎典禮上，我的心情非常振奮，一生中最大的夢想成真。然後剩我一個人，我覺得意興闌珊。」① 我們看不到勝利的這一面，它不會放在大型廣告看板上，但卻真實無比。

經典的體育電影《火戰車》（*Chariots of Fire*），短跑選手哈羅德・亞伯拉罕（Harold Abrahams）在一九二四年巴黎奧運百米決賽中奪金後，一個朋友問他：「怎麼了？」他回道：「有一天等你贏了，你會發現，這很難消化。」美國泳將馬克・史畢茲（Mark Spitz）在一九七二年慕尼黑奧運上橫掃七面金牌後精神飽受壓力，因為他明白，勝利光環不會持久；他努力在泳池外回歸正常生活。英國自由車女將維多利亞・潘朵頓（Victoria Pendleton）憶及自己奪下首面奧運金牌那刻成了「反高潮」，並透露她根本沒有慶功的心情。泰森・福里（Tyson Fury）撂倒長期稱霸的弗拉迪米爾・克利奇科（Wladimir Klitschko）成為世界重量級新科拳王後，隔天早上醒來，他說：「我只覺得空虛」。[2]這些畫面不符我們對勝利的憧憬。一開始我們會找些理由解釋這令人不安的反差現象：因為壓力之故，因為一週來緊繃的奧運比賽已讓情緒嗨到高點。但我認為有更多原因。

更深入剖析勝負

英國愛爾蘭裔自行車選手麥可・哈金森（Michael Hutchinson）指出，觀眾往往比得勝的選手更開心。教練與老師若抱著「運動最讓人開心的事莫過於勝利」，這樣的心態可能讓旗下選手不期待也不奢求開心這檔事。這也會影響運動員的思維模式，一旦贏了比賽，感受到的「狂喜」與他們預期的差太多，會導致許多冠軍選手成績開始走下坡。許多勝利者大同小異地提到了解脫。划船名將史蒂夫・雷德格雷夫在一九九六年亞特蘭大奧運替英國抱回唯一一面金牌後，接受訪問時提及他承受的龐大壓力。這個採訪距他摘下奧運金牌不過幾分鐘，但全程感受不到絲毫喜悅，最後的結語至今讓人記憶猶新，卻也充滿負面情緒：「如果你們當中有誰看到我再靠近船艇，我允許你們對我開槍。」

哈金森深入剖析了勝利者的情緒反應：

> 你贏的次數愈多，愈是覺得鬆了口氣。隨勝利而來的純粹喜悅稍縱即逝。對於那些把體育這樣微不足道但又困難不已的事情當作事業來經營的人而言，這門事業讓人純開心的階段短暫到可能在

他們可投票的年紀，就已成漸逝的記憶。開心逐漸變成成就感，然後是滿足感，最後是鬆了口氣的解脫感，心想自己總算辦到了，經歷這些歲月，每日、每週、每年的操練，淨想著如何把這件小事做到盡善盡美，所幸沒有虛擲人生。③

奧運划船金牌選手湯姆・藍斯利（Tom Ransley）深有同感，在二〇一六年里約奧運簡直不是人幹的激烈比賽後，重中了這種解脫感。他說，等在起跑線時，他覺得自己像「一台只會執行指令的機器」：「為了贏得比賽，只要執行一系列事先預演過的流程，這是肌肉記憶，而且心裡想的是，贏是唯一可能的結果，其他結果都是輸。這也是為什麼多數大贏家賽後只會感覺鬆了口氣。完全的解脫，總算落幕，一切都結束了。」④

安卓・阿格西（Andre Agassi）在自傳《公開》（*Open*）裡描述拿下期待已久的大滿貫後的心情，揭露勝利這隻怪獸，讀來心有戚戚焉：

兩年來大家說我扮豬吃老虎……把我捧為名人……但我不覺得溫網改變了我。其實我感覺自己更像是被告知了一個齷齪的小祕密：贏球根本啥也改變不了。現在我拿下了一個大滿貫，我發現了一件世上鮮少人獲准知道的祕密。贏球的好心情沒有比輸球的壞心情好多少。開心的時間不會長過沮喪的時間，其實根本差遠了。⑤

如果這是一些勝利者的感受，那麼其他人呢？首先，讓我們看看銀牌得主，他們距離冠軍僅一步之遙。凱瑟琳・葛瑞格五度入選英國奧運划船國手，提及她在二〇〇八年北京奧運摘下第三面銀牌時的感受，指稱：「簡直像一場喪禮。」隊友安妮．維農（Annie Vernon）則是生平第一次抱回奧運獎牌，指稱這結果「到死都會覺得遺憾」。⑥她們這支划船隊頂著龐大的壓力與各方的期待，希望她們能獲勝，為英國女子划船隊摘下第一面奧運金牌。進軍北京奧運前，她們已連續三年拿下世界錦標賽冠軍，而且在兩千米賽遙遙領先對手。結果僅抱回銀牌，真是令人心碎；隊員、記者、評論員與專家的反應一面倒的負評。船員在領獎台上痛哭流涕。難怪一項研究顯示，銀牌得主的壓力似乎限縮了他們的壽命。⑦

英國跆拳道國手盧塔羅．穆罕默德（Lutalo Muhammad）在里約奧運摘下銀牌後，哭倒在父親懷裡。他告訴英國廣播公司：「這是我這輩子最低潮的一刻。」過了六個月，他說：「我無時無刻不想著里約那場比賽，我被它傷到痛徹心扉。我這輩子永遠也忘不了這遺憾。」⑧

喜劇演員傑瑞．賽恩菲爾德（Jerry Seinfeld）嘲諷社會對待亞軍的方式：

> 我想如果我是奧運選手，我寧願自己吊車尾，也不要摘銀……你知道，奪金，感覺很爽。奪銅，你會想，好吧，至少我沒有空手而歸。但是奪銀，感覺像是在酸你，「恭喜」你差一步就贏了。在所有敗將中，你排在榜首，是頭號失敗者。」⑨

那麼其他人呢？有趣的是，銅牌得主的反應剛好相反。一項研究顯示，他們領獎時比銀牌得主開心。對他們而言，勝利的「相對性」與比較性（例如，你的成績取決於表現是否優於周遭其他人）對他們較為有利。銀牌得主通常會對「沒有贏到」金牌感到遺憾，但銅牌得主則會將自己與第四名選手加以比較，慶幸自己至少拿了面獎牌，因而比銀牌得主來得開心。⑩這些針對「銀牌症候群」所做的研究多年來讓研究員著迷不已。這些研究凸顯了大家一開始定義成功以及設定目標時，採用的標準有多重要。⑪

站上領獎台的運動員，背後都是數不盡的失敗史以及偏低的自我評價。加拿大划船選手傑森．多蘭（Jason Dorland）形容當年划船隊在漢城奧運只拿到第六名，大家如喪考妣的心情：「參加奧運卻沒有抱回一面獎牌，意味著失敗。意味著這些年來的訓練只是徒勞做白工。」⑫英國划船選手約翰．柯林斯（John Collins）在里約奧運落幕**四年**後受訪，表示沒有為國家摘下任何一面獎牌「讓他念念不忘了很久，他之前從沒料到自己會如此在意」。⑬

想想英國奧運代表團搭機返國時新聞報導呈現的畫面。金牌得主搭乘英國航空公司的頭等艙返抵國門，從飛機前面的移動台階走下來，與等在機下的媒體拍照合影。其他團員乘坐的是經濟艙，從後面的台階走下來，沒人注意到他們，他們也不希望被人看見，覺得愧疚與沒臉。如果我們看重表現，而非只看結果，那麼班機上所有乘客都有貢獻，讓人看到了輝煌、迭宕起伏、澎湃激勵。可惜我們對排名太過執著，讓這些「看點」立刻掉價，變得一文不值。

麥可．哈金森想知道沒奪牌運動員的真實感受：

……很難知道他們的想法，因為沒人認真問過。是否盡力而為以及做了自己喜歡的事，所以覺得心滿意足？還是消沉至一蹶不振？抑或兩者都有？這是個加倍難答的問題，畢竟成功通常很容易定義，但失敗的定義則非常模糊。⑭

哈金森在此指出，誰是贏家誰是輸家牽涉到外人的認可，以及這會如何扭曲運動員實際的體驗。別人在紙媒或是網路上，指指點點你是否全力以赴，根本不知道你在比賽最緊張之際內心的想法。社群媒體出現，這些外部裁判有增無減。澳洲的奧運金牌泳將凱特・坎貝爾（Cate Campbell）在里約奧運後，成了這些裁判吐槽的犧牲品。

坎貝爾進軍里約奧運，「被大家一致看好」是一百米自由式決賽的奪金大熱門，畢竟她有傲人的記錄，是奧運、世界錦標賽、大英國協運動會該項記錄的保持人，但最後在里約只拿到第六名。「鍵盤俠」立刻當起裁判，毫不留情抨擊她「大爆冷門」的表現，兩年後，她仍在努力調適這段飽受荼毒的遭遇。她在網上寫了一封公開信，記錄她從里約回國後遭遇的「超現實體驗」：「我進軍奧運，為的是一馬當先，實現你的目標，完成你的夢想，以及為了當個**贏家**，結果走出會場，成了澳洲的海報女郎，只不過是代言失敗的反面教材。我覺得自己在走下坡，是個敗筆。」[15]

坎貝爾的經驗顯示，勝利多麼容易與運動員的身分緊密相連，以及兩者之間這樣的連結多麼地脆弱與危險。這並不令人意外，畢竟運動員為了達到最好的狀態，全年無休、每天二十四小時不斷地操練，並處於分分秒秒接受評量與估價的環境裡。但是運動員的表現成績與運動員的自我價值（分量）有一條關鍵的界線。儘管要達到最高水平，需要百分之百的付出與努力，但運動員和教練必須刻意以及用力地將個人價值和成績表現一分為二，成績好壞無損個人價值。一旦分界線沒了，心理上關於勝利的定義就會偏頗。不再只是努力成為拳擊、划船、自行車等某項運動的頂尖高手；不再僅僅是成為某個運動的一流「技術人員」（technician），或是突破人類所及的可能極限。勝利自此與你的自我價值、自尊心、存在理由密不可分。

如何看待自己身分是運動心理學關鍵的一部分。我第一次入選英國國家划船隊時（**距今很久了**），非常興奮，因為我已經升高了一個層級，從大學校隊、俱樂部的划船隊，晉升到奧運級別。

但是看到女國手的教練是兼差的，設備與器材也很差，我頗為意外。在選手村，女隊員不得不在下午風勢最強、水流最湍急的時候受訓，不利我們精進提高船速的技巧。教練船的引擎經常故障，進一步打亂我們的練習。我向管理階層反映這些問題時，對方愛理不理，告訴我，女划船隊不是重點對象，因為我們沒贏過。你有什麼資格對此有意見？你們拿過多少面世界錦標賽或奧運金牌？答案當然是鴨蛋。對我影響最大的不是缺設備、沒人支持，而是我被靜音以及羞辱。沒有獎牌等於沒有發言權。這真是一次非常讓人沮喪的體驗，對我的影響長長久久。

我得到清楚的訊息：輸掉比賽代表個人在其他方方面面也跟著喪失任何價值，尤其是每次比賽結束返回國門時，在機場「等待機票的時刻」特別讓人害怕。英國划船隊是個龐大團體，一起出國參加國際划船賽。出發當天，我們先到機場等著取票，對於週末登場的比賽，既興奮又緊張。但是賽後等著返國時，感受卻完全不同。划船隊經理保管全隊隊員的回程票，所以要回國得先找他取票。他站在出境櫃台附近，讓人一眼就看得見的位子。機票怎麼給，其實大家心照不宣。勝利者通常最先拿到票，他們笑著鬧著，為拿下勝仗而興奮不已，獎牌在他們的衣服口袋裡叮叮噹噹響著，給票時，經理會開心地拍拍他們的背，以示肯定。而輸掉比賽的人則尷尬地在附近走動，等著輪到他們取票，這感覺彷彿是在輸家的傷口上撒鹽。我已經因為比賽表現不佳，心情低落到極點，對自己充滿了無奈，也拚命想了解表現失常的原因，以便找到下次可以加快速度的辦法。我真的無需其他人再落井下石了。這些看不到盡頭的煎熬時刻凸顯的不只是差勁的表現，也讓我的自我價值在短短一個週末掉價。現在已不再這樣大小眼地分配機票了，但是回想起來，這事提醒了我，小圈子的文化與潛規則是多麼具殺傷力。機票這個例子，傷的是自信與感情能量，讓我無法專心找出可划得更快的辦法。

二〇〇〇年雪梨奧運，是我第二次進軍奧運，結果拿到第九名，我覺得自己敗得一塌糊塗，羞愧得不好意思和前來觀賽的人說話。我看到成績感到無地自容，儘管盡了最大努力，划得之賣力，是歷來之最，就連之後的比賽可能都不及這次。之所以成績不佳，有各種因素：有些具體可見，有些則否；有些在我們可控範圍內，有些則否。不管我們怎麼努力，就是無法讓船前進得更快。這就是比賽美麗與恐怖之處。難以捉摸的X因素決定了下槳的時機、划槳的力道、團隊默契能否讓船跑得更快抑或卡關。雪梨奧運之後，我陷入了一年多的絕望深淵，有過再輝煌的成績也無濟於事，在心靈深處，我對自我的價值打上了問號。

運動員福利面臨的挑戰

如果運動員的價值完全取決於比賽成績，一旦成績未達標準，或突然畫下句點，那麼轉業或轉換跑道會變得非常困難。不管運動員的成績單是勝是敗，我們對運動員退休後的未來發展投資得太少，導致運動員的福利與轉型陷入危機，而這問題現在才慢慢受到正視。長期以來，競技運動項目裡，教練、俱樂部、以及更廣泛的體育環境並不關心運動員在體育以外的福祉，也不覺得這是他們對運動員該有的責任。

英國廣播公司二〇一八年公布「體育現狀」（State of Sport）調查報告，顯示「逾半數的前職業運動員退休後對於自身的精神或情緒狀態感到憂心」。[16] 安永會計師事務所（Ernst & Young）研究顯示，四〇%運動員在退休後五年內破產，差不多比例的人離婚，另有三分之二受訪者坦言精神健康有狀況。在這項研究中，二〇〇八年北京奧運摘金、二〇一二年倫敦奧運摘銀的划船運動員馬克・韓特（Mark Hunter）說：「在倫敦以不到一秒的時間差痛失金牌，是一大遺憾，花了我多年時間才走出這樣的遺憾。我沒有得到來自體壇的任何協助——倫敦奧運後，就把你甩了，要你滾蛋，彷彿是工廠的輸送帶，新人進、舊人出。」⑰

二〇一七年，譚妮・葛雷－湯普森女爵（Baroness Tanni Grey-Thompson）主持了一項政府資助的專案《體育界的合理照顧責任》（*Duty of Care in Sport*），針對運動員的福利進行為期一年的評估與檢討。報告分析了「目前運動員的福利與拿獎牌之間的平衡是否適當，以及我們作為一個國家，應該做何準備因應這些挑戰」。報告開宗明義寫道：「拿獎牌固然重要，但不應該犧牲我們對運動員、教練等人的照顧。」⑱

接受研究報告與媒體訪問的運動員經常提到，離開高度強調排名的運動圈後，彷彿跌落懸崖。如果運動員的定義來自於他們從事的運動項目，發言分量仰賴的是比賽成績，那麼退休後，他們往往覺得自己被靜音，或是被擊垮。

讓我們看看成功如何被狹隘地定義，以及如何地只看短不看長。媒體熱捧一夕成名的英雄，鮮少願意報導運動員經歷的起伏與高低潮，也不太重視他們長期下來的進步圖（與失敗史）。資助和贊助往往根據他們當年的世界排名或上個賽季的聯賽積分。教練得在短期內交出戰績才能保住工作。這些因素逼得運動員與教練只能看短無法看長，以及把體育以外的事拒於門外。

教練與體育主任通常是出於好意，希望保護旗下運動員不受運動以外生活俗事的影響，積極替他們擋掉外部一切干擾與利誘。菁英運動圈的一切不外乎疼痛、犧牲、一心一意贏得比賽。大家的故事不外乎圍繞這個狹隘的邏輯打轉：「我熱愛我的運動。運動是我生命的一切。沒有比運動以及拿下比賽更重要的了。」⑲但是隨著時間久了，這邏輯對運動員的影響不會這麼簡單。他們一邊準備比賽，一邊要擔心以後的福利與健康；還要考慮運動生涯結束後，自己如何轉型。[20] 基崔娜．道格拉斯（Kitrina Douglas）的研究點出，務必讓運動員「培養多元身分以及認識自我」，方法是跳脫小圈子裡一傳再傳的故事與心得。[21]

我還記得有些划船教練對我一邊當國手還一邊讀研究所抱著懷疑態度。一些教練認為那會讓我分心，覺得會威脅我的划船生涯。對我而言，念研究所是救生索，我緊抓著碩士學業不放，把它們視為划船之外珍貴的護身符，是我可以掌控的東西，不必受運動專家指指點點，也不會受每日的排名影響。學習是我希望生活能稍稍獲得平衡的最佳方式。划船占據生活的首位，學業總是排在其次。這一點我很清楚，也坦然接受。除此之外，也沒其他辦法。但我非常努力，不讓學業中斷，我相信這有助於我管理自己的心理健康，尤其是在我划船成績下滑期間，學業是我的救命索。學業也是運動生涯結束後青黃不接過渡期的重要導航器。

在英國，英國體育學院（EIS）的角色是協助奧運以及帕奧選手為退休後的生活預做準備，該學院的「生活顧問」（lifestyle advisors）漸受重視與肯定，角色與參與程度愈來愈吃重，是影響運動員成績、福利、支持率的關鍵因素。文化上，英國體育學院仍被視為「軟」支持，排在「硬」訓練之後。軟支持往往屬於輔助角色，圍繞「硬訓練」打轉，鮮少反其道而行，否則可能破壞選手目前獲得的各種贊助。

二〇二〇東京奧運延期對於奧運與帕奧選手的工作和生活都造成了巨大影響。運動員早在幾年前就能確切知道自己參加的奧運項目何日何時登場，結果因為新冠病毒攪局，大家瞬間被打亂了步調，對運動員而言這是個考驗期。那些生活全被運動占滿的人，得努力重新適應。生活比較平衡發展的人告訴我，這給了他們改變訓練方式的機會，有了更長的時間精進與學習（**儘管這對於那些運**

動生涯接近尾聲的人而言，的確不好受），也有人樂得重新與朋友、家人、社團、社區建立關係，畢竟以前總是抽不出時間。對於許多人而言，這是他們第一次有空檔思索踏上運動路有什麼更廣泛的意義。

教練與選手發現，可預測、可靠的日程表消失了。一些教練與成績主管承認，東京奧運延期提供了他們機會，有助於重新平衡甚至加速競技運動所需的文化轉型。

對我們所有人而言，二〇二〇年預期的英雄（抱回獎牌的奧運、帕奧選手，拿下歐洲冠軍盃的足球明星）被醫護人員取代，隨之而來的，是對體育的看法以及價值觀出現健康的轉向。

體育界的致勝法寶

運動是如何發展成我們今天看到的模樣？運動（sport）這詞源於古法文「desport」，意思是「休閒」，最古老的定義出現在一三〇〇年左右，指的是「逗人開心」、「讓人放鬆」、「助興」、「有趣」的活動。[22]也包含「慰藉、安撫、暖心」等意思，但這些不再和今天的運動有任何交集。隨著時間推移，運動分成了兩大領域：一是休閒運動，延續了運動作為休閒、嗜好、娛樂的初衷。二是競技運動，不斷挑戰人類的極限，誰最快、最強、最好，以及愈來愈受到商業力的左右。競技體育商業化在全球成了數十億美元的產業。鉅額的國際贊助合約讓贊助商的品牌被數百萬觀眾看到，也將品牌與英雄完成的勝利偉業聯想在一起。

商業化與層級分明這兩個現實，意味著競技運動隊伍與組織必須在短期內拿出傲人戰績，才能倖存：要嘛符合資格，取得政府相關的資金；要嘛爭取到企業的商業贊助以及頻道授權合約。誠如麥可．哈金森對英國自行車國家代表隊的結論：「這是團隊要面臨的艱巨挑戰，目標是讓全隊拿到獎牌，而不是幫其中任何一個人發揮到淋漓盡致。這裡是達爾文的世界。」[23]

英國奧運代表隊在一九九六年亞特蘭大奧運灰頭土臉，只拿下一面金牌，在全球的獎牌數排名屈居第三十六名，堪稱國恥。英國奧運到了危機的地步，需要再次找到致勝的解方，因此政府實施了一套新的制度，將長期持續資助與投資奧運，以及聚焦於培養選手「贏的心態」。

奧運運動項目若要申請補助，只要符合以下簡單的條件：贏獎牌，領補助；沒獎牌，沒補助。當局成立了英國體育委員會（UK Sport），負責監督資金發放，並追蹤奧運與帕運選手的表現。體育委員會發表了一份公開聲明，毫無顧忌地大膽宣布，任何代表隊在第一輪比賽慘遭淘汰，或是任何一位選手沒拿到獎牌，將無法再獲政府補助。這個當時被誇為「絕不讓步」的政策，暗示英國的心態將從「輸也無所謂」（plucky losers）轉變成「凱旋歸國的英雄」。自此，奧運一切向成績看齊。說穿了運動不就是這麼回事嗎？不過咸信一切由此開始變調，導致問題叢生。

自那之後，英國的獎牌數量突飛猛進。在二〇一二年倫敦奧運，拿下了二十九面金牌，二〇一六年里約奧運的金牌數高居第二（**儘管奧運憲章的「團結」條款明白寫著，比賽是個人和個人以及團隊和團隊之間的競爭，而非國家之間的競爭**）。照上述的衡量標準，證明這個制度交出了輝煌成績，致勝配方的確達到預期效果。但事情並非如此簡單。獲得的獎牌數量被密切關注，但獎牌怎麼到手，背後的故事鮮少被考慮或檢討。奧運成績由衰而勝逐漸好轉之初，大家鮮少討論背後的文化現象。但是不久之後，有關霸凌、缺乏心理安全感、虐待、騷擾、憂鬱等傳聞開始頻繁見諸新聞，尤其是在二〇一六年里約奧運前後時期。

里約奧運之後，英國體育委員會執行長麗茲．尼可爾（Liz Nicholl）公開坦言，顯著的文化問題已浮出檯面，承認「一些奧運與帕奧項目，以及其他運動項目，出現了完全不當與不可接受的行為。每個個案本身讓人深感不安，整個系統都感受到了衝擊」。㉔多個圍繞「恫嚇文化」打轉的指控引起社會關注。「有毒風氣」、「恐懼文化」等現象出現在自行車、雪車等運動項目。外界指控體壇明顯看不到領導力、文化架構、講究價值的制度。㉕

國際上也看到同樣現象，競技運動項目的成績取得顯著進展，但是隱匿毒瘤任憑他們為非作歹，例如美國體操隊一名隊醫捲入多起性虐待案件，以及俄羅斯體育協會被控系統性地使用禁藥。事情曝光後，監管單位與體育組織了解到，運動員致勝的方式確實重要，也意識到他們該有的責任。一些代表隊公開改變了他們的語言與方式。英國、加拿大、澳洲、美國紛紛開始明確表態，強調要擺脫「一切向獎牌看」的做法與路線。美國奧運委員會在二〇二〇年改變了美國奧運代表隊的宗旨與使命，將重點放在「技能持續保持競爭力、身心持續健康」的目標。率先實施的做法是，身心健康與運動成績並重。加拿大奧運代表隊則更進一步，重新定義奧運的價值，指出「透過準備、競賽、團隊合作學到的生活技能與經歷的體驗，遠比任何獎牌更有意義」。㉖

這呼應了現代奧運之父德．古拜坦的初衷。當然，唯有努力將這些價值觀付諸實踐，才能真正決定未來的競技運動會與今日的樣貌有何不同。這需要時間，也需要教練、領導階層、運動員等所有人的努力，共創全新的體育文化，讓其中每一分子都能努力成為頂尖。

運動比賽作弊

當求勝被視為運動比賽的唯一目標，「唯一重要的事」，那麼運動選手會願意付出更高的代價。想贏的欲望催生了一些令人難以接受的行為，大大偏離了體育應該代表的理念，不符德．古拜坦努力定義的精神，以及禁得起時間考驗的成功定義。「不惜一切代價取勝」的文化風氣，最黑暗的一面導致了作弊，包括舉債重金禮聘王牌運動員、比賽放水、服禁藥、故意破壞比賽規則等等。[27]有些作弊受到更大譴責。儘管違規使用禁藥幾乎是受到一面倒地譴責，但是足球粉絲以及贊助商對此似乎是睜隻眼閉隻眼，還每週試圖幫選手矇混過關，不讓裁判發現。

財政公平競爭條例（FFP）內容複雜，讓亟於想在歐洲冠軍聯賽封王的歐洲足球俱樂部（球隊）面臨挑戰，誰拿下冠軍，就可獲得最豐厚的獎酬。歐洲足協（UEFA）的財政公平競爭條例持續引發爭議，舉英國的英格蘭足球超級聯賽（英超，English Football Premier League）與英式橄欖球聯盟超級聯賽（Rugby Union Premier League）兩個聯賽為例，顯示要制定財政公平競爭條例是多麼困難，不能為了贏得下一季的聯賽而折彎、漠視、操控條例。

在帕奧圈，愈來愈多人質疑選手的身障分類，指控選手操控分類的程序，並在描述自身身障時動了些手腳，藉此爭取競爭上的優勢。相關單位面臨雙重難題，既要正視這些問題，又得努力在每次國際比賽上贏得更多獎牌。

仔細研究規則內容，顯而易見任何人若試著改變比賽只能有一個贏家的金科玉律，這人可能被視為作弊。二〇一六年，在墨西哥舉行的鐵人三項世錦賽上，英國鐵人三項選手艾利斯特．布朗里（Alistair Brownlee）決定幫助筋疲力盡、嚴重脫水的弟弟強尼（Jonny）一起衝過終點線。外界對此出現兩種截然不同的反應：首先，觀眾看到這一幕，情感與本能的第一反應是感動，畢竟他能為兄弟情放棄了能先馳得點奪牌的榮耀。第二種反應是錯愕，主要來自於高層，心想選手竟然沒把得牌放在第一位。國際鐵人三項聯盟（ITU）隨即修改了規則，禁止這類協助，兩名英國鐵人三項選手潔西卡・里爾蒙斯（Jessica Learmonth）與喬治亞・泰勒－布朗（Georgia Taylor-Brown）在二〇一九年東京鐵人三項奧運資格賽上手牽手越過終點線，結果因為打破國際鐵人三項聯盟的規定而雙雙被取消奧運資格。根據國際鐵人三項聯盟的 2.11.f 條文，「運動員如果在人為製造的平局情況下衝過終點線，沒有盡全力分開壓線的時間，將被取消資格。」兩名運動員彼此支持、形成關係緊密的共同體，雙雙同時抵達終點線，這樣出色的表現顯然被規定所禁止。

作弊的代價很高，有些代價比其他代價來得更明顯可見。取消資格以及禁賽當然非運動員、觀眾、贊助商所樂見，這對運動員個人乃至體育界的聲譽都會造成長期傷害，包括前東德傳出虐待運動員、環法自行車賽不乏服禁藥的冠軍，乃至俄羅斯運動員在國家支持下有系統地使用禁藥。

一九八八年首爾奧運，加拿大百米短跑選手班・強森（Ben Johnson）為了摘金不惜任何代價，成了最讓人嘆為觀止也最具殺傷力的例子之一：

> 場上是世上跑最快的七位男選手，但第八位站出來，其他人就立刻被比下去。了不起，沒錯，實在了不起，不可思議之餘，也稍稍覺得害怕……班・強森似乎跑出了非人能及的速度。最後行雲流水的兩步越過終線，右手食指指著天，接受全場歡呼……他的頭高高揚起，頸部後仰朝天，瞬間成為膜拜的英雄。他贏了，但代價是什麼？[28]

班・強森享受摘金的光環與榮耀，但僅維持了短短五十五個小時，因禁藥被取消金牌。接下來的餘生，都洗不掉這個恥辱，而他對田徑界聲譽造成的傷害也一直存在。自那場比賽之後，強森被憂鬱症纏身。二〇一一年受訪時，主持人理查・摩爾（Richard Moore）形容，「痛失金牌的心情

依舊刻在他的臉上，毫不掩飾他的憤怒」，他仍死命地堅持他跑得比別人都快，儘管這多少拜類固醇之賜。㉙

除了奧運，板球也發生鬧得沸沸揚揚的醜聞，澳洲球隊二〇一八年在南非對戰南非國家板球隊時，竟在比賽的用球上動手腳，震驚全球。監管單位「澳洲板球協會」（CA）委託雪梨風紀中心（Ethics Centre in Sydney）進行獨立調查，了解事情始末，得出的結論指出，「不計成本的勝利文化」是罪魁禍首。球員們表示，他們覺得自己只是一台機器，「微調之後，唯一功能就是贏球。」領導人被究責：「澳洲板球協會領導階層也應該為它的疏忽（雖非刻意但可預見）承擔責任，因為它本該創造並支持一個健康的風氣，鼓勵球隊在想贏球的意願vs.發揮道德勇氣／道德約束力之間求取平衡點。」

澳洲板球協會一名工作人員表示：「我們一心想當第一，沉迷其中無法自拔，但這東西中看不中用。我們應該努力讓板球成為每個澳洲人都引以為傲的運動。」不知從何時開始，想贏的欲望取而代之，凌駕在「每個澳洲人都以板球為傲」這個更廣泛的目標之上。這又是一個短線操作、狹隘聚焦於勝利的例子，對所有參與其中的人造成了長期傷害。這個獨立調查還指出了體育文化與銀行文化的共通點，凸顯追求成績（業績）的同時，沒有充分重視道德操守，建立有所為有所不為的道德約束力，並長久維持這樣的約束力。

還有更多關於作弊的故事，都是為了贏，不惜一切代價。靠作弊得到的佳績，一時而短暫，但是對體壇以及社會的傷害，長期而廣泛。

基層運動

本章一大部分用於分析競技（菁英）運動，競技運動能捧出萬人追捧的英雄明星與學習榜樣，也會出現贏與輸的極端例子。不過除了菁英運動，也必須分析基層運動（grassroots sport）裡，有哪些一味求贏的現象。

世界各地的學校、社團、運動隊伍習慣模仿菁英運動的選手，因此出現和菁英運動同樣的問題並非偶然，包括為了贏不惜一切代價、詆毀落敗者、試圖作弊、小覷輸贏並重的文化。

英格蘭體育委員會做了一項研究，希望了解阻礙這麼多婦女投入運動的原因，結果發現幾大障礙。一，成功的競技運動明星和自己彷彿是兩個世界的人，難以產生什麼交集與共鳴；二，就學期間不愉快的體育課經驗，「許多女生畢業後，對於體育印象很差。一直以來，大家對體育的態度，要嘛『你』是天生運動的料，要嘛你不是。」[30]

如何讓十幾歲青少年養成運動習慣，已是開發中國家亟需正視的迫切挑戰。肥胖、糖尿病、體適能與體耐力偏低等問題嚴重惡化，讓健康醫療系統承受龐大壓力。女孩、殘障生、少數族群休學與輟學的比例尤高。

我聽了太多例子，指稱有太多的教練與老師教導學生，人生的目的就是擊敗城市另一端的學校，只要能贏對方，用什麼方式都無所謂。愈來愈多心力花在「挖掘明日之星」，也意味著不再為了開心、有趣而支持體育。但是研究顯示，運動要好玩有趣才能讓學童養成運動的習慣並持之以恆。一項研究調查了讓運動變有趣的原因，結果勝利只排到第四十八位。被問及什麼原因可讓運動有趣些，前四名依序是：拚搏的精神、團隊力爭上游的活力、積極打氣的教練、能夠不斷地學習與進步。[31]

毫無疑問，外界對於家長、學校、運動社團教練、志工等與體育相關的參與者，提出更高的要求。許多人努力推動運動協會落實合理照顧責任，這些機構直到最近才意識到自己負有這樣的義務。除了提供顯而易見的保護，相關單位與人士也要擅長運動技能與生理健康，還必須精進情緒復原力（情緒管理）、領導力、身心健康等專業知識。太多年輕人對運動卻步，我們必須開始了解背後的原因，並動員社會所有可用資源，攜手解決這些問題。

深思體壇致勝的現況

體育界不再是可鍍金的場所，高水準表現的密碼已被破解，成就不再萬丈光芒，贏家不再永遠發光。不管是高居第一名或是排在更後面，勝利的現實肯定比呈現在外的陽光形象來得黯淡。如果「贏家」覺得空虛，「輸家」覺得自己一文不值，顯示體壇的大環境需要改變。對許多人而言，除非勝利能與更深層、更有意義的事物產生交集，否則第一個越過終點線，似乎只能帶來短暫的滿足感。我們會在第三部分重新定義何謂成功，以更廣泛也更長遠的角度剖析勝利。

顯而易見，運動的潛力（尤其是促進身心健康方面）還有很大部分尚待開發。此外，運動可成為探索人類潛能的積極工具，以及團結社區的強大凝聚力。運動的成就感必須能持續，而非在越過終點線那一刻畫下句點，所以得重新省思勝利的定義，以便提升運動選手的成績表現，**同時**改善運動員的身心狀態，以及更充分地探索運動對於促進社會改革有何潛力。

企業界往往借鏡體育，將體育視為成功的範本與隱喻，要嘛模仿要嘛學習。在下一章，我們會探討如何將運動致勝的精神與類比應用於企業界。

第7章

「就要當第一！」企業界的求勝欲

「你能幫我們贏過對手嗎？」這是我受邀與企業合作時，常被問到的第一個問題。我的回答始終是：「你們到底想贏什麼？為什麼？」有時對方會停頓一下，甚至不解我怎麼會這麼問，有時則反嗆：「想贏還不夠嗎？」「難道這不是全部嗎？」其他人則篤定地說，他們的目標明確、一看就明白（無須解釋），「要當市場的南波萬」，「業界領頭羊」，或許還要獲頒業界卓越獎。有些公司的要求是提高成長率或營收，有些則要求在「最嚮往企業」的市調中名列前茅。如果對方此時還沒被我的問題打敗，我會繼續追問：「為什麼你和你的公司有資格成為第一？」「你成為業界的佼佼者，會給世界帶來哪些積極的變化？」明確、有意義的答覆少之又少。

我一直在探索合作對象的企業使命感（成立宗旨），以及他們日常的思維方式、行為、對話所流露的基本目標與動機是什麼。發現多數企業首要關注的是競爭與排名，這助長了圍繞自我、地位、短線報酬打轉的「好勝行為」。我使用各種團體活動探索這些行為。活動開始前，一系列講者會上台，對著參與者講述領導力、組織文化以及如何打造高效能團隊。通常大家對於頂尖的企業領導人的特質、心態以及行為有強烈的共識。我提及需要改變學習的方式、挑戰既有的假設、聆聽別人的意見、以及必須時時反思，每個人都煞有介事地點頭。但是過了幾分鐘，我們進行團隊活動時，卻完全不是這麼回事。

幾乎無一例外，無論我給參與者指定了什麼任務，所有人都躍躍欲試，認為這是比賽，重點在於「贏」，往往不會考慮周遭其他人的觀點或經驗。我沒有明說活動的目的是贏，參與者就自行腦補，認為「勢在必贏」，但往往沒有深思到底要贏什麼。光是把一個團體分成幾個小組，團隊之間存在較勁心似乎是本能的第一反應，而非合作或協作。大家有個心照不宣的想法：借用另一個團體的想法就算作弊，以及自己過去的經驗是可借鑑的最佳做事方式。

我們應該重新思考合作的真正含義。誠如第二章與第五章所指出，我們對於合作有正面與負面看法。在學校，合作常被誤解為遵從指令，實打實的合作被視為分散注意力甚至是作弊。從小到大，無論是分享資訊還是和他人一起討論作業，都會一次又一次地被制止，或是覺得於心不安。除非有意識地認真思考，才會覺得合作沒什麼不對。

在團隊活動中，有人開始明白活動的真正用意。有些組員突然認清他們既有的想法無助於完成任務，通常這樣「靈光乍現、茅塞頓開」的時刻出現在活動稍稍暫停幾分鐘讓參與者花些時間思考的空檔。他們開始注意到，自己潛意識的思維可能影響了一些行為，諸如阻礙合作或是忽視他人的想法。往往這些不知不覺的行為已是根深柢固、牢不可破，也許是在中小學、大學、乃至今天工作職場學到的，如果你想要出人頭地、升職、成為領導人，似乎不合作才是你該有的行為。

這些團隊活動是個很好的觸媒，刺激大家討論我們工作時，多麼地任務導向、看重結果，而不是以人為中心，也不看重企業文化。

另外一個對話的焦點，點出我們常為了求進步，「更用力、更快速」地做著同樣的事，而非想辦法探索或嘗試其他辦法。因為「非贏不可」（**即使這並非設定的目標**）的強迫症作祟，許多創新的機會被扼殺，本能地認定與同事是競爭關係，所以不該分享資訊、互相幫忙支援。

活動結束後（**有時候看不到任何「產品」或「結果」**），**這對於習慣做什麼都要「做出」一個「結果」的人，可能會非常沮喪**），接著登場的是充滿活力的簡報，希望激發不同的思維，挑戰現有的常規。我試著引導簡報著重於活動過程發生的事情、導致團隊走上某個方向的心態與行為。我的重點是「如何」，並檢討心態、行為、互動造成的影響，但真的很難讓參與者的注意力遠離結果。在現代職場，我們已疏於分析自己的思考過程，不再勤於檢討和他人的互動，也懶得學習以便適時調整工作**方式**。我們的大腦已被設定，習慣計算結果、統計輸贏的次數。

儘管是有一些參與者頓悟過程重於結果，但仍難以把練習活動的意義升高到必須改變思維的程度。他們覺得回到平常的模式比較容易也比較熟悉，亦即又回到誰「贏」、誰「最棒」、達到什麼「結果」的思維。

參與者簡報時使用的語言不斷提及「結果」、「輸贏」。「我們的確贏了」是常見的用語，儘管他們的團隊可能沒有達到目標（**因為活動目標並非圍繞結果打轉，而是找出最佳的改進辦法**）。儘管大家未做到活動要求的目標，也沒有回答他們怎麼完成任務，有些參與者仍然不改習慣，專注於剖析無意義的戰勝感，甚至有時會編造致勝的標準。

經常可聽到「你們作弊」的抗議聲被套用在表現較出色的團隊或是以不同方式處理事情的人。後者屬於之前在第五章提及的成長型思維模式，這種思考模式對組織是一大福音。

許多人從職場中學到，得和做事不按常規、擅長發揮創意與合作精神的人保持距離。在團隊活動裡，提出另類建議的聲音往往沒被聽見或被有心（無心）地漠視。對別出心裁的建議置若罔聞，或是認為從其他同事那兒聽到不錯的新穎想法，贏了不僅勝之不武，亦不符合強勢領導的定義，都會對職場文化產生重大影響，不利公司培養提升整體表現所需的多元性與向心力。

雖然我（打心底）絕未讓這些團體活動不利小組彼此合作。一旦將任務分派給小組，大家預設的想法是，小組必須互相對抗，絕對不能分享任何好點子或策略。甚至大家會有一個強烈的共識，樂見其他小組失敗，好襯托自己小組高人一等。這絕對不利組織發展，也不是打造健康企業文化的心態。

有時候團體活動參與者指責我允許其他團隊「作弊」，或是設計活動時「騙了他們」。似乎他們需要找個方式合理化（證明）他們某種程度上依舊是「勝利者」，儘管（也許是因為）他們誤解了活動的用意或是對於活動有不實的期待與假設。有時候，大家有一種默契，不希望（被人看到）自己「輸了」。

讓人驚訝的是，「到底誰贏了」的討論可以持續一整天甚至更久。儘管我一再明確強調，活動的目的是了解自己，看清自己的行為如何被潛意識的想法左右，以及重新檢視自己的思考與行為方式，不管我怎麼苦口婆心，大家心底十之八九想的是，「在一天的尾聲，還是要論輸贏。」我們原本可以深入了解心態如何影響我們外在的行為，以及怎麼做可以改變我們的行為，但我們的話題還是離不開誰是活動的贏家，而這活動根本不需要贏家。

需要大量時間解讀團體活動裡發生的事情，才能打開心裡根深柢固的想法。當活動的參與者與贊助者一心想向前衝，硬塞更多的知識、理論與內容時，往往很難做到這點，畢竟反思與調整我們的思維和行為方式需要時間與空間。領導力課程鮮少能讓領導人在工作實務上出現重大變化。第一部分顯示，生活中累積的深層與長期影響，讓我們對勝利有著牢不可破的想法與認知。改變行為並不容易，也非一蹴可幾，須不斷地深思，勇於挑戰既定的想法，同時另外想出可替代的方式。

一旦簡報結束，我通常會繼續下一個團隊表現或另一個團體活動。但是有些人仍不放棄等著一清二楚的結果揭曉，想知道這個活動的最佳成績，誰是贏家。即使已經表明，活動的目的無關輸贏，而是要大家另闢蹊徑，換個可行的工作方式，如果真的有不一樣的做法，結果可能好很多。但大家還是明白或含蓄地問道：不可能真的無關輸贏吧？彷彿求勝欲已深入骨血，很難接受其他現實（**我最擔心的是，講完本書所有論點之後，讀者仍不改其志，宣稱，沒錯，你說得有道理，但「一切還是跟贏有關」，然後爭取周遭其他人的附和……**）。

贏不了就「嘲笑」它吧，這現象奇怪地持續存在，畢竟這態度會讓人分心，不利端出有效的行為，也危害有用的互動。這背後牽涉到權力遊戲以及自我保護。我們尋找能讓我們覺得有歸屬感與安全感的語言，語言水準能和在高位的專家或權威人士一致，然而這種趨易避難的心態會阻礙我們學習，不利合作與協作，也會將新的想法與不同觀點拒於門外。儘管覺得舒適與熟悉，但往往會讓我們走回頭路，掉入無用又限制思考的狹隘空間。

商業界的致勝心態

幾世紀以來，凱旋而歸的英雄以及勢如破竹的戰役充斥在我們的史書裡，形容這些豐功偉業的語言無縫地轉移到商業界，一連串的企業英雄，大家耳熟能詳的包括奇異前執行長傑克．威爾許、維珍集團董事長理查．布蘭森、阿里巴巴創辦人馬雲、特斯拉創辦人伊隆．馬斯克（Elon Musk）等企業巨擘。企業界是個充斥英雄的世界，付出非常人能及的努力，得到非比尋常的權勢，相關的報導莫不圍繞硬漢的形象打轉：「那些大男孩」、「啥都難不倒的人」、「膽敢做出重大決定的人」等等。這種敘事觀在商業界代代相傳，不斷地延續下去，成了宣揚這種硬漢形象領導人的一種自我保護膜。膽敢挑戰這種敘事的人立刻被圍剿，被識為「失敗者」、「軟弱不忠誠」，根本無法「爬到高位幹大事」。

內部競爭是催生公司好爭、看短不看長、求勝文化的主要因素之一。可透過各種手段與方式強化這種風氣：公開傳閱績效評估、表揚每月最佳員工、晉升流程、部門之間競賽爭取獎金、公開個人或團隊的績效排名等等。每種方式所定義出來的成功，都是犧牲了某人或某部門。企業往往對新人採用這種方式；或是第一天就明白或含蓄地告訴他們，如果你想在公司有所表現，就得這麼做。但是史丹福大學商學院教授傑夫瑞・菲佛（Jeffrey Pfeffer）和羅伯特・蘇頓（Robert Sutton）的研究發現，內部競爭的代價很大，不僅落敗的人要承擔，公司內每個有利害關係的人都要承擔，[1] 除非工作環境裡，無須互相依賴，無須彼此學習和調適。菲佛與蘇頓的結論是，廣泛使用競爭沒有道理。[2]

商業圈這種運作方式遭到愈來愈多質疑。二〇〇八年全球金融風暴讓世人關注到財金機構領導人的思維與行為。沒有人可以責怪他們在奉行簡單商業指標（營收與成長）的世界裡求勝的決心。但是一心求勝導致許多高薪專業人士不惜做出一些異常的決策或是甘冒風險。這場金融風暴是二十一世紀初期最知名的實例之一，顯示追求**大贏**會導致**大損**，損失之大，不僅限於財務而已。

贏家通吃文化所造成的代價遠超出資產負債表上的數字。然而直到最近，大家才開始呼籲企業應該以更廣泛的角度看待企業的成就，應該顧及到所在的社區、社會以及環境。回顧企管顧問公司的早期歷史，一些知名企管公司，諸如波士頓諮詢顧問公司（Boston Consulting Group）、貝恩策略顧問公司（Bain & Company）、麥肯錫管理顧問公司（McKinsey），在他們的推動下，分析商業策略的基本工具排除了人、社區、文化等因素。至今這疏漏仍未被完全糾正。

儘管諮詢業蓬勃發展，也擅長制定愈來愈複雜的策略，但趨勢顯示，顧問公司所擬的策略著重短效，並以市場變化太快為由，合理化這做法。但是若你退後一步，會發現情況正好相反。當今社會與全球面臨的挑戰之大，需要我們比以往任何時候都更要有長遠的思維。我們稍後會看到，企業專注於初衷以及長期使命，表現要優於那些追求短效的公司。

在我接觸的企業經營策略中，「致勝」仍是首選詞，被視為公司目標與年度衡量指標，致勝猶如成為市占率龍頭、擊敗主要競爭對手的同義詞。我還記得有一次在一家全球策略管理顧問公司的會議上，討論某家公司的最新策略，顧問們分享了一頁長、共六步驟的策略。每個步驟都很合理。沒有什麼驚天動地的原創或不尋常的建議。當顧問群開始分析，並將其應用在手邊的挑戰時，我發現自己盯著螢幕上PPT檔案的用字。我來回快速掃了文本幾次，其中一個詞出現的次數似乎高於其他任何一個詞。我數了一下頁面上出現不只一次的多個關鍵字，確定自己沒有偏見。包括「策略」、「結果」、「改變」等詞出現次數不只一次。但是我一數再數，證實自己並沒有偏見，有個詞顯然比其他任何一詞還更頻繁地出現：致勝。

文本的標題「制定致勝的策略」。標題下，致勝又出現一次，寫著制定致勝策略的六個步驟。六個步驟中，有兩個步驟的標題包含了致勝一詞：分別是第一步「定義致勝的雄心」、第三步「定義如何致勝」。再下一層的要點又講了兩次致勝：「（確定）組織的使命感，以致勝的方式定義」；「（確定）核心能力，以便能在所選擇的領域裡致勝」。

我很好奇，怎會如此有意識而頻繁地使用「致勝」一詞，我提出這疑問後，大家覺得答案不言自明：

因為生意講究競爭力。因為我們的客戶屬於高度競爭的行業，贏才是王道。如果最後不能致勝，再好的策略也沒用。我們客戶的競爭對手不會坐視客戶瓜分其市占率導致營收下滑，所以客戶非贏不可。

他們說得頭頭是道，出自根深柢固的想法與百分之百的肯定，結尾時語氣斬釘截鐵，沒有其他好說的。不見任何問號。但是聽完後，我滿腦子疑問地走向電梯。那到底是什麼意思？他們想贏什麼？一切「只為了贏嗎？」如果這是天經地義，又何須重複這麼多遍？如果他們沒有固定地把「致勝」當作重點，還有什麼可取代致勝，被納入策略裡？因為每次都把「致勝」納入策略，所以沒想過其他更具體的詞？如果客戶擊敗對手，但換了另外一個攪局者登場，導致整個情勢改觀怎麼辦？在像這樣的管理顧問公司上班有意思嗎？

指標的陷阱與重新思索成長的必要性

商業策略有節奏性，根據的是公司每季出爐的營收與股東報告。每季公布財報有其必要，目的是加強審查，避免未來出現財務危機。這樣的立意可能不錯，但實際情況卻有些出入。首先，大企業內部有單位專門負責撰寫報告、更新幻燈片、添加新的數據。一個季度一結束，又要開始準備下一個季度的報告。其次，組織將大量的時間與心力花在改善短期指標。長期決策很容易被犧牲，過沒多久便被忘得一乾二淨。大家無需相應的長期思維解決這失衡的現象。第三，這種以季為單位的循環往往導致執行長的任期相對偏短。第四，不容易評量的領域，或是改變不按季度進行（例如公司文化），容易被忽略，或者不放在優先項目裡。

英國《金融時報》管理主編安德魯．希爾（Andrew Hill）點出商業界的預設想法，認為一切都可被衡量，指稱「任何東西若無法被量化接受評量，這些東西不用被管理，或者根本無法管理」：

……大家習慣更關注於具體客觀（hard）的事實、目標、結果、倡議，而非虛無縹緲的軟性因素（soft factors），軟因素與硬事實一樣重要，甚至有過之而無不及。大數據是硬數據，文化是軟因素。財務目標是硬目標，非財務目標是軟目標。性別配額是硬件，職場的包容性是軟件。「主幹」科目是硬科目，人文科目是軟科目。機器是硬件（非常硬），人是很軟的軟件……軟硬若能平衡最好，不過一旦被施加壓力，硬解決方案往往雀屏中選。在長期永續發展與短期回報的角力戰中，太多的董事、高階主管仍然執著於實現近期目標。爭高下的衝動，超越了合作可能的好處。③

媒體與市場觀察家每天盯著股票市場裡的贏家與輸家，這些外部壓力，逼得企業不得不追求評量短期績效的指標。公司被迫妥協與讓步，以及專心追求短效，純粹為了求生存。短期輸贏的說法很快變成了自我應驗的預言。

短期指標通常以目標為基礎。設定目標往往為了提供清楚的方向、激勵員工以及提高績效。但是時間一久，目標可能錯過與工作表現相關的重要領域，畢竟目標通常專注於結果，而非達到目標的方式與手段。當獎金與晉升取決於能否實現目標，久而久之，員工行為會愈來愈向實現目標靠攏。這可能意味著不會對需要幫助的同仁伸出援手，或是積極地扯同事後腿，因為自己若能更快或更成功地達成目標，得到的獎金將高於同事。同仁間開始出現爾虞我詐，影響了工作表現，職場不再讓人覺得有趣開心，合作成了天方夜譚，對工作的投入程度下降。有時候作弊與貪污趁虛而入。一項針對白領罪犯所做的研究，一名服刑犯（前企業領導人）受訪時表示：「這無關對與錯，問題出在作弊可幫助我們實現商業目標。沒有人因為守法與合規而受到獎勵，但你若沒有達到目標，可是會受罰的。」④

傑瑞．穆勒解釋了衡量指標如何扼殺創新與創造性思維：

> 逼迫員工，要求他們工作表現符合預先設定的量化目標，這往往會扼殺創新與創造力，在大多數情況下，這些可是重要而珍貴的特質。此外，這十之八九會導致看短不看長的做法。⑤

目標導向的文化適合特定的人格。公司與人資經理若沒有任何疑慮，照單全收這樣的文化，招募到公司的員工多半很能適應目標導向的規則，某些心態與行為受到肯定愈來愈突出。這可能會阻礙團隊小組的多元性發展，而多元性愈來愈被視為左右公司長期表現的關鍵。缺乏多樣性的團隊拙於調適、學習、發展新的工作方式，不利公司改善營運。若短期目標導向的文化削弱了團隊的多樣性，並拖累業績走下坡，這與倡議目標導向可提升業績的說法背道而馳。

若致勝的基礎建立在追求一致的目標、遵守一樣的規則，大家的同質性會愈來愈高，為求脫穎而出，會拚命打破對方的記錄。按理，個體的獨特性不易被評量，也不易被排名次。為了求排名，久而久之，多元性會消失。

商業評量指標往往圍繞成長率打轉。成長固然是好事，所以贏等於成長，不久大家便習慣這樣的想法：沒有成長的組織必定走向失敗。公司應該成長，因為「成長是好事」，這樣的口號廣見於企業內部、政府部門、報紙的財經版。但是追求成長是否是每家公司都該做的？是否長期而言有利我們的社區與社會？

我進入一家公司，協助他們建立團隊與企業文化，希望他們能「成長」，我一定會問他們：「為什麼追求成長對你們這家公司是正確的事？」這又是一個注定冷場的時刻。大家的反應包括了茫然的眼神以及瞬間鴉雀無聲讓人尷尬。有時，高階主管會互相交換眼神，看誰會回答我的問題；多數的回答包括了這句話：「因為成長是好事。」這讓我想起孩子追著父母一直問「為什麼？」，被煩得受不了的父母慣用「因為它就是這樣」這句話來搪塞讓小孩閉嘴。這話對一個四歲孩子而言都說不過去，何況對一個職場裡的成年人說，也不會好到哪裡去。

有時候，被問及成長為何這麼重要，員工給出的答案其實是說給某個高層聽的。高階管理層或是董事會決定了公司應該達到X％的成長率。成長率常被視為公司賴以生存的唯一方式。短期上，以及對公司所在的地點而言，也許是如此。但是在制定策略，提升公司的成長率時，應把追求成長會對員工、社會、環境造成何種衝擊視為核心才是。

追求成長當然是企業界遵循的遊戲規則，這點絲毫不令人意外。簡單講，成長似乎能替公司累積更大的財富與利潤。西方世界的經濟語言對於成長情有獨鍾。國內生產總值（GDP）這個關鍵指標成為評量世上所有先進經濟體的主要工具之一。多數國家似乎都陷入了GDP的陷阱，將提升GDP作為解決該國各種問題的解方以及證明自己是成功榜樣的手段。然而GDP這個指標忽略了我們生活中很多的面向，包括健康與福祉、幸福與平等，也輕忽了自然環境受到的衝擊。凌大為（David Pilling）在《你的幸福不是這個指數：透視經濟成長數據的迷思》（*The Growth Delusion*）一書裡解釋了GDP如何粗略地定義了經濟：

GDP喜歡污染，尤其是那種你得花錢清理的污染。GDP喜歡犯罪，因為它偏愛龐大的警力善後，修理破損的門窗。GDP喜歡卡崔娜颶風，對戰爭沒有太大反感。它喜歡用槍枝、戰機、彈頭等數量來衡量爆發衝突的可能性。它喜歡計算重建還冒著煙、滿目瘡痍的城市需要多少心力。它不屑計算不涉及金錢的交易。它不喜歡家務，也視公益活動為畏途……它會計算超市進貨多少瓶依雲礦泉水，卻不願計算衣索比亞女孩跋涉到數英里之外打水造成的經濟衝擊……⑥

我們衡量經濟的標準工具從未關注那樣的成長率是**怎麼來**的，也從不衡量不斷惡化的不平等、全球失衡、長期生活水平、環境危害等問題。經濟學家約瑟夫．史迪格里茲指稱二〇〇八年全球金融危機是「通用評量指標諸多不足的最佳明證」。⑦

經濟持續成長沒有什麼意義。它要求大家崇尚物欲，無須節制消費。若沒完沒了的消費以及生產愈來愈多的商品，這本身並非明智的結果（而且對環境絕對造成巨大影響），那麼我們還想透過經濟成長達成什麼樣的目的？成長並非一定是壞事，一如競爭也並非絕對不好，但是狹隘地執著於成長，不僅將其擺在首要地位，也視為唯一的評量標準（**而且還是不可靠的評量指標！**），那麼這樣的成功定義不見得是好的。若打贏了GDP的競賽，卻犧牲了對我們重要的東西，諸如幸福、乾淨的空氣、健全的心靈等等，這肯定是空洞的勝利，不該讓我們如此執迷，甚至不惜一切代價也要贏。

一如在教育界與體育圈，企業組織若以獎酬、目標、狹隘評量指標為基礎，將催生特定的思考方式與行為。儘管在企業界，這些制度幾乎都是無心插柳的結果，但會導致個人與系統性的貪污歪風、嚴重又大規模的環境破壞，也會惡化社會裡不平等的現象，個人則會被操到過勞。瑪格麗特．赫弗南分析道：「我們熱愛競爭，相信競爭會挑出、淬煉出強棒，結果產生了一種社會結構，不僅無法實現繁榮的目標，反而適得其反，出現動盪、壓力、貪腐。」[8]誰識贏家？獎品是什麼？我們稍停一下，總結一下一味求勝如何對企業等領域造成嚴重的反效果。然後我們再開始想想其他方法是否可行。

當致勝成為企業文化的基礎

企業文化通常被定義為「這地方的做事方式」，顯示該組織真正重要的事是什麼。表面上，被公告在網站上的價值聲明（value statements）可看到關於文化的描述，企業文化也可見於評估表上一些被鼓勵的行為。但是文化也存在於更深的層次裡，隱身在員工的工作體驗裡，你會在參觀某公司或任何一個組織大約一個小時內發現這類東西。例如，會議上誰第一個發言？公司是否替較資深的員工保留了靠近辦公室入口的停車位？訪客走進辦公大樓時，會受到什麼樣的招待？辦公室牆上掛的是什麼照片？這些照片透露了什麼？其實這些「文化藝術品」反映了員工對這家公司（組織）的實際感受與經歷。企業文化告訴我們層級分明在該公司（組織）是否占主導地位，哪些人最受重視，作業時哪些行為可被接受？

一旦你成了「文化觀察者」，你會開始注意各類事情：什麼時候大家會在會議上發言？誰說得最多？哪些事情一旦碰上壓力就會被拋棄？交貨的最後期限逼近時，哪些行為會占上風？哪些行為會被評量（因此被認為是重要行為）？

一九七〇年代的管理學大師彼得・杜拉克（Peter Drucker）提出了一句經典名言：「文化把策略當早餐吃掉了」（意味企業文化的影響力遠勝過策略），此話至今仍引起共鳴。杜拉克的名言凸顯了董事會與高階主管敲定的計畫其實和實際執行狀況有落差。組織若注重策略、目標、所有可評量的事物，易忽略在這種工作環境裡員工的體驗，而這種體驗最終會決定上層拍板的大策略如何被落實。

企業文化若強調不惜一切代價也要贏，視達標為首要之務，將會催生各種有毒的行為，以及充滿恐懼的工作環境。不乏例子說明有毒文化如何導致企業災難：包括了安隆做假帳事件、福斯汽車廢氣排放醜聞、導致二〇〇八年金融危機的各種元兇。失衡的企業文化，例如一切只看結果，包括營收、獲利等，可能造成員工貪便宜、走捷徑以求「達標」。公司的文化若不鼓勵員工挑戰決策，也不鼓勵員工質疑是否踩到道德紅線，會讓這樣的歪路一直持續下去。也許短期內可以交出不錯的成績，出色地實現目標，卻可能導致長期災難。急於求勝，急於成大業，導致的結果可能與任何一個成功的定義都相去甚遠。

以福斯汽車捲入排放廢氣的醜聞為例，公司工程師被要求設計一款柴油引擎，達到性能與價格的雙標規定之外，排放的氮氧化物不能超過某個門檻。達到目標就可獲得獎金與晉升，但工程師辦不到，所以怎麼辦呢？他們為了想贏、解決難題、達到上層訂定的目標，於是設計了一個厲害的程式，可以戰勝廢氣排放的檢測。路上行駛的福斯柴油車排放的氮氧化物其實是實驗室檢驗數值的四十倍。

福斯集團執行長文德恩（Martin Winterkorn）被美國控以詐欺與共謀罪。譴責涉案的人士很容易，但更重要的是應了解何以這樣規模大、信譽佳的老字號公司會發生這樣的醜聞。為什麼沒有人監督這樣的決策或是為這樣的決策負責？為什麼公司內部沒有任何聲音挑戰與制衡上層的解決方案？為什麼那個部門裡沒有任何人覺得應該質疑他們設計的產品？為什麼他們覺得無論付出多少代價都非贏不可？為什麼沒有人理解短期目標助長的文化歪風？為什麼允許短期目標凌駕在福斯集團多年所建的信譽之上？

這些個案的文化特徵之一不外乎少了那種直白卻關鍵的聲音，暢所欲言支持那些可能發現問題的吹哨者。公司裡被提出（或未被提出）的問題之所以重要，在於能左右公司的文化與風氣、足以影響什麼樣的語言占主導地位、什麼樣的故事（說法）強而有力或疲軟無力。梅根・里茲（Megan Reitz）與約翰・希金斯（John Higgins）在合著的《暢所欲言》（*Speak Up*）訪問了一百五十多位領導人，希望了解他們企業裡的對話特色。他們分析了問責制如何被布達，員工可以多容易地挑戰上級的決策、討論風險、比較短期與長期的結果：

在我們組織裡，暢所欲言以及會聽話很重要。如果不這麼做，你可能要等到報紙頭版大幅報導才知道內部有哪些不當與錯誤行為。大聲表達意見對於創新以及適應這個動盪時代極為重要。它也是激勵員工投入工作的利器。⑨

二〇一三年，《薩爾斯評論》研究了金融危機前巴克萊銀行內部「根深柢固求勝欲」發展出來的對話與文化：

……對於「勝利」的詮釋以及追求已經不再只是贏過對手這麼簡單，有時到了「不惜一切代價」的程度……不惜一切代價的勝利是要付出代價的：包括對抗、傲慢、自私自利、不懂謙遜、缺乏慷慨等附屬物。⑩

在蘇格蘭皇家銀行擔任執行長期間，佛雷德．古德溫以好鬥聞名。「佛雷德必須贏，他老是要贏……無論事情大小，非得次次都贏不可。他必須占據主導地位。蘇格蘭皇家銀行有非常強烈的霸凌文化。在這家銀行裡，每件事都要比。」⑪ 古德溫展開一系列野心勃勃的收購計畫，首先下手的對象是國民西敏寺銀行（NatWest Bank，規模是蘇格蘭皇家銀行的三倍），接著依序是愛爾蘭房貸公司、保險公司、汽車公司、火車公司、美國投資業務公司（擁有全球最大交易大廳）等。他還不滿足，繼而成立了一家財團，以便對荷蘭銀行（ABN AMRO）進行惡意購併。這是一場競賽，目的是要更大、更好、更富。任何提到盡職調查（due diligence）的人都會被古德溫斥為魯蛇與懦夫，畢竟古德溫奉行的是非贏不可的硬漢風格。不過在二〇〇八年二月，蘇格蘭皇家銀行宣布虧損兩百四十億英鎊，寫下英國企業史上年度最大虧損金額，不得不接受英國政府紓困。

在上述爭贏的例子中，為了贏反而替不良行為與不當做法提供了掩護。自欺欺人或是對現實看法有誤，導致一些企業領導人認為，只要公司能贏，達到預設的獲利目標，能夠對股東交代，那麼一切都不是問題。他們認為，為達目的可以不擇手段。一如體壇，曾經被外界推崇的「成功企業」也出現霸凌、恫嚇、詐欺、貪污等行為。

即便貴為英國企業界之光的勞斯萊斯，也曾為了順利取得海外大合約，捲入長期行賄醜聞，而被迫支付六．七一億英鎊的罰金。零售巨擘特易購（Tesco）被英國重大弊案檢察署（SFO）起訴，因為它與幾個強勁的超商同業捉對廝殺時，為了看起來略勝一籌，過於誇大自己的獲利數據。短期而言，特易購數字的確有所改善，但是一被SFO揭露了不法，營收立刻毀滅性下滑。

另一個文化性損害在於過度重視獎酬個人而非團隊。企業圈往往將勝利視為個人得面對的挑戰，希望透過某人的勝出，達到激勵更多人的目的，這看起來立意良好，畢竟是為了激勵以及提升工作績效。但可能犧牲團隊合作的風氣，導致團隊合作的重要性下降、協作的精神蕩然無存。

企業若奉行短期致勝策略，內部員工有什麼樣的人性化體驗（human experience）？在已開發國家，普遍存在士氣與產能都面臨挑戰的問題。根據蓋洛普公司對全球勞動力所做的調查，發現僅一三％的員工對工作投入。在英國，這比例甚至降到僅剩八％。⑫過勞對於許多知名企業的人資主管與高階主管而言是一大挑戰。企業已慢慢不再忌諱心理健康問題，但愈來愈多有關痛苦與虐待的新聞被揭露，顯示有些公司的企業文化沉淪之深。儘管愈來愈多研究顯示，以外在獎賞激勵員工是漏洞百出的做法，但企業界依然死抱這個想法不放，一如我們在教育界與體育界看到的現象。

將評量指標套用在職場人才身上，進一步削弱發展認知多樣性（cognitive diversity）的機會，亦即破壞了公司內培養人才與提升績效的廣泛基礎。員工繼續按傳統被歸類為「頂尖人才」或「儲備人才」。一如在學時被打成績，這麼做只會打擊與排斥其他被歸類為「庸才」、「無才」的員工。這麼武斷的分類，對於企業文化造成許多意想不到的後果，也充滿了偏見。這樣的分類係因對「高材生」有不實的期待，以及不察「明星員工」的魅力言過其實。湯瑪斯．狄隆（Thomas DeLong）與維尼塔．維佳亞拉哈凡（Vineeta Vijayaraghavan）所做的研究〈B咖員工才是公司核心靈魂〉（Let's Hear it for the B Players）顯示，這些對高材生的預設想法傷害了組織，因為主管錯誤地「貶低了表現普普的員工，只因他們缺乏明星的光彩與抱負」：

……我們二十年來的諮詢輔導、研究、教學，發現企業長期營收表現（甚至能否生存），多半取決於B咖員工默默的付出與貢獻……但企業習慣忽視B咖角色對挽救公司的重要作用。⑬

摒棄毫無意義的分類、指標、在查核表上逐項打勾，這是未來組織面臨的重大挑戰。職涯成就、職場表現必須以更多元、更多樣的方式評量，創造不一樣的人性體驗，大方投資員工（不限其工作職稱）。

深思企業界求勝的現象

許多隱性假設仍然支配著商業界：贏是優先要務；目標與結果是確保成功的最佳方式；讓彼此互相競爭的環境能讓每個人發揮最佳潛力。但是若將這些想法視為理所當然，會阻礙我們的發展，惡化公司長期的業績表現，不利我們探索更好的方式有效管理內部的作業。

沒有簡單的答案，對於二十一世紀的執行長而言，他們面臨的情況可能比前輩複雜棘手得多。領導人必須平衡社會責任與股東權益報酬率、兼顧永續發展與員工敬業程度、調和環境影響與社區支持等諸多挑戰。對於跨國公司而言，還要解決客製化、大規模生產、全球化、本地化等問題。但這更說明何以「成為第一」這樣直白的競爭敘事與評量指標是不夠的。誠如本書所強調的，我們必須超越「成為第一」這樣的狹隘思維，進一步找出更有意義的長期目標，聚焦於多元化、強調協作的文化，以人為貴，將員工置於任務與目標之上。

我們在學校、體育界、工作場所看到的情況，有諸多極為相似的交集，但是在國際政治舞台上，致勝欲造成的後果更嚴重，這也是我們下一章探討的重點。

第8章 全球的贏家與輸家

二〇〇三年美軍入侵伊拉克前夕，美國總統小布希對全國發表談話，指稱：「除了勝利，我們不接受其他結果。」但是勝利真的來了嗎？小布希宣稱是的，美軍勝利。他在航空母艦上發表了今天看來灰頭土臉的演說，宣布結束在伊拉克的主要軍事行動，表示：「在伊拉克的戰役中，美軍與盟軍取得勝利。」然而美軍在伊拉克的行動離結束還遠得很。七年後的二〇一〇年，歐巴馬總統終於結束作戰任務，總計自小布希總統在航空母艦發表勝利談話以來，新增約十五萬平民死亡、近五千名士兵喪生。當我們回顧伊拉克戰役時，很難看出明顯的勝負，而這場沒有維持太久、狹隘定義的勝利，卻付出天大的代價。

至於其他衝突，甚至追溯到第一次世界大戰，仔細分析後，其實很難看見絕對的贏家，儘管這個世界似乎被勝利與失敗所定義。誰贏了冷戰？誰打贏了韓戰或越戰？一九九〇年代與本世紀初出兵伊拉克與阿富汗的戰役呢？以及對抗極端組織「伊斯蘭國」（ISIS）？同樣地，沒有明顯的贏家，而且出現大量災難性、意料之外的長期後果。

誰會在反恐戰爭中「獲勝」？這種語言經常出現在政治演說裡，但這不是一場有勝負的戰爭。這個時代所面臨的其他重大課題，包括氣候變遷、不平等、安全或貧窮等，我們迄未拿下任何一場勝仗，儘管各種政治力試圖在這些戰線上「獲勝」。在二〇二〇年，面對新冠肺炎疫情，政治人物輪番說出「勝利」、「戰勝病毒」等用語，但是這種求勝的心態，以及愛和其他國家的數據做競爭性比較，其實無助於解決真正的問題，還可能分散注意力，無法採取更有效的因應措施。

多年來，各國領導人一次又一次地在國際高峰會上針對貿易、難民、氣候變遷、安全等議題交手，返國後對選民宣稱，自己如何為國家與國民力爭到最好的協議。如果在同一個峰會的領導人返國後傳遞的訊息都一樣，那麼一定是無稽之談。畢竟不可能各個都是贏家，不可能不用犧牲他國的利益。但是領導人相信，自己國家的國民不會在新聞播出時，同步看到其他領導人在鄰國說了同樣的話。鮮少領導人在峰會結束後，有足夠的勇氣倡議合作、妥協、支持他國。當選民太過習慣舊式的思維方式，領導人發現，的確很難藉由改變說法而得利。

如果分析是透過「權力才是王道」的狹隘零和博弈觀，那麼挑戰自己的權力和百年執政風格，不符合任何政府的短期自身利益。但各國政府和國際組織面臨的問題已發生了巨變，目前的治理方式不足以因應我們這個時代全球性的重大挑戰。本章將探討狹隘地關注「致勝」，可能會在全球這個最大的舞台上走錯方向。

國際政治的思維方式與語言

選舉有不同的勝選方式，例如英國採得票最多者當選，歐洲多數國家採比例代表制。不管是哪種制度，都有贏家和輸家。這就是我們所看到的，也是媒體報導的內容。但是有贏家的地方，就要付出代價，往往比贏家心想或承認的代價更大。

對政治人物而言，何謂成功？他們的目的是贏得選票與權位嗎？還是為了改變世界讓世界更好？他們需要前者來實現後者，但如果政治人物的目標是在下一次選戰中拿到高票，那麼他們關注的焦點就會鎖定短效。要想讓世界變得更好，需要不同的思維方式、全新的能力、不一樣的路線，才能解決眼前的實際問題，包括恐怖主義、氣候變遷、全球醫療健康等。鮮少有「簡單、立可見效」的辦法戰勝這些問題。

政治人物當選只能做短短數年，但要處理的問題多半是長期沉痾。他們的當選和存續取決於個人表現佳，以及所屬政黨在短期內政績不錯。選民的政黨認同（支持哪個政黨）往往是因為明顯反對另外一個政黨或另一組人馬。因此政治人物很快便發現，他們的存在感以及生存率靠的是和政敵唱反調。若對手對某個主題提出更好的政見，作為對手，你幾乎不可能表態支持。這違背了常理，當然也不符合選民利益。

我們可能沒有注意到這點，但這種「戰勝別人」的文化與風氣形成了一種心態：合作與協作等於軟弱，因此不可取。儘管任何一個國家都無法獨力應對我們當今面臨的全球性重大挑戰，但要讓各國攜手合作，卻是雙倍地困難。同理也適用於個人層面。如果你作為一個政治人物犯了錯，你最不能做的事就是承認你錯了。世上誰能無過？但是誠如我們在第一章所見，分析和贏相關的傳統語言時，政治人物的故事以及敘事（外加媒體推波助瀾）已發展到了這個階段：做對是強者、做錯是弱者。

這風氣在更大的政府機構裡，導致災難性的後果。我們一次又一次看到，勝利意味著勇往直前，即便一切合理的證據顯示此舉不可取，也要繼續做到底。有太多「沉沒成本偏見」（sunk cost bias）——政府對一項政策投資了大量金額，即便該政策已被證明無效，政府仍繼續硬幹下去，拒絕承認錯誤或失策。例如一九八〇年代英國推出人頭稅（poll tax）最能說明這現象，當時人頭稅早被認定不可行，加上民眾大幅反彈，但英國政府仍堅持實施了好一陣子。這個計畫最後以慘敗收場，在付出巨大代價後，不得不喊卡。

二〇一六年英國脫歐公投之後那幾年，力主脫歐的政治人物堅稱他們會實現一開始的承諾，儘管隨著時間推移，愈來愈少證據顯示，他們的承諾實現有望。無論訊息如何變化，脫歐大將不改立場，一如反對脫歐的留歐派也不改其志，繼續唱衰英國脫歐後經濟將崩潰。沒有人知道未來可能發生什麼，畢竟毫無前例可循，因此最初的一些承諾難免無法實現。但沒有人願意承認這點。因為深陷勝負二元的世界，政治人物無法根據脫歐公投後獲得的資訊調整看法與見解。各方仍然專注於「在辯論上占上風」，讓另外一方看起來像蠢蛋，而不是尋找最佳解決方案。

英國政府部門堪稱典型例子，高層內鬥的文化現象——體現在內閣首長爭權卡位，影響所及，定調轄下部門的文化。按理，各部門之間需要合作，想方設法解決當前面臨的複雜問題，包括肥胖、大流行疾病、安全、移民、能源、環保等。但是所有的組織結構、獎勵機制、問責制度仍是以各個部門為單位。跨部門合作依舊是不符合潮流的大工程。我還記得在伊拉克工作期間，曾與國防部一位同事爭辯，如何調整我們的目標，以免彼此掣肘。我指出，我們都是為英國女王陛下政府（亦即英國政府）工作，他非常不解地看著我說：「妳搞錯了，我是為國防部工作。我的目標是國防部制定，我的考績與升遷也是國防部負責，我效忠的對象是國防部。」

英國下議院委員會以及報告經常強調跨部門因為合作不足，導致或影響不同的政策領域成效不佳。典型的解決辦法是成立跨部門小組，但是我曾經是其中一個跨部門小組的共同主管，我可以證實，這種跨部門只是隨便拼湊出來的怪物，成立的目的在於向外界顯示，政府確實回應了某個建議，但是關鍵的激勵措施與權力結構並未改變。當問題變得棘手或是有趣的時候，各部門就開始各自為政，收回控制權。

政治領導人，包括南非的曼德拉、美國總統歐巴馬、紐西蘭總理阿爾登（Jacinda Ardern）等人以身作則，試圖在語言、思維、政治折衝上，強調同理心、夥伴關係、齊力合作。曼德拉憑藉他的思維、行為、同理心等等戰勝了對立政治（oppositional politics）。在他長期繫獄期間，他發揮同理心與謙遜的態度，思想高度與「真情流露」都超越了他的「政敵」。他提到，打敗政敵的最佳方式是化敵為友，他成功改變了權力遊戲的玩法。

面對國家災難或恐怖攻擊時，歐巴馬與阿爾登也偏離了傳統的因應方式，捨棄英雄式、誓不兩立的語言，改以發揮將心比心的同理心，以及不輕易指責社會某一方。阿爾登還更進一步，她改變了政治敘事，讓政治更具包容性並發揮同理心治理，還試圖用福祉取代GDP，作為評量進展的核心指標。在基督城遭遇恐攻之後，阿爾登避用了以牙還牙的恫嚇性語言，而是加強槍枝管制法，使用包容性與同理心的語言支持受害者，強調這些穆斯林受害者是「兄弟、姊妹、人父、兒童……是紐西蘭人。他們就是我們」。① 阿爾登一再表明同理心就是力量的觀念：只有相互照顧，我們才能建立強大的社區，繼而建立更有韌性的社會與經濟。這類的領導人依舊是少數，而且十之八九會被攻無不克的英雄型領導人視為軟腳蝦，但是他們為我們的社會提供了不一樣的敘事與說法。

在國際外交領域，勝利的含義是什麼？

史書裡充斥大大小小戰役與衝突，這現象一直持續到今日：國家之間為了領土、權力、財富爆發戰爭。這是最原始的零和遊戲，很難打破。大部分的國際制度框架努力解決跨境問題，包括環境問題、全球大流行疾病等等，但很難看到現存的國際結構能確保有效的行動，也難以保證拿得出規模夠大的跨國合作，解決當前全球性的重大問題。

我在英國外交部任職期間，花了大量時間試圖改變外交官的心態，捨棄零和遊戲的心態（亦即一家獨贏，其他人必須犧牲），而就「雙贏」的心態，亦即大家都做些讓步，達成一致的解決方案，不僅每個人都有所收穫，皆大歡喜，整體局勢連帶也往前邁進一步（**甚至是日本人喜歡說的「三贏心態」**）。

儘管我們在談判前仔細閱讀了分析各種複雜問題的技術性簡報，但談判能否有進展更多取決於談判代表的心態。無論是說服波士尼亞立場涇渭分明的各族裔談判代表，放下尖銳的對立，同意改革，帶領被戰爭蹂躪的國家向前發展；或是試著說服西班牙與直布羅陀更緊密合作。這些談判的共同挑戰就是改變心態與思考方式。諸多政治問題都是心理問題，也許應該更大程度地從這個角度思考，而不是誰提出最厲害的想法：沒有任何一個人或國家可以智多星到獨攬所有最好的想法。談判有成更多在於如何讓與會者持續合作，提出新穎的解決方案，迎戰不斷冒出的問題。這也不僅僅是誰權大的問題，儘管權力遊戲仍占主導地位。但是事實證明，單靠政治權力愈來愈不足以解決全球面臨的棘手問題。

世界正在改變，需要不同的因應方式，「敵人」的概念也跟著質變。在十九世紀或更早，敵我非常分明。交戰與停火有清楚的界線，通常勝負分明，贏家與輸家一清二楚。在當時簡單、不那麼緊密相連的世界，贏家往往會得到權力與財富。因為戰勝，付出的代價也小。但是今天的世界複雜且緊密相連，打贏了一仗，不像過去那樣可以長長久久。此外，可能要付出超大代價，不僅是財務上的損失，整個社會與環境可能都會受到衝擊，導致「贏家」與「輸家」沒有太大不同（如果還能清楚分辨誰是贏家的話）。這個時代的衝突，無法預測何時會開戰，而且永遠沒有句點。也許看不到人與人之間實體對戰，也不一定清楚誰是敵人。

美國在伊拉克戰事多次犯錯，因為「基地」組織的本質不可預測也異於傳統。基地是一個鬆散的網絡，能夠即時重組並整合全球分散的恐攻行動。在阿富汗，美軍同樣面臨了和傳統戰截然不同的衝突。西方國家在二十一世紀初受到「聖戰士」多次宣戰，他們的「聖戰」構成了持續、不可預知的威脅。

在伊拉克與阿富汗，美軍與敵軍真正發生交戰的地區，儘管美軍可能打贏每個零星的衝突，但不等於他們可以確保當地長期的安全，並建立可持續的執政結構。往往這些小鎮與都市很快又淪陷，被敵軍、叛亂分子、恐怖分子攻占（到底該怎麼稱呼他們才對，頗傷腦筋）。美軍、英軍、聯軍發現，一次又一次地與敵方交手「奪回」了領土，卻一次又一次地失去了領土，陷入看不到盡頭的勝負惡性循環，這與他們一開始設定的目標（單純化的戰勝概念）相去甚遠。宣布勝仗後，沒多久就翻盤，導致西方國家所組的聯軍士氣低落，因為他們期待能速戰速決打道回府的期待落空了。敵軍無法被擊潰，也無法在地圖上明確標示勝負區，看似愈來愈難以定義成功的真正樣貌。

美國軍事戰略家愛德華．魯瓦克（Edward Luttwak）指出，西方對於勝利的定義有強烈的「唯物主義偏見」（materialist bias），而今西方的軍事與政治思維仍苦思如何擺脫這樣的偏見。可評量的投入與產出（諸如火力、命中目標、可用的戰機數量等等），在評量西方武力是否能戰勝時，往往占據更重要的地位。相形之下，可能更關鍵但抽象的人為因素（諸如戰略、領導力、士氣等）卻被忽視。[2] 英國海軍軍官史蒂夫．塔特姆（Steve Tatham）與阿富汗英國武裝部隊司令安德魯．麥凱（Andrew Mackay）在《行為衝突》（*Behavioural Conflict*）一書中呼籲，政府部門與軍方必須徹底改變思維，以便未來擬議軍事戰略時，能把理解敵方的行為與動機放在優先地位。③這在外交政策和政府治理上運用得更廣。

二〇〇八年我在伊拉克巴斯拉的英國領事館與軍事總部擔任外交官，至今還記得每天早上的彙報，報告列出了一堆的數字和指標，讓高層在早上八點的會議上布達：諸如當天值勤的直升機數量、天氣預報、預測氣溫、該日的行動目標等等。報告顯示一切都在掌控中、命令一清二楚。一如幾百年來所學到的教訓，這麼做才能有效地指揮大量士兵。但是這招對於眼前混亂、複雜、多變、難以預測、不按牌理出牌的衝突並非百分之百有效，伊拉克的衝突有幾個特色：街頭暴力、敵人不只一個、沒有明確的政黨當家、沒有制度可言。

軍事百分之百精準，但社會與政治現實卻多變，兩者無法同步，缺乏一致性，導致雙方關係緊張。我們作為外交官，每天努力總結伊拉克的政治局勢，這和講究精準的軍事報告形成強烈對比。政治和解的目標對軍方而言，聽起來過於模糊也太不精準。我們不可能明確說出誰有什麼樣的看法，或是哪個在地政治人物支持我們，因為大家的立場一變再變。由於彼此互有敵意，我們外交官無法自由地與伊拉克當地政治領導人會談。我每天簡報，提供伊拉克詭譎多變的最新政治局勢，可以感受到軍方同仁聽了之後有多沮喪。我還記得一位軍官問我們，是否可以預測政治和解的日期。我根本開不了口，也無法給出軍方高度重視的精準訊息，但是追求精準可能會誤導決策。這不是一個勝負分明的世界；成功不是專案管理；無法訂出某個日期，向全民宣布和平與戰勝的捷報。

前駐伊拉克與阿富汗美軍指揮官史坦利．麥克里斯托（Stanley McChrystal）表示，美軍必須在心理上與組織上有所調整，才能更靈活。如何治理這個世界，傳統的心理模式太機械（拘泥死板的方式），要求明確的規則、界線、分類、標準、交往規範等等。新的心理模式必須不按牌理、隨機應變、自發性行動：

最後我們都得放手一搏，一頭栽進漩渦中。我們的目的地，亦即未來出現的形式也許不怎麼讓人舒適，但是魅力與潛力不輸過去百年講究直線、直角的還原主義（reductionism）：這個未來採用的形式是有機網絡（organic networks）、彈性工程學（resilience engineering）、受控制的氾濫——一個沒有「STOP」路標的世界。④

全球性問題

將追求經濟成長列為首要之務，這種不服輸的衝衝衝，力拚GDP超越其他國家，成了許多政府定義成功的關鍵指標，一如我們在前一章所述。但是一味在GDP上努力贏過其他國家，對於世上最富裕的國家而言，充其量只是狹隘而空洞的勝利，最糟狀況則會導致人類災難。走在經濟成長的道路上，已見到生物多樣性慘遭浩劫，消費水平不利永續發展、二氧化碳排放量已達威脅地球未來的程度，種種後果不勝枚舉，上述幾例僅是冰山一角。

儘管愈來愈多證據顯示這些後果確實存在，但多數政府仍死抱著這條路線，受困在歷久不變的體制裡，無法照著上述麥克里斯托提出的方式做些改變與調整。影響所及，他們恐無力招架未來各種不可預測的挑戰，如新冠肺炎疫情、全球暖化等。

各國政府往往宣稱要積極保護環境、提高社會流動性、投資醫療保健系統。但是整體而言，他們的努力不算成功，需要另闢蹊徑，以合作取代競爭。

十六歲瑞典環保尖兵葛瑞塔·桑柏格（Greta Thunberg）在二〇一九年巡訪歐洲各國首都，呼籲政治人物拿出可信的行動，解決氣候變遷的危機，她的談話明確地強調合作這一點。她在英國國會演說時，抨擊英國「極具創意的碳會計系統」（carbon accounting）：

「全球碳計畫」（Global Carbon Project）顯示，自一九九〇年以來，英國實現了境內二氧化碳排放量減排三七%，這成績的確非常了不起，但這數字並不包括空運、海運、以及與進出口相關貨運的碳排放量，如果把這些數字包括在內，那麼一九九〇年以來，英國大約減排了一〇%，相當於一年平均減排〇．四%……氣候危機是我們有史以來面臨到最簡單也最困難的問題。最容易係因我們知道我們必須做什麼：必須停止溫室氣體排放。最困難係因當前的經濟仍然百分之百仰賴燃燒化石燃料，結果破壞了生態系統，為了創造歷久不衰的經濟成長。⑤

在全球政治層面上，評量指標再次占據主導地位，掩蓋了事實真相，誤導選民。當然，許多人不同意桑柏格的觀點；科學家與政治人物繼續為自己提出的證據奮力辯駁。但是試圖「打贏」這場口水戰，不斷貶低對手的觀點，會轉移大家對真正問題的注意力，結果保護地球這問題從主角變成了配角。證明別人的統計數據有誤，就可以合理化破壞自然環境的行為嗎？我們能在環境危機裡「勝出」嗎？創造一種高明的碳會計系統，是否在替政府塗脂抹粉，讓政府看起來有在做事？不斷地參加高峰會，花費數週時間你來我往地磋商、爭取，是否為了確保自己政府不會被要求做得比另一個政府還多？或者我們應該另闢他途，而第一步就是認清，這根本不是一場要「分輸贏」

的戰役。

反思在全球舞台上致勝的含義

國際亟需新思維，需要像麥克里斯托所提的「新的心智模型」（new mental models），這種模型承認存在更複雜的現實，更多可行的解決方案，以及摒棄僵化不變的輸贏思維。目前政府體制努力適應挑戰，但永遠只會延續現狀（或是只換湯不換藥），阻礙了這麼做的努力。我們應該全面而深入地討論，什麼樣的結構、行為、心態、關係才能解決我們當今面對的全球性問題，以及如何動員社會全體一起找出辦法。當然沒有「正確的」答案，但感覺現狀與未來可能的發展相去甚遠。政治人物「求贏」的用語極具誤導性，也毫無意義。我們必須唾棄這樣的政治人物，讓更好的人出頭。

在第二部分，我們分析了教育、體育、商業、政治等領域，顯示占主導地位的致勝觀如何扭曲我們的生活與社會，並提出一些建議，讓大家知道有其他不同的方式與做法。第三部分將著重於發展異於致勝觀的替代方案：如何開始用不同的角度定義成功（包括個人與組織），思考如何改變我們的思維、行為、與他人互動的方式，以便能夠追求長勝。

第3部

致勝新方式

今天失敗的人或許明日將贏得勝利，因為時代在變。

巴布．狄倫，《歌詩集：一九六一至二〇一二》（*The Lyrics: 1961-2012*）

第9章 尋找更好的方法：長勝思維的開始

這次一定要不一樣。

一九九六年亞特蘭大奧運是我第一次進軍奧運，這次的經驗對我的運動生涯是個重要拐點。我對下一屆奧運很樂觀，心想有了更多的贊助與支持，理應會有更好的成績。我們划船隊有了像樣的設備，有全職的教練（歷來第一次），不過訓練的環境與文化還是原地踏步，沒有任何改變。我在老派教練的指導下，咬牙受了四年殘酷的訓練。教練只講「贏家」與「輸家」，深信為了「讓運動員更強」、「培養冠軍」，可以無所不用其極，我生理上的各種指數都提升了。但是在二〇〇〇年的雪梨奧運，最後只拿到第九名，讓我傷心欲絕。我不斷找答案，希望知道怎麼回事：「我更努力地受訓，怎麼速度卻變慢？」、「這個結果是否真實反映了我的實力？」一個合乎邏輯的延伸似乎是：「這證明我一定是失敗的人。」更讓人擔心的是，我開始將「失敗的結果」延伸到我作為一個人的價值上。

我怎麼會熬過四年吃苦當吃補的辛苦受訓後，輸得如此慘？此外，我怎麼會認為這次自己無法把船划得比其他人更快，視為我這個人對社會一文不值呢？我一瘸一拐地進入了另一年訓練，但已少了自信，也感到非常脆弱。又過了讓人失望的一年後，我決定退休。

這時一個機會出現，我加入了外交部，為外交服務是我長期夢寐以求的工作，早在與划船為伍之前就在腦海萌芽。轉換跑道讓我的思維呼吸到一股新鮮的空氣。我生活的方方面面似乎都發生了變化，包括我的穿著、吃的東西、思考的事物、講話的對象等等。換了個環境上班，貢獻受到肯定，每天不斷地快速學習，讓我再次感受到活力與投入。工作期間，我親眼看到攸關生死的嚴重情況，讓我能更正確地看待划船事業以及對比賽勝負的焦慮感。在工作中，我的聲音以及意見打一開始就受到重視，即使和已工作多年的資深同事相比，我所知甚少。我對於自己受到重視，感到非常振奮。

上班第一天開始，我就維持不錯的體魄。幾個月下來，我不僅每天都樂在工作，晚上下了班，還勤跑健身房鍛鍊。我開心地給自己定了頗具挑戰的目標，不斷地逼自己進步，並持續地延長跑步時間與距離。我放棄了划船，成了退役的奧運選手，但我的體能與體態都優於之前，對鍛鍊也抱著更積極的態度。

我仍和一些划船選手保持聯繫，尤其是凱瑟琳・葛瑞格。雪梨奧運落幕後，我們成為划船搭檔，一上了船，我立刻感覺到這人不一樣。我們一拍即合，不僅都熱愛划船，也立志要讓女子划船更上一層樓，讓大家知道我們可以在國際上維持一流水平，交出最好的成績。但是雪梨奧運之後整整一年，我們與獎牌完全無緣，在世錦賽也只拿到第五名。由於賽季短，加上兩人在雪梨奧運之後，休息了好一陣子。凱瑟琳在雪梨奧運抱回獎牌後，開始放鬆、旅行、慶祝拿到奧運獎牌。我則試圖擺脫雪梨奧運讓人傷心欲絕的結果，以及為了雪梨奧運，吃了四年的苦，也需要好好消化一下。

當我宣布「退役」時，凱瑟琳不太開心，也很訝異，因為我們真的相信兩人可以一起在奧運上再次發光。我覺得她並不了解，雪梨的經驗讓我對自己失去了信心，很難走出失敗陰影，繼續下一步。我痛苦但不可避免地意識到，若繼續留在國家隊受訓，我的精神狀態可能無法回復到正常軌道。離開划船，人生開始展開新的一頁。此時腦海冒出各種問題，「如果……會怎樣？」「我可能嗎？」「如果我再來一次呢？」我甚至發現自己做著參加雅典奧運的白日夢。有一陣子，我以為這是「繼續前進」的自然過程，但過了幾個月，我發現這想法一直揮之不去。因此我開始務實地思索，如何可讓自己站在雅典奧運的起跑線上。

這些想法在我潛意識停留了幾個月，這不是一個容易的決定。我知道，如果重回划船隊，我得解釋為什麼想回去，以及這次會有什麼不同。我不希望重回過去的受訓以及思考方式。我好奇自己能否找到新方式。

打一開始我就知道，重返划船隊不可能完全為了抱回一面獎牌，儘管那是我的動機之一。沒有一個統計分析、機率方程式、成本效益的計算顯示，一年四十九週、每週七天、每天六小時的訓練，能言之成理地拿來作為和進行同樣辛苦訓練的世界頂尖選手爭奪獎牌的合理說法。此外，我之前的奧運成績（第七名與第九名）顯示，我奪牌的前景並不樂觀。即便你能突飛猛進，走出過去的陰影（**儘管很難擺脫**），實情是我可能隨時會受傷、生病，或在比賽時犯錯。所有這些情況只要是人，都可能發生，而且勢必會發生在至少一位天才型、極具潛力又專注認真的運動員身上，無論他們的訓練有多辛苦、對比賽有多投入。儘管我渴望得到更好的成績，一個我覺得能充分體現我潛力的表現，但成功不應該只是一個名次、一面獎牌、一張上台領獎的照片。在我充分釐清這點之前，我不能回去。

我一直對上一屆的奧運耿耿於懷，精神上一直在應對每天被告知我不夠好的折磨，所幸熬了過來。我是少數還屹立不倒的人之一。沒有人比我更能吃苦，但這是沒有獎牌的：我就是活生生的證明。吃苦沒有讓我變成更好的運動員、更好的人、更好的朋友、或是更好的划船搭檔。

我知道我必須改變看待問題以及因應各種情況的方式，並在腦海裡想出不同的對話。這並不容易（**老實說，目前還在精進中**），所幸外交工作對我幫助很大，開拓了更廣泛的視野。外交讓我接觸到划船之外更廣大的世界。我已看見了運動給我可轉移並應用到其他領域的技能，包括團隊合作、壓力管理、專注於重點、以及不斷吸收新知的學習欲。更深層次上，我還須改變對自我價值的認知，不該再妄自菲薄，以為在雪梨奧運失利就決定了我作為運動員以及一個人的價值。

我知道作為奧運國手，可獲得更多不同的體驗，並在更廣泛的領域上精進：不會僅限於精進技巧、肌耐力、體魄，也會積極地提升我的思維、行為、人際關係等等。當時奧運各項比賽的運動員、教練、心理學家都積極地探索這些領域，希望提升邊際收益，畢竟體能訓練基本上已達到極限。

我重返划船隊的時候，文化已發生了變化。我們選手仍然會定期接受評估、計算划船速度，但是教練給了更多改進的空間與時間，因為進步需要時間才看得到成效。全新的運動心理學在英國的奧運國家隊伍裡蔓延發酵，一絲不苟地專注於運動**表現**的所有面向，才是提高**成績**的最佳途徑。成績依舊是顯示進步的有用指標，但是無法可靠地預測未來長期表現。在每天的基礎上，重心須放在能最大限度提速的所有因子，將這些因子發展成更有意義的每日衡量成功的指標——包括溝通、肌耐力、協作、技巧、恢復速度、體能極限、心理準備狀態、體魄等等，這些也許無法讓你明天就能划得更快，但對於提高長期表現極為重要。

要想長期維持動力，無法百分之百依賴成績。無論結果是好是壞，你總要想辦法進步。總是有些東西得心應手，有些東西得做些改變。我們的心理輔導老師協助我們成為大幅進步的高手，進步成了衡量成功的指標。不管輸或贏，我還是一樣，不會影響我每天專注於求進步，希望今天比昨天更好。這點有助於消除過度專注於結果造成的七上八下、起伏不定的心情，讓自己能更心平氣和地享受訓練的過程，接受各種成績表現。

軍隊長期以來一直是人類表現以及領導力方面的佼佼者。士兵得面臨極端情況，加上需要隨機應變，讓西方軍隊在招募新兵以及訓練方式上都做了重大變革。以美國陸戰隊為例，在訓練以及挑選新兵時，會進行為期十週的作業程序。課程包括二十分鐘內解決難題，參加的人得接受各種評估，包括如何管理壓力、如何快速了解任務內容、如何分派工作等等。但評估項目不包括他們成功完成挑戰的能力。賽門．西奈克（Simon Sinek）解釋道：「他們清楚，優秀的領導人有時候因為任務失敗而難過，遜色的領導人有時候因為任務成功而沾沾自喜。」具備成功的能力並不是成為優秀領導人的條件，能否發揮領導力的特質才是成為領導人的關鍵。」[①]這點告訴我們，在高績效、高風險的環境裡，成功的定義不再那麼狹隘，開始優先考慮到心態、行為、關係、溝通、協作、心理準備等條件。

重新歸隊，準備第三度進軍奧運後，我還發現另外一個不同點，那就是我的心態與視野不同了。我知道我只會復出兩年，然後會繼續外交生涯。這兩年我想要好好享受，不想讓輸贏的不確定性與不可預測性影響我這兩年的心情。這並不容易。當然會碰到有些折磨人的日子，以及舊思維持續竄進我（以及其他人）的腦海，不過我清楚知道，因為能夠重回划船隊讓我有更多時間待在我最自在的地方之一——船上與河上，所以不論天氣如何都很開心，也心懷感恩。在過去的四年裡，一味專注於結果、結果、結果（因為強調所以講三遍），加上在輸贏的二元範式下，總覺得自己很失敗。而今不管怎麼慘絕人寰的訓練，不管划得速度多快或多慢，不管我多麼疲憊，我都喜歡待在船上，感受船下的水流以及和搭檔並肩前行的快樂，感受四季的轉換。打開心與眼，接觸到這些，顯然是成功的要件之一，我都不曉得自己之前怎麼會對這些視而不見？

因為開啟了划船以外的職涯，我大大拓寬了視野，解決了「划船後人生」的禁忌話題。我知道這不代表我對划船有貳心，或是對划船不夠投入（這是我以前的想法）。做了其他工作，反而激勵我思考未來，而非只能接受奧運之後不可避免的空白。接觸另一行也讓我把握這最後進軍奧運的機會，試著在雅典奧運再展身手。

我將開始外派的第一份工作，預計二〇〇四年十月到波士尼亞履新，亦即雅典奧運結束再過幾週就要走馬上任。無論我是否被選中代表國家參加奧運，也不管我的奧運成績如何，我知道我的生活與工作都有著落，帶著我邁向新的方向（**這點給了我另一個不尋常的好處，就是我可利用不受訓的空檔，努力學習塞爾維亞－克羅埃西亞語，為即將赴塞拉耶佛的第一份外派工作預做準備。周遭多數人認為我瘋了，但是我很喜歡**）。這給了我更多元的身分，而非「只是」一名運動員而已。當我的表現不盡如人意的時候，覺得自己追趕得很辛苦的時候，或是排名下降的時候，因為對自我的認知比以往更寬，讓我得以繼續前進，並且能迅速地重新振作起來，在隔天繼續上陣。

決定重返划船隊，並非根據電子試算表或是冷冰冰的指標；而是因為自我發現、學習的熱情、以及願意承擔一些風險。對於一個在學期間不愛運動，在兩屆奧運分別只獲得第七名和第九名，但仍然相信有更多可能的人而言，這涉及到尋找生命的可能性。我不知道除了摔得狗吃屎之外，我能不能有所突破，但是我不放棄嘗試，也想多些不同的體驗，於是我帶著些許不安，回到了划船隊。

整個冬季的甄選裡，我表現優異，也很享受整個過程，許多領域的表現更甚以往，直到進入最後一輪甄選前，我的表現都很好，最後一輪甄選是奧運划船隊選拔的要點，結果我在單人雙槳（我最弱的項目）遇到棘手的側風，加上肩部持續疼痛，我跌出了前幾名，經過計算總分後，被教練刷掉，無法參加那一年的世錦賽。亦即沒戲唱了，必須打包回府。

我感到很沮喪，主要是因為我沒能展現自己的實力。但是挫折與疲憊之後，我的感覺與雪梨賽後截然不同。我雖然極度失望，也有些心煩，但並未覺得跌落到一無所有、一無是處的黑洞裡。我知道自己盡了全力，生理與心理的能力水平也高於以往，加上為了想辦法重回划船隊，從中學到了很多。我也知道自己可在幾天後恢復元氣，打電話給外交部的人事部，重回工作崗位，而這工作還算不錯。實際上，這工作不只是還不錯，而是很不錯，前途無量。

過了幾天，我正準備打電話給外交部，結果接到總教練來電，他要我參加「換位子挑選法」的甄選，因為幾個人受了傷，導致船隊人數不夠。一夕之間，我又回到了船隊。經過了換位子挑選法甄選，我重回總排名的榜單——前四名被安排到四人雙槳賽，五、六名負責雙人雙槳賽，七、八名（凱瑟琳和我）則參加雙人單槳賽。

沒有一位教練希望我們再搭檔，因為我們在二〇〇一年的世錦賽沒有抱回一面獎牌。我們知道，這個不太可能也不可思議的第二次機會不知怎地降臨到我們頭上，但兩人對於比賽還是很有信心。才過了幾週，我們就報名參加了賽季的第一場國際賽，不過有不容妥協的但書：如果我們沒有拿下任何一面獎牌，將被教練永遠解散。我們順利參加了世界盃比賽，並抱回一面銀牌，儘管有但書束縛，但這機會是千辛萬苦爭取來的，所以我們懷著自由與興奮的心情比賽。下一屆的世界盃，也是同樣的但書，這次我們拿到了金牌。第三次世界盃，我們獲得了銅牌，並獲選參加二〇〇三年八月在米蘭舉行的世界錦標賽。

我們滿懷信心地抵達米蘭，迫不及待投入比賽，但是事情並不順利。一系列超出預期的事情讓我們措手不及。我們的船受損，加上惡劣天氣攪局，又有傷痛等不利因素。直到準決賽我們才重回正軌，但比賽時，凱瑟琳的背嚴重受傷，賽後幾乎無法下船。我們不確定醫護人員是否會讓她參加兩天後的決賽，所以接下來四十八小時裡，教練和醫護人員不停地討論，希望能找出最佳的解決方案。凱瑟琳大部分時間都躺在地板上冰敷和伸展，我則躺在她旁邊，有時協助她伸展，或者讀自己的書，默默陪著她。

決賽前夕，醫護人員做出最後裁決，解除所有警報，允許我們繼續比賽。我們喜不自勝，也大大地鬆了一口氣。正常情況下，重大比賽前夕，我會極度緊張，也想臨陣脫逃。我經常聽選手提及，這感覺好像有把槍抵著他們的腦袋。但是這次能參加隔天的決賽，我覺得無比地感恩與開心。腦海裡完全拋開了比賽輸贏，教練與加油團也一樣。沒有人談論勝負，就當作是一次機會，可以盡情做自己喜歡的事，努力完成二百五十次最佳下槳動作，這也是我和凱瑟琳過去幾天躺在地板上預想的畫面。

凱瑟琳和我坐在我們心愛的雙人單槳船裡，興奮地等著最後決賽登場。我們做了不錯的暖身，船身感覺不會卡卡。經過兩天緊繃的壓力，以及平躺在地板上做大量的伸展後，我們很開心能重回船上。開賽前試划時，我們的船差點撞到最大勁敵的船，但我們竟能對這尷尬的插曲一笑置之，然後冷靜地排好隊，等著鳴槍。開賽後，我們一直保持在中間的位子，稍稍落後領先者，但始終緊黏在後。在我參加過的所有比賽中，這是我們最高程度「活在泡泡中」（in our bubble）的一場比賽，完全與外界隔離，全副精神都放在當下，專注於每一次的下槳，沉浸在我們的下槳節奏與應戰計畫，完全沒想到名次、外界的期待或比賽結果。開始加速邁向終點線時，我們的身體大量分泌乳酸，肺部吸進大量空氣供給肌肉氧氣，船輕盈到彷彿飛了起來，無須太費力就飛速向前。我完全沉浸在這一刻，幾乎沒注意到已經越過了終點線。當我回到現實時，凱瑟琳高喊要我快看湖邊的大螢幕，我轉過頭，看見我們的名字出現在螢幕正中間最前面的位置。

在我幾乎不敢奢望會贏的這一天，我卻拿下了國際大賽。在這場備受矚目的國際大賽上，我和凱瑟琳划得比其他國家選手都快。過去幾個月經歷的轉折與起伏之大，讓人匪夷所思。四月的最後一輪甄選後，我被「打包」（淘汰），而今短短四個月後我成了世界冠軍。凱瑟琳和我成為有史以來在世界女子雙人單槳賽中摘金的英國女將。

第一次站在頒獎台中央，第一次聽到英國國歌，讓人難以置信又感動。其他人則用不同的視角看待我這個運動員，對我而言，這既是一種肯定，也讓人覺得開心。我得到的東西遠超過上台領獎的那一刻。我發現自己找到了更好的方式定義成功，也找到如何與成功有約的更佳方式。我稱這叫長勝，涵蓋新的視角、新的方式、以及隨時間而沉澱的新思維。

長勝思維──三C：想清楚、持續學習、建立連結

長勝思維的靈感來自於故事、研究結果以及我自身的親身經驗。我借鏡了心理學、人類學、組織機關的研究，並結合自己的親身經驗，包括奧運選手的資歷、國際外交談判的利害關係、乃至領導團隊與董事會內部的內行人視野，以上種種激勵我不斷學習，了解什麼才能協助我們個人以及我們所屬群體達到最高水平，看清什麼阻礙了我們的發展；我們怎麼做可以積極改變周遭的世界，以及提高實現自我與成功的機率。長勝能更深層次地調整我們的思想、行動、人際關係。

有三個關鍵領域，簡稱**3C**：

- **想清楚**（clarity），清楚知道什麼東西對自己重要，採取更廣泛與更長期的視野定義成功的樣貌，以及邁向成功路上我們希望累積什麼樣的經驗。成功不只是短期的指標與結果。清楚知道自己要什麼，指的是更廣泛地找出我們生活的「**為什麼**」，清楚我們生活的目的與使命，分析我們希望對周遭世界發揮什麼影響力。
- 對於我們所做的每件事，養成**持續學習**（constant learning）的態度。成功係建立在個人不斷成長，而非由呈現在外的結果定義（這麼做的好處是讓我們有機會將表現在外的結果做到最好）。再者，這會讓我們專注於做事的**方式與態度**（how），以免將太多的重心放在職場以及家庭**該做的事**（what），事情是做不完的，清單上落落長的待辦事項、要實現的成就，往往支配了我們的生活方式，但學會在how與what之間取得平衡，可確保我們持續成長與精進，即便失敗也不會覺得自己一無是處。
- 主動**建立連結**（connection），不論做什麼事，務必把建立關係視為首要之務。這可將注意力放在我們日常遇到的**人**（who）：同事、合作夥伴、朋友、網絡裡的人、尚未建立關係但未來可能合作或協作的人。如何積極地建立與他人的連結，擺脫一味地與他人比較、你爭我奪零和遊戲的生活態度？

想清楚、持續學習、建立連結這三C並非列入勾選單的行為選項，也不是要在甘特圖或流程圖中進行專案管理的關鍵績效指標（KPI）。三C是開放、持續進行的主題，協助我們思考、看清自己以及與他人建立連結。這三C幫助我們的**心態**與心智模式持續成長進步，改變與調整我們的

行為，建立更有意義的**關係**，以便創造合作機會，合力實現自己無法獨力實現的目標。大衛・布魯克斯（David Brooks）在《社會性動物》（*The Social Animal*）一書中解釋道，成功並非發生在意識層的產物，更多是「情緒、直覺、偏見、渴望、遺傳傾向、性格特徵、社會規範等潛意識領域」在影響我們，我們可以選擇延續或挑戰他們。[2] 長勝思維的目的是，當你追求成功時，會擁抱並發展所有可能影響成功的因素。

我合作過的每一個組織與單位，這三C都扮演至關重要的角色。透過討論、對話、會議、工作坊，我們發現領導人真正想要實現的目標，以及阻礙他們前進的深層問題。這三C組合在一起形成了一種長期的做法，適用於個人、團隊乃至組織，亦可協助他們擺脫傳統做事方式的困境。

並非所有職場、運動俱樂部或學校已做好準備，承認必須改變處理事情的方式；當我們在發展思考模式、想法、行為、習慣與互動時，也並非都支持我們。儘管現實如此不利，但這些領域幾乎都在我們可掌控的影響範圍內，值得我們嘗試、實踐、開發。

實踐三C需要主動的選擇、慎重的行動。敞開心扉尋找生活中的「為什麼」、更熟練且深入地與他人互動連結時，這三

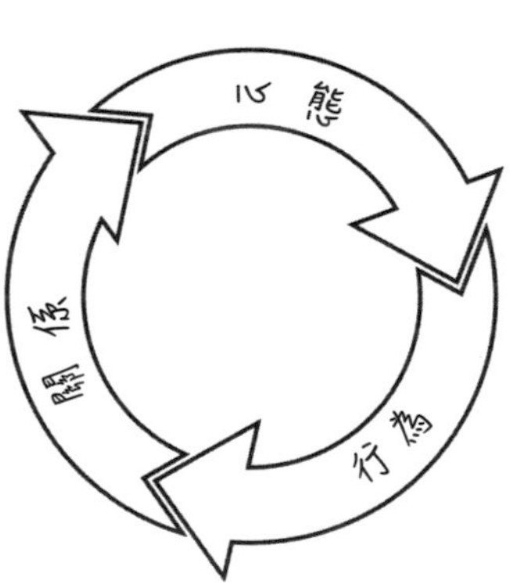

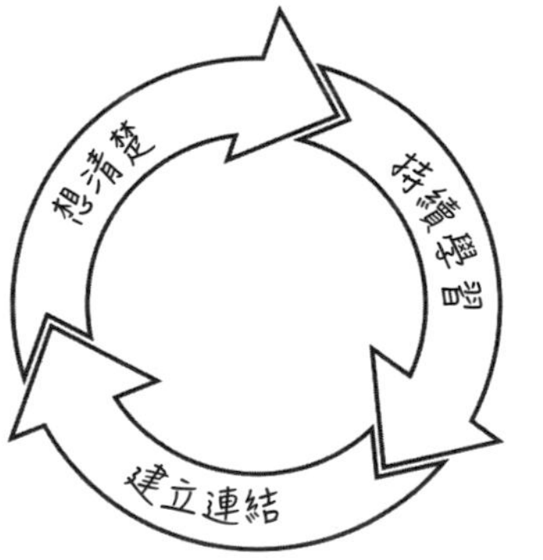

C帶給我們的所作所為樂趣、精進、以及意義。三C結合在一起，可協助我們和自己以及周圍人士建立連結，對抗狹隘、故步自封、短視——為了贏不惜一切代價的致勝觀。

接下來的章節將依序探討想清楚、持續學習、建立連結，剖析三C如何幫助我們擺脫爭第一的執迷心態，以及如何將長勝思維落實於生活中。本書並非提供明確解方、只須照著做的how-to工具書，而是提供一系列想法、建議以及例子，協助我們開發自己的三C領域。本書提出許多問題，協助我們持續探索自我的潛能、建立更偉大的抱負。

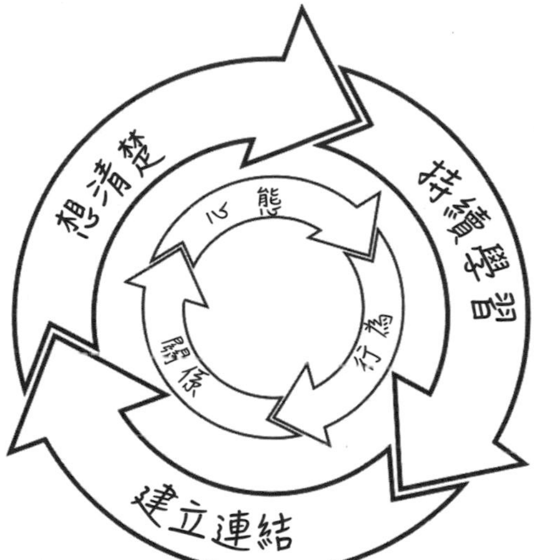

第10章 重新定義成功：想清楚什麼對你是重要的，這會影響長勝思維

成功是什麼模樣？

緊張的朋友為了保護我，不希望我重蹈被雪梨奧運蹂躪的覆轍，勸我三思是否真的要重返划船隊並進軍雅典奧運：「不要再划船了，那已是過去式，人要向前看。」至關重要的是，我把這一切設定為向前邁進的一步，與之前的事相關聯，也與之後的人生有關係。我的目標當然包括拿獎牌，但不會止步於拿獎牌而已。根據所有統計數字，我十之八九擠不進前三名，所以我得說服自己，重返划船隊一定還有其他收穫，至少和奪得獎牌一樣重要。

想清楚什麼對你而言是重要的，這是一個不斷有東西冒出來的動態過程，涵蓋思考、傾聽、理解、詮釋等等，它沒有一個固定的終點：亦即並非需要勾選和完成的指標。它得是我們自己來，無法由我們以外的其他人決定，也不是感覺抽象或與我們日常生活無關的東西。它是持續探索的過程，靠著個人或群體的力量，找出我們以及周遭人的潛力與可能性。

有兩個概念是清楚區分哪些重要哪些不重要的核心：**目的**與**觀點**。兩者緊密相連，我想有必要花點篇幅剖析這兩點。

目的：什麼才是真正重要的事？

問問題有助於我們釐清思路。與其進入自動駕駛模式或不假思索地按表操課，不妨想想什麼對你最重要，讓你願意一早從溫暖的被窩爬起來。與其把注意力放在今天一長串的「待辦」事項，不如問問自己，從現在一直到未來，你想怎麼影響你的家庭、團隊、社區乃至社會，讓他們有所不同。列出能夠鞭策你、你會關心、讓你充滿活力的事情。與其思考工作或家庭碰到的難題，不如反思自己的優勢，以及如何將這些優勢應用在生活中。思考現在的努力可能造成的長期影響以及可留下什麼讓人緬懷的風範與成就。專注於你今天能做的事，讓你距離目標又拉近了一步。日後回顧今天的行動與選擇時，它們對你有什麼樣的意義？這些問題能協助我們和自己對話，讓我們能和自己以及周遭的世界相連。

「為什麼」的問題從問自己開始，問題圍繞自己打轉。由己而外，得先弄清楚和自己有關的問題，才開始擴及至外面世界，思索怎麼做才能與這個世界融洽地相處，以及做出貢獻。這類問題可能很簡單，但不易回答。不要等到了雨天才臨時抱佛腳，應該讓它們成為每日的練習，成為每天的語

根據單一（或是一組）
指標定義成功
(諸如考試成績、比賽結果、年度營收等等)

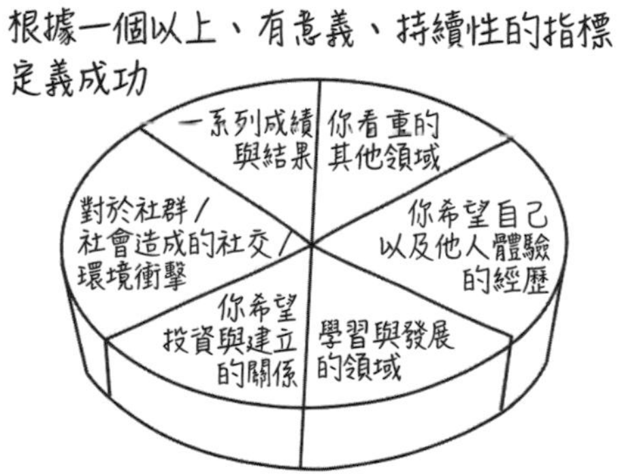
根據一個以上、有意義、持續性的指標定義成功
一系列成績與結果
你看重的其他領域
你希望自己以及他人體驗的經歷
學習與發展的領域
你希望投資與建立的關係
對於社群／社會造成的社交／環境衝擊

言、對話與想法。

讓我們更詳細地分析這兩個問題，以利我們有清晰的思考：

一、什麼事讓你早上起得了床？

我說的不是咖啡、鬧鐘或小孩。我的意思是，你早上睡醒思考接下來這一天時，有何感覺？你知道你想從這一天得到什麼嗎？（**未必是高到看不到盡頭的生產力！**）你期待這一天會發生什麼？當你稍後想到這一天，有什麼事讓這一天變得更有意義？回答這些簡單的問題時，可以喚醒內心一種非比尋常的動能，協助我們釐清哪些是我們看重的事，進而與這些事產生交集。

我問周遭朋友他們多常問自己這個簡單問題（什麼事讓你早上起得了床？），更別提問同事了，答案不外乎從來沒有或是鮮少。我成為奧運國手接受集訓期間，每天都問自己這個問題。部分是因為鬧鐘響時，我首先意識到的是，來自身體不同部位傳到腦部的訊息，叫我不要起床。我全身上下無處不痛：雙腿、背部、肩膀、臀部、手臂。我必須找到一個絕佳理由，克服身體傳給腦部的訊息，順利起床。光靠忽略這些訊息，依著習慣逼自己起床，其實並不夠。我除了得起床，還得將心理調整到最佳狀態，才能做好準備，挑戰當天精神與生理的極限，用心學習以及全力展現我的能力。

每天問這個問題已成我例行性思考，自體壇退休後，也不曾間斷。我有時候當然也不確定我的答案是否夠好，但就因為意識到這點，我才能夠開始了解為什麼，並想辦法改變。這類問題可以深入探索我們是誰，協助我們與我們現在做的事產生交集，我與事不再是兩條平行線。問問題可活化我們大腦另一個區塊，不同於鬧鐘、訓練時間、電子化日程表、清單上其他「代辦事項」涉及的腦區活動。

問自己這些問題不是替自己加油提振自信，順利完成奧運訓練，或是實現世界和平。反之，問問題是為了釐清自己想從每一天得到什麼收穫，以及怎麼做才能為周遭的世界做出貢獻。藉由與我們看重的人與事相連，主動地做出選擇，以便賦予每一天意義，而非在自動駕駛的模式下，重複著習慣。我記得體壇領袖蘇・坎貝爾女爵士（Sue Cambell）曾提醒其他領導人，「沒有人會為了KPI而起床！」倫敦商學院教授丹恩・凱伯（Dan Cable）在他的研究報告裡呼應了這句話，表示他發現「大家不會因為KPI或是賞罰而大步向前。雖然KPI或賞罰會促成小小的改變，但是人若要大步前進，靠的是崇高的目的、情感的聯繫、勇於嘗試的心態以及以身作則等等」。①

行為心理學的研究發現，想清楚什麼對我們重要，以及如何將這點連結到小我之外更廣泛的使命感，是激勵我們行動的關鍵。若你不了解什麼能激勵與鞭策你，你很難找到能讓你積極行動的工作，也不易打造積極的人生。若一開始就不知道什麼對你重要，你不易對任何一個團體或組織的願景付出全副心力。

一旦你自己回答了這個問題，想想你是否知道其他同事、隊友、家人的答案可能是什麼。若我不知道小組的答案是什麼，我絕不想和這小組合作。我不太關心隊友履歷上列出的專長和資歷，因為履歷多半透露一個人年輕時的學歷，但是若我需要和他人在一個團隊中合作無間，我想知道履歷的表面下，他們到底是什麼樣的人，什麼因素會激勵他們動起來，以及他們真正看重的是什麼。只有知道答案後，我們才能開始一起摸索有效的合作方式，了解彼此的差異，善用這些差異截長補短，發揮彼此合作一加一大於二的優勢。若能找出合作對象怎麼回答這個問題，能釋出強大的能量，打開建立聯繫的關卡，也是提高職場績效、強化隊友投入程度的不二法門。想清楚自己要什麼，能讓管理更上一層樓，不會只限於追求工具性的成長、效率、重組等範疇。②是什麼讓你早上起得了床？這個問題可以協助我們深入探索我們是誰，先認識了自己，然後才將目光往外看，和周圍的世界建立連結，繼而找出怎麼做可以對世界有些貢獻。

二、你想發揮什麼影響力？

這問題有助於我們與周遭的世界建立連結。我們想發揮什麼樣的廣泛影響力？當其他人與我們合作，或是成為我們團隊的成員時，我們希望他們能有什麼樣的體驗？我們希望周遭世界有什麼不一樣？我們怎麼做才能促成這改變？在這個領域建立起層層清晰的目標，有助於我們建立超越短期目標的眼界，並且儲備持久的動能。

不論你在職場屬於哪個「層級」，可能是高高在上的高階主管，可能是行政助理，你的貢獻程度不取決於你的薪資級別。有個發生在美國總統甘迺迪任內的小插曲，至今仍讓大家津津樂道，也最能詮釋這點。當時甘迺迪視察美國太空總署的太空中心，遇到一位身穿白外套、頭戴白帽的男子，便問他在這裡擔任什麼職務，男子不假思索自信滿滿地回道：「我協助大家把人類送上月球。」甘迺迪進一步問他是做什麼的，他解釋自己是清潔工，明白自己得把地板清理得一塵不染，確保不會有任何灰塵進入施工中的太空梭。

太空梭必須高速穿越地球的大氣層，任何一個微小塵粒鑽進艙體，可能會造成致命意外。當這個插曲被一傳再傳時，大家往往忽略，這位清潔工不僅清楚知道他的角色與整個大工程相連；大家也忽略，這位清潔工深信並看重自己工作的重要性，覺得攸關更大任務的成敗。我們知道的組織中，有多少員工的回答能夠像這位清潔工一樣？

個人與更大目標之間的連結至為重要。在亞歷克斯・希爾（Alex Hill）、麗茲・梅隆（Liz Mellon）與朱斯・戈達德（Jules Goddard）聯名的文章〈成功的組織如何延續一百年〉（How winning organizations last 100 years），三人分析了不同產業裡繁榮了一百年的企業與組織，包括皇家莎士比亞公司、美國太空總署（NASA）、英國伊頓公學等。結果發現：

> 多數公司專注於服務客戶、擁有資源、講究效率與成長，但是百年企業並非如此。反之，他們試圖影響社會、不吝分享專家、專注於變得更好而非更大。[3]

毫無疑問，這些百年企業的所有權與管理模式（涵蓋一系列模式），對於創造一個以長期目標為核心的環境至為重要。

吉姆・柯林斯（Jim Collins）將營運目的定義為「額外的維度」（extra dimension），宣稱這是凸顯一家企業能夠從「A到A^+」的註冊商標。[4]蘋果創辦人史帝夫・賈伯斯堅信營運目的的影響力，讓他扛得住短期壓力，只為了成功開發出色的產品。他們的目標絕非擊敗對手或是賺大錢，而是創造一些自己與同事都深信不疑且足以改變客戶生活的產品。擁抱「長勝」心態的企業在公司環境所用的語言，聽起來不一樣、感覺不一樣、用字也不一樣。史帝夫・賈伯斯與史帝夫・沃茲尼亞克（Steve Wozniak）早在一九七七年便將事業定義為「致力於替人類擴權（empowerment）」。直到今日，蘋果在新聞稿的結尾繼續使用「擴權」一詞，稱「逾十萬名員工致力於生產地球上最好的產品，希望給子孫留下更好的世界」。[5]聯合利華「永續生活計畫」（Sustainable Living Plan）的宗旨，是讓公司的成長與環境足跡（environmental footprint）脫鉤，同時提升公司對社會的積極影響力，以符合聯合國的永續發展目標。谷歌的使命是「彙整全球資訊，供大眾使用，讓人人受惠」。⑥這些目標字裡行間傳達的訊息是，要變得更好，而非更大。他們立定的目標具雄心大志，但也具強烈的責任感，本質上承認並結合了三C：想清楚、持續學習、建立連結。

包括了維克多．弗蘭克（Victor Frankl）的經典著作《活出意義來》（*Man's Search for Meaning*）、賽門．西奈克的商業暢銷書《先問，為什麼？》（*Start with Why*）、以及愈來愈多研究也開始重視使命與目的的影響力，看來社會不乏這類有說服力的主張，明確點出重要的是必須想清楚自己為什麼要做這些事，並且釐清什麼能（以及不能）帶給我們生活意義。目的（為什麼）也提供了另外一種語言選項，不同於愛用戰爭隱喻或是支配、主宰等偏見表達勝利的敘事方式。

在二〇一六年，《哈佛商業評論》與安永會計師事務所合作，發表了一篇研究報告〈目的在商業專案的重要性〉（The Business Case for Purpose）。目的被定義為「一個能激勵人心的理由，為組織、組織的合作夥伴、利害關係者（如股東）提供響應行動的號召，進而嘉惠當地以及全球社會……有使命感（目的）的公司能賺更多的錢、擁有更投入的員工、更忠心的客戶，甚至更精於創新以及轉型。當你在乎與關心這個賽局，看來會更容易取勝」⑦（**請注意，這裡不尋常地將「在乎、關心」〔caring〕與商業成就相連結，遠離了支配、競爭、爭奪之類的語言**）。

在這個研究調查裡，哈佛商學院教授瑞貝卡．韓德森（Rebecca Henderson）解釋道：

> 感覺自己是某個更偉大計畫的一部分，會激勵自己高度參與、高度發揮創意，也願意打破界線和公司裡不同的部門或不同的產品合作，這會是非常強大的內在動力……一旦大家的財務收入超過某個門檻，許多人會被內在的意義（intrinsic meaning）激勵，感覺自己在為一些有價值的事情做出

貢獻，而這樣的滿足感不輸財務或地位給予的回饋。

新世代加入到日益多元化的勞動市場（**儘管多元化程度還有進步空間**），帶來了不同的期望與抱負。長期以來，許多企業的角色是為了提供服務或商品，滿足客戶的需求。組織內部的制度、獎勵措施、目標、結構等等，往往偏重強調符合股東與客戶需求的短期壓力，而非考慮長期的使命感。這些「制度」已不再有效，畢竟員工會根據使命感而選擇職涯、決定在哪兒就業。

有關這個領域的研究、立法、倡議有增無減。研究顯示，企業若能整合環境、社會與治理（ESG）等數據，能做出更好的投資決策，表現也優於同業。「B型企業」（B Corporation）運動在二〇〇七年始於美國，而今已遍及六十多個國家，並根據企業的社會與環境表現，獲得B型企業認證。有人擔心存在目的可能會分散或減損企業的表現，但實情反而是能提高公司股價，所以應該是**雙贏**互利的做法。⑧

英國政府在二〇一三年通過《社會價值法》（Social Value Act），要求公家機關與組織思考與民間企業合作時，業者能創造什麼樣的「社會價值」，鼓勵順利標到公部門標案的廠商放大成功的定義與標準，而非僅限於財務上的數字。同年，八大工業國集團（G8）先後成立了「社會影響力投資工作小組」（Social Impact Investment Taskforce）與「指導小組」（Steering Group）。這些政治措施顯示，政府有意支持更廣泛影響社會與環境的企業（儘管這些公部門不可避免地陷入泥淖，不知該如何精準地**衡量**社會影響力以及給予**獎勵**）。

二〇一九年，包括亞馬遜執行長、摩根大通執行長等逾一百八十位企業領導人參加了美國企業圓桌會議，與會者改變了他們十年來奉行的「股東至上」理念，呼籲企業在追求利潤的同時，優先考慮保護環境以及照顧員工的身心健康。他們的聲明談到了「長期價值」、為他人「服務」。英國企業董事學會（Institute of Directors）在同年發布了《公司治理宣言》（*Manifesto on Corporate Governance*），呼籲企業明確制定公司為什麼要存在的聲明（purpose statement）。英國國家學術院（British Academy）發表一篇報告，標題是《社企型企業的原則》（*Principles for Purposeful Business*），廣泛研究了為何企業應把存在的目的置於利潤之前。

企業不難找到理由支持追求使命與存在的目的，但何以需要花這麼長的時間改變心態與思維，以及困在「知」、「行」之間的灰色地帶裹足不前？企業追求存在的目的與價值快速在全球蔚然成風，但是將這現象化為行動與實務則是出奇的慢，著實讓人不解。儘管米爾頓．傅利曼（Milton Freidman）主張一家公司的存在目的「只是賺錢」的想法很大程度已不足採信，但另一種可取代的觀點，卻尚未獲得充分理解。當我們從膚淺、物質優先，轉移到追求更深層的理想，必須先營造不同的文化，才能改變心態、行為與關係。我們得將這些有關企業存在目的的調查、報告、現成的存在目的聲明等等轉化為行動，改變我們的思維、工作、以及建立關係的方式。這些領域無法在表單上找到，但能決定以後出現在表單上的成績。執行長暨作家羅伯特．菲利普（Robert Phillips）強調：「太多領導人意識到『追求存在目的』有其服務社會的必要性以及商業上的優勢，但是缺乏文化上與營運上的框架，協助他們達到目標……」菲利普繼而解釋並詮釋追求存在目的的企業是什麼模樣，他根據的標準包括「一長串禁得起時間考驗的人際關係，涵蓋承諾、責任、期望的複雜網絡，顧及員工、客戶、供應商、社群、監管單位、未來世代、當然還有投資人」。[9]菲利普點出透過指標核實存在目的的陷阱，一如我們在前面章節所見，這些指標太容易被創造或扭曲。我們需要持續關注，確保領導人在追求長期目標時，真正考慮到相關每個人的需求。

我的工作需要參加年度會議以及商業對策圓桌會議，討論公司的存在目的或使命，通常這種會議每年或每半年舉行一次，多半安排在豪華會所。這些精心安排的聚會，與會者提出好心的建議，主辦單位提供美味的午餐！但是意義與存在目的靠的是行動，而非會議，會議充其量只是有用的第一步。如果這些討論最後淪為空談，沒有被落實，這些會議毫無意義可言。如果「為什麼」無法成為每天上班實務的一部分，無法應用於我們每天在壓力下進行的交流與所做的決策裡，那麼存在目的只是空談，無法領導企業。

有一次，我被要求和一個團隊合作，協助他們制定存在目的與文化。我做的第一件事就是問團員，這個團隊為什麼存在，怎麼做可以為所屬組織（企業）的存在目的做出貢獻。他們是企業的核心幹部，能夠告訴我他們做了什麼，但不易說清楚為什麼做這些事。說到他們的團隊該如何與公司的存在目的相融合時，人力資源經理告訴我，公司尚未制定出整體的目的，之所以延宕，係因領導班底走馬換將，所以我們必須在公司存在目的不明的情形下繼續運作。這邏輯根本說不通。如果無法和大局相連、產生交集，我們怎能制定團隊的存在目的、工作方式與文化呢？當然啦，即使該公司並未正式制定存在的目的，卻也間接傳達了對於存在目的的立場與態度，亦即該公司選擇不釐清存在的目的，讓員工在真空的情況下摸索、自行假設公司的存在目的，或是乾脆不甩崇高的價值與使命。

我們每個人都有這樣的經驗：參加會議，但不知道自己為什麼會在那裡；或是參加一個專案，但不知道專案如何契合大局。每次這麼做，就在限縮自我，減損自己的潛力。

在體育領域，特別是團隊運動，我們可以看到人家如何以創新又激勵人心的方式探索存在的目的。已爬上最高位階的隊伍，多半無法再透過更辛苦或更長時間的訓練提高成績。激勵一整個隊伍超越每個個體的總和，有助於隊伍探索所有的可能性，包括目的如何影響表現成績。一些球隊與俱樂部已更上一層樓，在建立全新的心態、文化、更深層的目的等方面，做得非常出色。

享譽全球的巴塞隆納足球俱樂部的座右銘是「**不只是一間俱樂部**」（more than a club），顯示它不單單**只是**一個足球俱樂部，它的身分其實與西班牙加泰隆尼亞自治區的歷史與政治身分緊密相連，這有助於紓解下一場比賽造成的巨大短期壓力。巴塞隆納足球隊球員係為加泰隆尼亞而戰；為「自由而戰」。在老是被下一場比賽的短期巨大壓力支配的世界裡，這心態讓他們能夠保持長期領先地位。

紐西蘭橄欖球隊「黑衫軍」（All Blacks）是另一個成功不墜的例子，該隊長期以來將球隊的身分與國家的歷史、傳統、文化緊密相連。「回答『什麼是黑衫軍的競爭優勢？』這問題時，關鍵在於有效管理球隊的文化與中心論述，將球員的個人意義與更高的目標相連結。」[10]詹姆士・柯爾（James Kerr）在著作《遺緒》（*Legacy*）中，分享了對於文化、目的、責任、學習、遺緒等價值的見解。他說，為了下一個球員「將球衣留在更好的地方」，這想法給了球隊不可思議的使命感、視野、謙遜的態度，這些在在有助於球隊長期保持不俗的表現。黑衫軍的口號「更好的隊員成就更好的黑衫軍」，這也確保了球隊不吝投資培養球員，讓球員能在橄欖球場以外的領域做出貢獻，因為球隊明白，這麼做一定也會反過來提升球員在球場上的表現。

英國女子奧運曲棍球隊（綽號歷史締造者）在二〇一六年里約奧運會上體現了這種內化的使命感。在冠亞軍決賽的廝殺戰中，她們不可思議地擊敗了被看好的荷蘭隊，抱回了一面金牌。兩隊的球技在伯仲之間：若硬要說有的話，荷蘭隊還略勝一籌。但是英國隊的活力在面對轉折與逆境時，展現截然不同的反應，最後兩隊平手，以射門定勝負，就是這點讓兩隊最後有了高下之別。英國隊的文化根植於更廣泛的意義，這樣的風氣協助她們發揮出最佳實力。多年來，她們投資時間、努力、精神，建立了實現目的的球隊文化。她們的口號與使命是「締造歷史、激勵後人」，完全沒提到勝利或獎牌。就是這種更偉大的使命，激勵她們發揮最高水平，順利在里約奧運上摘金。

最讓我感動的體育活動之一是看到了牛津－劍橋女子划船賽出現在兩校男子划船賽比賽的水道，兩校男子划船賽在全球赫赫有名，可追溯到一八二九年。早在一九九〇年代，我還是大學生的時候，有人告訴我，女子划船賽永遠不可能和男子划船賽平起平坐。而今在同一個水道，看到牛津－劍橋女子划船賽登場，這現象並非一夕造成，而是積年累月多人的努力，終於讓這盛事在二〇一五年開花結果。儘管當天我們淺藍隊（劍橋隊）輸了，但那場比賽的意義遠遠超過誰贏了比賽，更在乎的是男女平等、進步以及挑戰現狀。唯有等到比賽的意義超過結果，我們才能開始看見體育更大的影響力與潛力。

許多傑出的公益組織與慈善基金會透過贊助體育活動，協助他人、解決當地與國際上的重大社會問題。我看到這些機構透過足球教育兒童了解波士尼亞的地雷危機，看到體育激勵弱勢兒童探索自己的潛能。從這些諸多實例，我發現體育（以及運動員）若能與更偉大的目的／使命相連結，往往能發揮出最佳水平。不只一位奧運金牌選手告訴我，他們為慈善機構與基金會所做的，讓他們的生活更有意義，超越之前圍繞比賽打轉的生活。

想清楚存在的目的、以及隨其而來的社會責任感，需要我們發展更廣泛的視野，和周遭世界產生連結，這些與三C中的第三個C（建立連結）息息相關。沒有一個人可以光靠一季的業績就實現自己的人生目標，也無法單靠一個組員就總結得出作為團隊一分子的意義。

觀點：什麼是時間性（timescale）？在不同的時間性裡，成功的特徵是什麼？

對自己提問是建立觀點的關鍵。與其關注短期目標以及短期內要履行的約定，我們不如考慮這些短期目標能激勵我們追求哪些較長期的目標。與其把注意力集中在我們認為能夠實現夢想的某個風光時刻，例如獎牌落袋、升職、通過考試等等，不如放眼未來，思考這些長期目標對我們以後的生活有何意義。自問：當你成功後，世界會是什麼模樣？其他人會如何體驗你想推動的改變？然後回到今天的現狀。你今天可以做什麼，為自己的長遠發展預做準備？你今天投資哪些東西可能在短期內得不到任何回報，但是對於實現你的目標至關重要？你要如何評估並進一步發展這些領域？新的觀點與見解往往在危機時刻出現。問題是必須持之以恆地培養觀點，以便精進決策、知道拿捏輕重緩急、做出合理回應等等。

觀點舉足輕重，足以影響我們的思考、行動以及與他人的互動，然而我們有多常思考以及有意識地培養觀點？透過想清楚存在的目的，定義「什麼才重要」，已開始擴大成功與勝利的意義，亦即成功不再限縮於拿第一這麼狹隘的範疇。從我們新增的觀點看待成功，則進一步擴大了成功的範疇。我們已看到一些人的故事，拿到金牌後感到空虛、賺了鉅額的薪資與大筆獎金仍不滿足，顯示在某個時刻完成一次性目標或一次性里程碑，不足以視為有意義的成功。就連有些活動，本質上看似以一次性「輸或贏」為特色，如奧運等，若比賽不能與奪牌那一刻之外的重要事情產生連結，一樣被認為缺乏意義，無法提供滿足感。

長勝思維從兩個方向拓展我們的觀點：一，與上面討論的長期存在目的有關；二，思考我們如何在每一天找到成就感，但不看結果與成效。如果我們只關注短期目標或是一件事的期限，那麼很

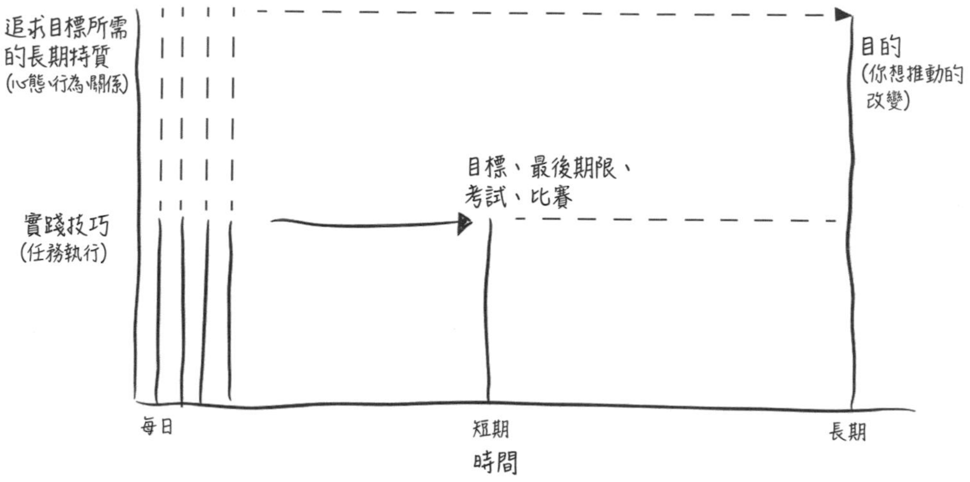

多事**不用**我們今天花心思投資，諸如溝通、嘗試、深化關係等等。反之，如果我們把今天連結到長期的目標，那麼今天的成就感需要你投資於有利於實現長期目標的關鍵事情上，包括建立可合作的夥伴關係、嘗試新的做事方式、投資時間思考。

培養重在表現的心態（performance mindset）

這種思維模式符合運動心理學出現的重大轉變，而且也已應用於許多菁英競技運動的訓練與比賽上。我相信，當我決定返回划船隊三度進軍奧運時，它大大影響了我對於表現以及成功的思維。

我尤其記得某屆世界盃比賽，當時的我在國際賽事上鮮有勝績，但我那次卻贏了比賽，再次體驗到勝利的滋味，感覺開心又鬆了口氣。我們根本沒有划出最佳實力，結果卻令人滿意。我更常碰到的經驗剛好相反：划得賣力，結果卻不盡如人意。我們把船扛回岸上，和教練會合時，他看起來不怎麼開心，對我們說：「結果不錯，跟我說說表現吧。」

我們還沉浸在勝利的喜悅裡；周圍的物理治療師與後援團都在為我們歡呼，準備過來給我們一個抱抱。他們趨前靠近我們，結果聽到教練與我們的對話並非單純的道賀與讚許後，立即有了猶豫之色。

我們感到很委屈，也有話要說：我們贏了比賽，這不是我們所求的嗎？隨後的對話讓我了解，贏得比賽並非重點，也終於了解重新定義成功的意義何在。

我們一開始不知道該如何回答這個問題，於是繞了好幾圈，談論贏了比賽後感覺有多開心，但教練愈來愈不惱怒了，指稱：「結果是不錯，但我們來談談表現吧……大家說來聽聽。」

這下我們突然明白他的用意，開始認真回答他的問題：**一開始很好；做到了我們一直努力練習的重點。但是從起步到節奏的轉換，我們並未照計畫進行。我們過了起航線，衝刺了一會兒，每分鐘下槳次數太多，找不到可持續的下槳節奏，我們知道得在奧運前精進這點。靠著強勁的順風，我們能在不損失太多船速的情況下快速前進，但是碰到其他情況，這招恐造成災難。我們的節奏匆促，難以對其他隊友做出反應，也沒有落實在訓練中練習的技巧，划出更穩健的節奏（每個人的下槳時間更長）。我們無法在比賽的中段做出任何動作，也無法嫻熟地因應水道上的風向變化。不知怎地，我們磕磕絆絆加速衝刺過了終點線，並一直保持領先。我們不可能再這麼僥倖得勝了。**

教練不太滿意我們的表現，但是他從我們口中得到了充滿反省的答覆，意味著我們能夠繼續下一步，討論如何提高下一次的表現。我們區隔了表現與結果。唯有分析了**表現**，才能開始獲得所需的資訊，掌握需要改善之處。唯有檢討**表現**，我們才能找出哪裡做得不錯，應該繼續精進，才能決定下一次培訓中，哪裡需要做些改變。但是比賽**結果**完全不會告訴我們這些。反之，結果讓人分心，對接下來的學習與進步毫無貢獻。

區隔「表現」與「結果」漸漸成為多數菁英運動選手的第二天性。這並不是說，結果不重要，事實上，絕非如此。但是這個區隔承認了，要獲得更好的結果，就是專注於提高影響選手表現的所有因素。結果永遠無法獲得保證或受控，而是取決於　系列的外部因素，包括天候、裁判、更不用說你的對手了。我是過來人，親身體會到，坐在起航線的賽船裡等著交出最好的表現，完全不同於感覺自己非贏不可的心境。求好與求勝是兩個天壤之別的心態，接下來的表現通常也是如此。

在二〇〇三年的米蘭世界划船錦標賽上，凱瑟琳和我擊敗所有對手。相較於任何一場世界划船錦標賽，那天的我們已把贏遠遠拋出腦海。我們只專注於表現過程而非最終結果。我們擺脫期待，一心一意地划槳，不受即將揭曉的結果影響。兩者的區別微妙但重大，對於壓力下的表現有非常正面積極的影響。

距離終點線幾米處，我們後來居上，領先了三支船隊。我們的船劃過水面飛速向前，我全神貫注，就連船越過終點線後，都不知道自己人在哪兒。我抬頭找回方向感之前，打心底感到喜悅，因為我們的表現到達了巔峰，兩人的默契已到出神入化的地步，彷彿不費吹灰之力，船就勢如破竹地加速前進。這也是我為何願意每天早起，在船上連續幾小時接受苦訓。

等我真的抬起頭來，馬上進入習慣性動作，抬頭看著大螢幕，對成績做出反應。當然啦，我們喜不自勝，因為結果完全不在我們預料之內，加上這是我划船生涯裡難得的一次亮點。毫無疑問，相較於我歷來的成績記錄，這次我終於能大鬆一口氣，畢竟這個世錦賽給了我自己（以及他人）長期以來想要看到但苦等不到的肯定。不過我最珍惜的還是終點線之前的經歷。那是我每天苦訓所要承受的，是我喜歡划船的原因，讓我多年來能夠每天二至三次、一週七天無休地練習划船。此外，我也認為，如果你沒有愛上某個運動，卻想要在比賽中獲勝，幾乎是天方夜譚。只是想要獲得世錦賽金牌或是坐上奧運冠軍寶座，這想法非常危險。

置身於當下、熱愛你正在做的事、不管這事會把你帶往哪裡，這才是比賽的重點，也是這股強大又積極的心力，能大幅增加你的幸福感、優化你的表現。這明明是雙贏，但諷刺的是，卻被忽視，因為大家執迷於結果，拚了命也要贏。我們自小就知道，遊戲與比賽不受大人重視，但是贏了比賽卻受到重視。我讀了太多選手的受訪內容，包括板球選手、足球運動員、奧運國手等等，他們參加競技運動比賽的經驗，扼殺了他們對運動的興趣與快樂，導致心理健康出問題，有的被迫提前退役，有的選擇休息一陣子，簡單地玩玩球棒、球類、船槳，重新點燃對體育的熱情。

我認識不少菁英競技運動選手，但是純粹出於熱愛運動而成為運動選手的人士當中，只有一位最接近這個標準，他就是傳奇運動員戴利・湯普森（Daley Thompson）。他曾是兩屆奧運十項全能的冠軍，是英國歷來最成功的運動員之一，我想這絕非巧合。他實在太享受運動的樂趣，因此退休後繼續鍛鍊，和朋友、之前的競爭對手在巴特西公園的跑道健身。他捐出所有的獎牌，因為這些金屬製品不會令他開心。被問到為何退休後還固定跑步，他總是會反問：「我為什麼要停止能讓我非常開心的事呢？」但是回顧一下體育評論員以及觀眾曾如何批評甚至譴責他玩心太重，對體育不夠認真，不符合勝利者與英雄應有的形象，想來還滿有趣的。他們完全忽略了，面臨壓力壓頂的時刻，保持玩心的能力正是湯普森厲害與過人之處，並締造了他輝煌的運動成績。我們在雪梨奧運前接受魔鬼般的苦練，每一節訓練都使盡全力，我記得他當時對我說了：「你們太認真了，必須多些樂趣！」我當時無法理解，心想一個以獲勝為目標的運動員怎麼會「太認真」呢？現在看來，這建議真是一語中的。

抱著好玩的心態，心無旁騖地投入正在做的事，這是進入「入神狀態」（in the zone）的關鍵，是一種「身與意合、物我兩忘」的流動狀態，有助於超常水準表現、減壓、創意。[11] 運動心理學家支持運動員遠離「被結果綁架」，[12] 轉而擁抱當下、接受（關注）自己的思緒和感覺，而這些可透過練習正念靜觀（mindfulness）而提升。

身入其境，以及「進入入神狀態」牽涉到的大腦腦區，不同於戰或逃的緊急反應腦區。在「物我兩忘」的心流狀態，是一個非常充實的心理體驗：無懼於失敗、完全沉浸在活動本身。這狀態超越時間限制，與內心信奉的價值有關，不在乎外界的標記或結果（它類似於心理學家亞伯拉罕．馬斯洛〔Abraham Maslow〕所謂的「巔峰體驗」〔peak experiences〕，是正向心理學的一門學派，也是運動心理學的近親）。儘管「進入入神狀態」通常能順利贏得體育比賽，但大家必須了解，能讓比賽精彩的心理狀態，是一種完全不在乎勝負的心理狀態。[13] 我發現這方法也是喜劇演員即興表演的核心。企業想辦法提升員工的創意思維與溝通能力，有時候會邀請喜劇演員，協助員工重新活化大腦裡和玩樂相關的區域（**這部分可能在就學與工作時被壓抑了多年，直到現在才有機會擺脫牢籠**）。我記得有一位喜劇演員對著分成幾個小組的經理講話，要求他們講故事，每個人輪流登場，但一次只能講一個字。這個挑戰很刺激，因為你無法控制故事的走向，完全得看接下來的人怎麼接，一聽完就得立刻回應。幾個組帶動了氣氛，玩得很開心，組員完全融入活動中，認真地聽其他人說什麼。但是其他組別裡，有些人忍不住指點，試圖控制故事與故事的走向，結果搞得自己以及組裡其他人意興闌珊。有些人試圖想出「聰明策略」，卻往往是幫倒忙，導致小組毫無頭緒。總而言之，這位專家分享了即興表演的基本規則：「你必須為了玩而玩——而非為了贏而玩。」

但媒體繼續無情地關注勝負結果。過去數十年來，我們所見、所讀、所聞並沒有實質進步，儘管菁英競技運動的選手與教練不論是關注重心、訓練方式、心理建設、敘事內容都有了轉變。若你開始搜尋，會常發現體育採訪中反其道而行的現象。大型的世界錦標賽之後（諸如世界盃、大英國協運動會、奧運等），記者習慣問選手，對於拿到第一、第二、第三、第四、第五……（低於第五名的，很少被記者採訪！）有何感覺。選手的回答多半集中在表現上，而非名次上，這符合上述重在表現的心態。他們在乎自己是否拿出「個人最佳表現」，而非結果與名次，因為他們首重思考與分析比賽時的表現。他們希望能繼續學習與精進，把剛剛的比賽中學到的教訓，應用在下一場比賽。

英國泳將亞當・佩蒂（Adam Peaty）是一百米蛙泳的世界記錄保持人，他摘下二〇一八年大英國協運動會金牌後接受專訪，我記得他當時說，他對剛剛的表現不滿意，有些事沒有做對。記者感到不解，心想他都拿了冠軍，怎麼會有問題呢？佩蒂似乎也不解為何記者聽不懂他的話。佩蒂的重點是表現，哪些地方做得不錯，哪些需要改進。對他而言，表現出色和贏得比賽根本是兩回事。他知道自己表現有些地方不盡如人意，但他無法解釋。幾天後的另一場比賽裡，他只拿到亞軍，終結了四年來的不敗記錄。

比賽之後，記者以為佩蒂會失望，所以緊張地問他，對於長期不敗記錄畫下句點有何感受？這次佩蒂心情樂觀多了：原來他找到了不盡如人意的地方。第一次比賽雖然贏了，但未能發現問題所在，現在他更清楚，他與教練有信心可以解決這個問題。記者與亞當・佩蒂之間再次出現心情與語言不在同個頻率上，顯示在乎表現已成競技運動員思考與呼吸的一部分，但是少之又少的外人理解或接納這點。

足球經理人在賽後受訪時通常會被問到以「贏球」為中心的問題——「你對輸掉那場比賽有何感受？」或是「你對今天得分（或失分）有什麼看法？」足球經理人以前習慣在賽後採訪中談論

在積分榜的排名、需要的得分、贏球時要開心輸球時要沮喪。他們彷彿一直在搭雲霄飛車，上下起伏。多數足球經理人現在的答覆會以表現為主，不太提及得分或失分，而是關注球場上的表現：「防守不錯，但是在前場沒有創造足夠的機會」，「中場很強，但是我們得在防守上下工夫」。在重表現的心態下，無論結果如何，總有一些表現發揮得不錯，但也有些地方需要加強。

我參與牛津－劍橋校際划船賽已有多年，學生時代是划船隊員之一，後來加入執行委員會，並擔任主席。若你每年收看電視解說員的評論（我也是其中一位解說員），一些用語每年都會出現在牛劍的經典划船賽裡：「這是泰晤士河上的一場角鬥」、「非贏即輸」、「第二名什麼獎也沒有」、「勝者是英雄，敗者一無所有」。不僅是在解說時會使用這些描述，這整個世界似乎也難以避免地被輸贏思維所定義，但是我看到這思維如何箝制了表現。

回顧我們如何為劍橋女子划船隊預做準備，參加二〇一五年首次在歷史悠久的泰晤士河潮汐水道（Tideway course）登場的牛劍校際女子划船賽，為了這場萬眾矚目的比賽，我發現我得先提升運動員的心理素質。我是過來人，知道重表現的思維如何提升了在奧運的水平，因此我對這些充滿戰鬥意味的傳統敘事打上了問號，看不出這種敘事如何能幫助學生發揮最佳水準，反而反其道而行。近兩百年來，關於你爭我奪、非贏即輸的二元文化與神話對於輸了比賽的學生造成一蹶不振的傷害。這真是沒道理。我知道我們有時不得不輸，但我們會努力找出辦法與策略，盡可能提升速度。其實如果某隊一直贏，那樣的比賽也不好看，持續不了太久。根據運氣與天分的自然循環率，一方不可能永遠立於不敗之地，所以我們得認清，什麼叫贏得漂亮**以及**輸得漂亮。是的，「輸得漂亮」，要說出這話，還是挺難的。

我很清楚我們得重新定義勝利，勝利必須包括：讓隊員在划船比賽時發揮最佳實力、讓每個選手的潛力充分被開發、廣泛精進寶貴的生活技能（這些技能被辛苦的體育訓練以及嚴格的學業要求磨了出來）。身為劍橋的划船隊，我們得心懷雄心壯志，而不僅僅是擊敗牛津大學的女子划船隊（儘管那是一年中最大的賽事），否則我們會自我設限，將我們的標準與對方的標準緊緊綁在一起。如果我們放任自己坐上贏了興奮、輸了沮喪這樣上下起伏的雲霄飛車，我們就無法支持划船隊的學生發揮她們的潛能，也無法逐年提升我們的水準。當然，如果當天船隊輸了比賽，心情難免會低落，基於同理心，我們也感同身受。但更重要的是，想想比賽時的表現距離最佳水平還差了多少，了解哪裡做得不錯，哪裡做得不太理想，以便供下一年的計畫參考（無論輸贏）。最重要的是，學生一個賽季下來，能否將所學所獲（諸如韌性、自我意識、一輩子的朋友等等）應用到人生裡。

英國奧運划船金牌名將班．杭特－戴維斯（Ben Hunt-Davis）在他的書裡《它會讓船划得更快嗎？》（*Will It Make the Boat Go Faster?*）闡述，將「表現」與「結果」一分為二對於他的划船隊有多重要，一步步成功地改變划船隊友的心態與行為。過去將近十年，他所屬划船隊在世錦賽與奧運的成績，連續維持在第六至第九名。重視表現甚過結果之後，他們徹底改變了訓練方式，在二〇〇〇年雪梨奧運，取得讓人驚豔的成績，也是一九一二年以來，摘下奧運男子八人單槳賽第一面金牌的英國划船隊。⑭

在奧運摘金之後，以媒體為首的反應都集中在他們輝煌的成績上。班與隊友加入了菁英運動的贏家俱樂部，掛著獎牌受訪，站在領獎台上的畫面也被頻繁播出，但是多數報導忽略了班與隊友為何能在比賽中勝出，這才是他們不凡之處。他們摘金之後，有一陣子走到哪都帶著這面金牌，例如受邀在晚宴演講時，會把它拿出來示眾。但是他們餘生都不離身的東西，其實是為了這面金牌所做的努力與經歷。他們調整了心態與路線，著重在表現上，將時間與精力聚焦在重要事物與可掌控的領域。班本人找到了一個致勝之道，成了他後來開公司的基調，希望能改變企業看待績效的方式。他與划船隊友的成就遠遠超過了雪梨奧運的表現，但是媒體報導以及介紹他們背景的簡歷上，似乎只承認與肯定他們在雪梨奧運摘金時，那個風光卻狹隘的一刻。

大家喜歡親手摸一摸奧運獎牌。這些獎牌似乎有一種魔力，一來因為太稀有，再者代表了成就以及圍繞得獎人的故事。奧運冠軍往往是企業會議與活動的演講嘉賓。幾乎所有冠軍都有一個成不變的故事——吃盡苦頭與挑戰，最後高唱凱歌。但是我認為這些活動與選手漏掉了一個關鍵竅門，因此觀眾聽了他們的演講，除了短暫感到激動與士氣大振，我不覺得大家學到了受益良多、念茲在茲的價值，因為這根本不符合科學佐證的學習方式。我們需要聽到各種與表現相關的故事，而非公式化的「英雄之路」。只有這樣，我們才能開始認真思考這些冠軍選手的故事對我們有何意義，進而學到對我們生活加分的心法。

在二〇〇三年，英國公益團體「青年體育基金會」推出了一個專案，確保奧運選手受邀到學校演講，不會只露面一次，講完自己的故事就走人。基金會明白，雖然演講能給學生一些「暖意」，但不足以改變學生的行為或心態。該專案刻意要求每位選手在六個月期間，至少到校兩次，並結合學生參與的活動與專案。儘管這麼做還稱不上理想，但是能將選手的奧運經驗結合到學生每日的學習與校園生活，有助於將重視表現的做法落實到學生的經驗裡。

學會將眼光放在較長遠的目標，方式是重視表現甚過結果，這改善了運動員的成績與員工的工作體驗。泰瑞莎・艾默伯與史帝文・克瑞默（Steven Kramer）的研究證明，若企業經理希望改善員工的工作心情、參與程度、創意等，應將注意力放在每天工作上取得的進展，而非結果。艾默伯與克瑞默進一步發現，何以問題重重的管理與士氣低落充斥職場。他們分析了一萬兩千篇工作日誌，描述每天工作裡有哪些重要事項，從中透露員工「內在工作心態」覺得哪些事重要。其中「在有意義的工作上（員工在意的工作）取得進展」對員工最具正面積極影響力，其次是這種進展獲得肯定。「建立」關係也同樣重要。達到目標、亮眼的年度業績、獲得獎金等反而沒那麼重要。「協助（他人）順利改變，幾乎是維持良好內在工作狀態與強勁業績的保證。」⑮

重視表現的心態與做法，對於那些只關注結果的人而言有莫大好處，不過矛盾的是，這得他們願意給自己一段時間，停止一味地關注結果，才會發現重視表現的好處。但若認為這是唯一的好處，那就錯了。將「表現」置於「結果」之上，也會改變所在環境裡大家的價值觀，並改變所有參與者的經驗。若所處的環境裡，**如何**致勝才是重點，那麼貪腐、作弊、使用禁藥、霸凌等做法，在成功的路徑圖裡完全無立足之地。若**如何**致勝才是重點，「表現」重於短期的「結果」，那麼我們的時間觀也會開始跟著轉變。

長期主義（long-termism）

只要我們不再靠著短期結果證明價值與意義，就可開始理解自己打的是長期戰，得採用不同的方式善用我們的腦。社會哲學家羅曼·柯茲納里奇（Roman Krznaric）解說了人腦各個腦區，供我們選擇性開發：其中他稱之為「橡果腦」（acorn brain，額葉）的腦區擅長長期思考與規畫，有個腦區適合短期回報。⑯ 面對氣候危機、合成生物學、全球大流行疾病、人工智慧等問題，需要我們提前幾十年甚至幾百年思考因應之道。

我們已明白時間性對於如何看待成功以及由此衍生的行為是多麼關鍵。若政府任期只有四年，自然會以四年或不到四年的時間規畫可取得的成就，但這會與處理全球性問題脫節，因為全球性問題顯然無法在四年內「被解決」。在商業界，從股市研究報告、公司季報、乃至公司年度循環等，莫不要求短效，導致難以配合長期的存在目的以及影響力，儘管證據顯示，長期下來，後者才能提升公司的營收與價值。

愈來愈多團體與組織努力想辦法，改變西方社會這種重視短效的趨勢。例如在二〇一九年，艾瑞克．萊斯（Eric Ries）成立長期證券交易所（LTSE），試圖協助企業以新穎方式募資，讓企業能追求長期的表現而非短期的速效。他在《精實創業》（*The Lean Startup*）一書裡指出，過去二十年，申請公開上市的公司總數下降；公司因為飽受短線投資者施壓，出現了許多問題。因此他決定提供另一種選擇，替實業家降低這個主要障礙。⑰

在二〇一七年，「包容性資本主義的基礎項目」（EPIC）召集了三十多家全球性企業，共同設計以及實驗一個架構，協助公司衡量與報告自創的長期價值。這個為期十八個月的合作計畫，結合了「包容性資本主義聯盟」（Coalition for Inclusive Capitalism）與安永會計師事務所，用意是轉變對於長期價值的思維。企業依然根據一九七〇年代以來的會計原則與概念，向金融市場發表報告。EPIC在二〇一八年的報告發現，公司價值被記錄在財務報表上的比例僅有少少的二〇%，遠低於一九七五年的八三%。該報告也指出，一般公司的真正價值多半反映在難以衡量的抽象面向，例如創新、文化、信任、公司治理等等。⑱

世界經濟論壇的「國際工商理事會」與「四大會計師事務所」（Big Four）合作，落實一套辦法，可衡量長期的持續性及其對全球的影響。這個辦法與實現聯合國可持續發展目標相結合。在二〇一九年，世界經濟論壇創辦人兼執行長克勞斯・施瓦布（Klaus Schwab）主張擺脫以GDP作為制定經濟決策時賴以參考的「KPI」，改而擁抱獨立的追蹤工具，用以評估《巴黎氣候協定》、《永續發展目標》的進展，並落實「利害關係人」（stakeholder）資本主義，靠的是確保工商界的報告涵蓋了經濟、社會、治理等影響。這些用語顯示，思維已經轉向，朝永續性、長期價值靠攏，不過要在職場裡感受到這一點，還有一段長路要走。大家需要放下許多舊思維，或是換上新的定義。

在二〇一八年，英國活動家艾拉・索特馬什（Ella Saltmarshe）與碧翠絲・潘布洛克（Beatrice Pembroke）推出「長期專案」（The Long Time Project），靈感來自於跨部門氣候變遷委員會公布的一份讓人傷心欲絕的報告。他們點出了個人短期利益重於未來集體利益之上所造成的傷害，並矢志支持發展「更長遠的生存意義觀」，用以改變我們的行為方式。[19]

面對全球民眾的焦慮，我們不願面對，變得愈來愈短視。問題是，短期思維的井蛙之見，導致我們做出的決定可能意味著，我們只想到自己，只剩一個短期目標。

索特馬什與潘布洛克也強調了文化對於培養遠見的重要性。包括「深時」（Deep Time）在內的觀念挑戰我們看短不看長的思考模式，深時這個「深」意味著深不見底，是一種地質時間觀，用以形容地球年齡（經推斷大約四十五・五億年左右）。

跨世代聯繫也能提供更長遠的視野。有些原住民文化，例如北美洲的伊洛魁（Iroquois）部落，強調與綿延久遠的世世代代建立情感上的聯繫，激發族人肩負起照顧未來世代的責任感。南達科他州的奧格拉拉科塔（Oglala Lakota）原住民部落，在行動與決策時，「心裡想到有七代人和我們坐在一起」。[20]

加州大學柏克萊分校在工程系開了一門新課程，命名為「學習優秀祖先那樣思考：到底我們研發的技術有什麼意義」，這做法顯示，工程系開始建構全新、更廣泛的視野。劍橋大學成立了「存在風險研究中心」，研究可能導致人類滅絕或文明崩潰的風險，希望能未雨綢繆找出減輕風險的辦法。牛津大學設立「人類未來研究所」，是一門打破學術藩籬的跨界研究，涵蓋數學、哲學、社會科學等領域，是一門「有關人類及其前景的全方位研究」。[21]

成立「未來世代研究網」（Network of Institutions for Future Generations）的用意是分享資訊，廣傳全球各機構有哪些出色的做法，有利於促進負責任、永續長期的治理。該研究網從分析政府開始，發現：威爾斯請了一人擔任未來世代專員；英國有一個關於未來世代的跨黨派國會小組；芬蘭成立未來委員會。在二〇二〇年，伯德爵士（Lord Bird）向英國國會提出「未來世代福祉草案」，希望將長期思維納入決策過程。福祉已成為蘇格蘭、冰島、紐西蘭政府的核心。但是在其他許多國家，這做法還在剛萌芽的階段，多數還停留在政治辯論。

美國非營利組織「今日永恆基金會」（The Long Now Foundation）成立於一九六六年（**或是在其一萬年時間框架中的〇一九六六年**），是一個長期的文化機構。它倡議「更慢／更好」的思維模式，與今日普遍的「更快速／更便宜」的心態截然不同，強調眼光看遠、獎勵耐心、與競爭者結盟而非選邊站。[22]該基金會已推出多個專案，包括一個長達一萬年的「今日永恆鐘」（Clock of the Long Now），將使用耐久材質建造、易於維修、靠再生能源提供電力。儘管已有一個原型在倫敦的科學博物館展出，但是今日永恆鐘的專案負責人亞歷山大·羅斯（Alexander Rose）解釋：「若該鐘在我有生之年完成，我們就做錯了。」[23]

該基金會也推出一系列研討會，討論哪些領域需要長期關注。這些辯論的初衷並非要論個輸贏，而是期望能培養長期的責任感，深入了解社會存在的重大問題。他們的辯論方式截然不同於傳統的政治辯論。有兩位辯手。第一位辯手上台，提出自己的觀點。下一位上台後，提出自己觀點反駁對方之前，得先總結前面辯手的論點，直到對方滿意為止。亦即，兩位辯手開始闡述自己的觀點之前，他們必須積極展現尊重與善意。直到第一位辯手同意第二位辯手正確掌握他所說，第二位辯手才能提出他們的主張。第二位講完之後，第一位辯手必須總結第二位的說法，直到第二位辯手滿意為止。這樣的設計，目的不是「辯贏」對方，而是在辯論結束後，對問題的理解比起辯論前來得更深入。這完全不同於牛津大學在內的辯論社做法，而大學辯論社是培養許多政治人物的搖籃。

長期主義要求我們改變思考方式，少點心思在每日「待辦事項」，多點心思在「蓋大教堂」（cathedral thinking）這樣的思維。這是一個生動鮮活的視覺概念，可以回溯到久遠的中世紀時期，當時建築師、石匠、工匠們制定計畫，然後開始建造大教堂，大教堂需要幾世代的時間才能完成，落成後，能存在幾個世代之久，提供子孫安全的庇護所、禮拜地點、村民聚會等功能。

蓋大教堂需要數十年的前瞻性計畫與準備，這觀念已被應用於太空探索、城市規畫、以及其他任何可嘉惠後代子孫的長期計畫。瑞典環保尖兵桑柏格呼籲用「蓋大教堂思維」因應氣候危機，指稱：「我們必須打好基礎，儘管我們可能還不清楚該怎麼蓋天花板。」[24] 有很多超未來思想家、深層生態學家、黑天思想家（black-sky thinkers）散見在世界各處，以不同的方式投入「大教堂科學」（cathedral science），重視合作、抱負、信仰、隨機應變等價值。

瑪格麗特・赫弗南描述了「大教堂專案」的重要性，稱它「最大程度地挑戰了我們對於看不見以及難以預測的未來能具備的想像力與應變能力」，但同時又揭露了「我們的能力，靠著發揮創意處理不確定、複雜、模糊、不可見的難題」。大教堂專案鮮少始於企業個案或工商計畫，這兩者著眼於振興經濟成長或是解決實務上的問題。赫弗南專訪了歐洲核子研究組織（CERN）的研究計畫主持人，發現他們的思維嚴謹，符合科學上一絲不苟的精確性，同時又很開放，接受即興發揮、反覆無常的變化、持續學習、反學習（unlearning）等等。大型強子對撞機的技術總監解釋了他們的工作方式：「你不能有主角配角之別。你要的團隊成員不是那些一心證明自己實力的人，而是努力了解其他組員的人，特點是能夠開放胸襟、願意分享、喜歡搜奇。他們不會一天到晚擔心結果如何，不會老是考慮到自己。大家必須分享知識，否則大教堂永遠也蓋不起來。」㉕這句話鮮活地印證，利於人際互動與建立關係的驅動力是想法與見解。

個人成功

我們先思考一下，自己對於成功有何定義與想法。大量的自學工具書建議如何「成為人生贏家」，但市面也充斥關於幸福快樂的研究。真是令人困惑、摸不清方向。

與其尋找答案，不如挑戰自己的既定看法，反而更有用。例如，在我們定義何謂個人成功時，該不該納入比較？就是非常值得拿出來質疑的問題之一。哲學家艾倫．狄波頓批評社會不接受「平凡生活」，從他的批評中，我們看到比較會導致層出不窮的心理健康問題。艾瑞克．巴克（Eric Barker）在《成功不再跌跌撞撞》（*Barking Up the Wrong Tree*）裡也對此表示贊同，指稱「喜歡和他人比較，努力成為相對成功的人，其實滿危險」。他建議，衡量幸福、成就、不凡、留給後世的遺緒時，必須要用到多個指標，也應該質量並重。㉖

追求物質上的成就是另外一個需要重新省思的領域。許多人把加薪、升職、中彩券視為追求幸福的手段，儘管不乏研究顯示，收入超過一定金額並不能提升幸福感或是情感上的滿足感。[27]二〇〇八年荷蘭一項研究發現，中彩券的幸運兒時隔六個月之後，並沒有讓家人覺得更幸福或比較不幸福。[28]該研究係根據一九七八年的經典研究，受訪者包括一群中獎幸運兒、一組對照組、一組因為意外而癱瘓的人。若你過於重視物質上的收穫，你可能認為，彩券中獎人和事故受害者之間會出現巨大差異。其實結果不然。彩券中獎人在中獎一年後，並沒有比之前更快樂。而事故受害人也沒有如你預期變得不幸之至。此外，該研究發現，旁觀者對於中獎等於幸福快樂、意外致癱瘓等於痛不欲生的錯誤解讀，才是真正傷害這兩組受訪者（彩券中獎人與事故受害者）的元兇。[29]這類的解讀讓彩券中獎人和事故受害者不易被周圍親朋好友接納，覺得自此有了距離，而這才是影響他們幸福快樂的最大因素。

這是從另一個角度看待上述觀點（**將表現與結果一分為二**），發現過於重視結果，會有嚴重的反效果。此外，該研究也強調，人與人之間的連結（不管結果如何）才是影響人生快樂指數的關鍵因素，而這帶出了第三個C，我們將在第十二章深入探討。

意外事故受害者的際遇比其他任何情況都更能鮮活地說明這個觀點的重要性（亦即表現重於結果）。為什麼失去一條腿的人，一年後會覺得更開心？因為他們有了另一個解讀人生的框架：他們慶幸自己能活著。他們改變了觀點。長勝思維鼓勵我們在意外或危機發生前，就能改變解讀成功的觀點，而非等到危機之後不得不改變。一如賽門．西奈克所做的結論，「……不管我們賺了多少錢，不管我們累積了多大的權力，不管我們獲得多少次升官加薪，我們都無法被公認為人生的贏家……」[30]

二〇二〇年，新冠肺炎疫情毫無疑問讓全球民眾對於人生觀產生了巨變，但這也給了我們改變觀點的機會，重新調整什麼才是人生要務，重新與自己的存在目的產生連結，重新與周圍社群建立關係。

國家衡量成功的措施

二〇二〇年全球衛生危機造成人生觀巨變之外，也撼動了政府與機構。新冠病毒疫情肆虐，把GDP與經濟成長率的重要性掃到了後面，迫使各國政府公開宣布，是否會將健康置於經濟之上。

一些國家已採用經濟以外的指標衡量國家的進展。紐西蘭率先將改善民眾幸福正式納入政府的優先施政，並在GDP裡增加了社會層面，包括教育、環境、健康等指標。冰島與蘇格蘭的領導人也通過了一項幸福議程，在傳統的GDP數據之外，搭配其他社會指標。時間將證明，全球大流行疾病、世人對氣候變遷有增無減的憂心、以及對其他社會議題（諸如平等、包容等）的關注，這種種現象是否會進一步催化全球政府調整思維與行為。

聯合國「可持續發展解決方案網絡」（SDSN）每年公布年報「世界幸福報告」，深入研究影響自我幸福感分數高低的因素，結果發現，最重要的因素是社會支持。當然，經濟富裕以及預期壽命也很重要。社會支持、經濟富裕、健康長壽這三要素讓我們能以更平衡的角度分析何謂成功的國家，而這方式拉近成功國家與現實生活的關係。[31]

開發「有意義的衡量指標」，不會只看GDP，漸漸擴大辯論的範圍，也挑戰之前對於成功的諸多定見。但是政治和商界領導人需要有遠見的領導力，才能擺脫根深柢固難以撼動的現狀。

想清楚什麼才重要，這是個持續的過程，畢竟層層的意義需要被抽絲剝繭。沒有一個一體適用的公式，但只要不斷地自問「為什麼」、一再挑戰別人的定見希望能擴大成功的標準、以及試著將眼界放得更遠，這些都有助於我們展開更有意義的對話，讓我們想清楚成功對我們的意義。我們需要時間問自己這些問題，檢討與挑戰我們的反應，然後加以調整。給自己一些成長與調適的空間，這點和長勝思維的第二個C（**持續學習**）與第三個C（**建立連結**）有直接關係：正是透過與他人的對話，我們才能進一步想清楚何謂成功，並改用其他方式一起行動。

總結何謂「想清楚」

一、不斷地問自己問題，釐清什麼才是重要的事。
二、建立存在的目的感（使命感），想想自己可以對其他人發揮什麼影響力。
三、成功的標準取決於過程（how）而非結果（what）。
四、拉大成功的時間長度。
五、思考什麼會讓你的人生充滿意義，以及什麼會充實你的未來。

第11章 超越獎牌與成績：持續學習如何影響長勝思維

除了結果，我還能得到什麼？

當我重返划船隊，我知道沒人能保證我一定可抱回獎牌。我甚至不見得能再次入選奧運國家代表隊。我只知道，只要心態正確，就能學到以前沒有學到的東西，可以更廣泛地發揮自我，挑戰自己的思維、定見、信仰、偏見，學習如何與周遭人建立關係。我帶著更大的遠見重返划船隊，這樣的視野不僅出自近十年在國際賽征戰累積的經驗，也受惠於在外交部任職所建立的全新觀點。我也空出一年的時間完全離開菁英競技運動，重新思考、評估什麼對我最重要，並與之重新產生交集。不管結果如何，重返划船隊以不同的方式再拚一次，會讓我學習甚多。

利物浦足球俱樂部在二〇一九年備受矚目的歐洲冠軍聯賽決賽，登上歐洲之巔後，媒體大肆報導此役的重要性，以及之前大家對於該隊能否奪冠的諸多質疑等等。這些質疑主要是針對該隊的總教練尤爾根．克洛普（Jürgen Klopp），我至今還記得他在當時那場決賽後接受英國廣播公司專訪所說的話，在一片狂歡的背景下，他冷靜地說道：「贏球是好事，真的很酷，但勝利不是一切，我更關心未來的**發展**。」就連在這亢奮的勝利時刻，克洛普雖肯定球隊贏了比賽，但繼續談論他更有意義的角色：培養球員，不僅讓他們成為能贏球的優秀足球選手，也成為優秀的人。媒體又一次忽略他答覆的重點，回到他們習慣炒作的成績與戰果。但是新一代的足球經理人開始有了比贏球更偉大的抱負，這有助於他們提高球隊的表現成績，而且長時間維持不墜。

長勝思維擁抱學習，將學習融入生活、工作與玩樂。持續學習不管放在哪一種情況，都有加分作用，可以在充滿挑戰的時刻，激發積極向上的動力與韌性，在快節奏的世界裡，幫助你調適與創新。學習是一輩子不間斷的活動，不同於學生時代的上課或是被公司派去參加研習。終身學習需要我們積極主動接收新訊息、尋求反饋、傾聽其他觀點、挑戰自己的定見。它不只是確認哪些流程需要改善、哪裡可以提高效能，而是一種更深層次、較不明顯、但卻十足重要的學習面向，包括了解周遭的人、他們的經歷，以及他們工作、學習與受訓環境的文化。

不管你是否看了有關韌性、績效、領導力方面的最新研究，有一個主題反覆出現：學習重心在於求進步，有效管理壓力、挫敗、逆境，以及隨機應變周遭不斷更新的世界。沒人有所有的答案；沒有一位領導人可以精準預測未來；再也沒有標準的正確答案。能夠在瞬息萬變世界裡持續發光發熱的人，必須是能夠快速學習、創新、整合之前各自為政的領域、溫故知新、反省、調適的人。美國未來學家兼企業名人阿爾文．托夫勒（Alvin Toffler）數年前曾預言：「二十一世紀的文盲不是那些不會讀寫的人，而是那些不學習、不反學習（忘記所學）、不重新學習的人。」[1]

如何培養持續學習的心態？上學、報名進修、上班，不代表我們在學習。學習端賴積極主動的求知，或是要具備在第五章卡蘿．杜維克所言的「成長型心態」。我們如何打造有利持續學習的環境，協助他人每天都有旺盛的學習欲？什麼樣的習慣可以確保我們每天學習不輟，不會因為工作量、壓力、成績而中斷學習？你會如何善用反饋？誰可對你提供反饋？你是否還在評估「結果」

或「表現」？你想好下次什麼事會以不同的做法呈現嗎？還是繼續玩甩鍋遊戲？你有什麼樣的定見與偏見，以至於在開會、推動專案、做決策時可能會阻礙你以及他人學會其他辦法？如果我們不怕失敗，樂於學習與冒險，心理上的安全感是必要的，但是我們有多努力（刻意）在我們周圍創造心理安全感，所以其他人敢大聲說出自己的想法，以及質疑現狀？我們清楚自己組織（和家庭！）的群體想法嗎？我們要如何察覺以及改變它？我們如何支持以及鼓勵周圍的認知多元性（cognitive diversity）？

提問真的是學習之本。別害怕讓三歲小孩的本質現形，不停地提問可以拓展你自己以及周遭人的思考範圍。你上一次閱讀是什麼時候？你最近一次發現到某樣你之前絕對不會感興趣的事是什麼時候？而我最愛的問題可能是：你最近一次做你沒做過的事是什麼時候？

我們如何學習？學到了什麼？

拜神經科學與心理學之賜，顛覆了我們對於什麼才是有效學習方式的看法。你大概以為，我們的學習和教學方式也應該徹底改變了，但事實不然。大家早就明白，被動學習（坐在教室裡聽老師授課）是很糟糕的學習方式。這教法能被保留的知識不多，能被轉化為行動的知識更少。然而你不用太費力就能發現世界各地的中小學、大學、學院裡，多數學生仍花大量時間在被動學習上。

由於我們的經濟過去主要是靠雇用大量員工的企業支撐，特色是大規模生產、重複的作業，員工只要照上級指示執行指令，無須獨立思考，所以這類學習方式在一定程度上有其效果。但是這種學習方式已無法嘉惠二十一世紀的家庭、學校或工作場所。

我們的學習**方式**（how）與學習**內容**（what）仍存在著很大的脫節，需要我們正視。由商學院以及工商雜誌主持的多項調查發現，企業領導人一再表示，業界最需要（也最缺）的能力是領導力、創意、創新與協作。[②]然而孩童、學生、就業人士可從哪裡學習以及培養這些技能？

我們已看到「成長型心態」的重要性，這也體現在杜維克的研究裡，這種心態讓我們願意學習、有能力因應挫敗、以及探索潛能。成長型心態將學習過程置於成績之上，吻合我們上一章重「表現」而輕「結果」的做法。

杜維克的教育研究廣被應用到學校、企業與體育界（倒是政府機構、決策過程、政治人物的從政路上，對這概念感到陌生。如果有機會，這個概念有絕大機會積極影響這個世界）。薩蒂亞·納德拉（Satya Nadella）二〇一四年接管微軟時，發現已成形的企業文化有個致命缺陷：太多固定心態的思維與行為，成長型心態的思維與行動不足。他的當務之急是翻轉微軟的企業文化，從「無所不知」進入「無所不學」。[③]

杜維克花大把時間周遊列國，參觀各地的組織與學校，這些機構肯定她倡議的「成長型心態」，認為非常出色，希望能落實，也認為已做到了，但實際不然。許多學校裡，教師們深信成長型心態是對的，只不過他們所在的體制裡，完全仰賴成績進行排名、評估學習成效，這讓他們陷入左右為難的局面。他們想培養學生具備成長型心態，但不得不為了達到體制要求的結果而妥協。影響所及，成長型心態的教法被弱化，久而久之便沒落並消失。

在一些組織裡也可以看到類似的模式，這些組織希望員工樂於學習、培養新的能力、挑戰現狀。但員工仍得接受各種指標的查核與評估：短期銷售數字、毛利率、合規性等等。反觀在職場跌一跤獲得的寶貴經驗與心得則完全不被記錄與重視。再次證明，這又扼殺了員工的成長型心態與思維。

我們對待失敗的態度是關鍵。「損失規避」的心態（loss aversion）會導致我們害怕失敗，盡量與失敗保持距離（見第二章）。再加上文化懲罰失敗，尤其當失敗可能有損短期結果之虞。影響所及，抑制了維持成功久久不墜所需的學習。愈來愈多研究希望進一步了解失敗，因為失敗明明是成功之母，卻不斷受到懲罰，導致大家習慣掩蓋失敗、誇大成功。馬修．席德的暢銷書《失敗的力量》（*Blackbox Thinking: The Surprising Truth About Success*）完整指出了失敗的重要性，指稱無論是在工商界、一級方程式賽車、還是生物進化，願意與失敗打交道，是追求進步與卓越的關鍵。④「失敗學」（failure science）是門不斷進步的新興學科，其中有個研究剖析了三個不同領域的案例，分別是獲得醫療機構提供資金贊助的研究計畫、退出市場的新創企業、恐怖組織如何讓攻擊造成最大傷亡，三者一致強調，可從失敗經驗獲得寶貴的學習，也一致點出「幾乎每個贏家都是從輸家變來的」。⑤電商巨擘亞馬遜的執行長貝佐斯（Jeff Bezos）信心十足地告訴股東：「如果你的失敗規模不夠大，你的發明規模不可能帶出實質重大進展。」⑥

所謂的「創業心態」（entrepreneurial mindset）在企業界被廣泛討論。許多實業家豐富的學習經歷完全出自傳統教育體制之外，其特色包括了敢冒險、勇於嘗試，此外他們也不受典型專業、技能、學科領域的限制。與成功的創業家對談時，顯而易見他們樂於學習、渴望以不同的方式做事、不怕嘗試新的東西、努力發揮創意等等，這一切在傳統教育體制內，十之八九以失敗收場，淪為後段班學生。我相信，我們應該設法縮小創業思維與傳統教育之間的差距。非常成功的創業家阿里．艾許（Ali Ash），他出自不同的背景，描述什麼是「沒有盡頭的勤學者」（infinite learners），以及傳統教育方式面臨的挑戰：

很多人經歷……教育制度，深信拿到了文憑、學位，一切到此為止。我認為，現在是終身學習的世界，要成為沒有盡頭的勤學者，隨時保持學習、自主學習。自主學習是你能不斷成功以及創造不平等優勢的利器。⑦

在體壇，「表現思維」講究的就是快學與持續地學。多次獲得奧運金牌的自行車高手克里斯・霍伊（Chris Hoy）是英國代表團的成員，該隊以創新、求變聞名。有次比賽，他又打破了世界記錄，賽後受訪時被問到奪冠的策略，他說，該隊總是在求變，嘗試新的做法。霍伊說，改變一個失敗的公式很容易（大家都這麼做），但是改變一個勝利的公式需要勇氣。而靈活的思維是不斷開發潛力以及保持高水準表現的必要條件。同樣的道理也存在於工商界，這可從亞馬遜的「第一天」精神得到印證。第一天精神要求你「耐心地實驗、接受失敗、播下種子、保護樹苗、看到客戶開心時更要加倍努力」。⑧柯達與諾基亞也明白地告訴世人，無法積極調適會有何下場。

運動員都知道，得不斷想出新方法加快速度，由於體能有限，一味地加強體能訓練很難找到突破口。在職場也是如此。一味地拉長工時，無法改善員工的參與程度、產能、成績，更遑論企業文化或員工的工作體驗。沒有一個運動員會相信，在健身房的通宵訓練有助於提升表現成績。但是許多律師、銀行家、諮詢顧問為了追求業績，常態性地通宵達旦工作。這種心態與思維關注的是短期效應，卻犧牲了培養創意與創新思維，也不利長期學習、隨機應變、整體的業績提升。

學習環境

西方教育制度歷久不變地關注於「把事情做對」，忽略了我們真正的學習方式。我們在校學到了法國的首都在哪裡，但是不會思考世上為什麼會有國家。

結構、誘因、獎酬清楚顯示組織重視什麼。若成功的定義是給出正確答案，那麼學習就是死背準備好的答案，然後考試時原封不動反芻出來。但是若成功的定義是探索新的思考方式，那麼學習就成了提出一流的問題、展延思維、挑戰既有的思考模式。

大衛・艾波斯坦（David Epstein）解釋學習為何應該涵蓋「必要難度」（desirable difficulties）——短期而言，一些障礙能讓學習更具挑戰性，減緩學習速度，但長期而言，學習更具成效。過度的暗示可以提高即時的表現，但不利長期進步。「深度學習代表放慢學習」，但並非很多學校或職場能理解並接受這點。[9]

學習的另一個要點是「產出」（generative），即學生「產出」答案，而非被動地吸收與學習正解。蘇格拉底對他的學生就是用這種方法。事實證明，不管被問之後給出的答案多麼不正確，這方法都能夠提高學生後續的學習成效。「學生對自己的錯誤答案愈是有自信，他們日後學到了正確答案時，愈能深入記住正確訊息。」[10]沒有提示、不從旁協助，這樣的訓練可能給人感覺學得慢、過程錯誤百出，但事實證明這是有利持久學習的最佳方式，可以靈活而廣泛地運用。事實證明，重複的機械式練習學習效果不如摸索。短期的複誦只會有短期的好處。但是這並非我們大多數人的受教經驗。許多教育環境仍難以接受「最佳學習之道是慢學，其實現在學得荒腔走板是必經的過程，以後才有更好的表現」。[11]

我仔細觀察一些出色外交專家在談判桌上的表現，其中一個特質讓我受益最多，就是耐心。匆忙推進進程，步調太快讓別人感到不安，整個談判架構恐怕弱不禁風、像紙牌屋一樣一碰就塌。無論是經驗老到的警察談判人員處理巴格達的人質挾持危機；還是政治談判人員努力拉近巴爾幹半島國家與歐盟的距離。無論結果如何，這些談判人員莫不保持持續學習與定期檢討的習慣。每次對話、討論、交流想法時，都能激發更多可深挖的訊息。我們沒有可參考的現成答案，但是若我們保持開放的心態，總是可以想出新的解決方案。

許多組織都需要靈活的應變思維，但是這在教育體系裡並非常態。儘管二〇一五年國際學生能力評量計畫（PISA）的排名表顯示，「靈活適性教學」（adaptive instruction）是預測積極教育成果的第二大因素（僅次於財富）。換句話說，基於學生需求的教學，優於規定大家在一樣的時間、以一樣的方式、學習一樣的東西。芬蘭的教育體制強調多元性，包括評量與教學都以多元性著稱，確保整個教育體制保持靈活適性的做法。學生設定自己具體的目標，校方評量一定以學生的長項為基礎。

持續學習的心態需要大環境支持，包括重視、支持以及鼓勵好學的行為。「知識就是力量」的迷思遍存於組織裡，導致一些抑制學習的行為，想法與意見無法被分享，合作精神被打壓，吸收新知的重要性優於改變思維、勇於嘗試與追求創新。

許多公司聲稱自己是好學型企業，但是鮮少公司積極培養或支持學習型行為，將其置於完成任務的短期目標之上。更少的公司肯定學習不倦，並將其納入評量成就與獎勵的指標之一。就算公司肯定持續學習的重要性，通常也只承認傳統的「資格」。這往往意味著取得傳統資格的人更有機會被網羅、升遷、獎勵與肯定，但是知識就是力量的迷思，讓你老是與廣泛的世界無緣，也錯失了諸多有利學習與探索的方法。

同樣的矛盾也存在於學校，正規教育習慣將更多注意力放在分享固定的知識，而非支持學習、探索與發現。一個教育體制若理解改變的必要性，也願意接受改變，就會有更多專題式的學習與作業（project-based work）。北歐國家的學生在校時，大部分時間都花在專案小組裡，學習如何合作、成長、互助、挑戰彼此的思維、一起冒險與嘗試。在富國俱樂部「經合組織」（OECD）的會員國中，丹麥的學生最常以小組方式進行專題式學習。小組合作占了作業與成績很高的比例，教師特別重視小組互動的品質以及各個學生所做的貢獻。這樣的學習延續到大學，作業往往要求學生兩、三個人一組共同完成。口試的比例遠高於筆試，口試的過程中，除了評量對方的知識，也可以交流與探索想法成形的過程與合作的經歷。反觀筆試，往往只重視知識的層面。

合作式學習（cooperative learning）的定義是「一起完成共同的目標」，[12]這並非全新的概念，但是還有一段長路要走，才能被許多國家的教育體制所接納。學生如何互動往往是教學中被忽略的一環，但這對於學生的學習成效影響甚大，也會影響他們對學校、同儕、自我的觀感。艾菲．柯恩的研究力挺這個學習方式：「若說有個畫面，可具體超越互斥的目標達成量表，這畫面就是三四個孩子圍著一張桌子而坐，活躍地交換訊息和想法。」[13]就我所知的領導力課程中，很多公司要求開設「如何與團隊溝通」、「如何進行有難度的對談」等課程。顯而易見地，若能在年幼時學習這樣的課程，可讓自己終身受益。

在更進步的教育體制裡，自我評價、主動性、懂得選擇等，也扮演更大角色。在科技的協助下，荷蘭學生在歷史課上，可以主動選擇他們想學習的年代，以及想要關注該時期哪些面向。這種將自主權與選擇權納入學習的體驗中，大幅提升了學生的學習動機。

我一直感到不解，英國所有學生所讀的英國史幾乎大同小異：知道維京人和羅馬人，也曉得都鐸王朝和斯圖亞特王朝，但是要學生指出在這些時期，任何一個十年期事件，卻沒有人知道，更別提事件之間有哪些經濟、社會以及文化方面的差異。僵化的課程限制了一個國家所能學的歷史量，這根本沒道理，畢竟一個國家明明可以集體一起研究整個英國史，並貢獻不同的觀點。課堂過分重視政治角力、戰爭、英雄、國王與王后。大家分享所知時，發現知道的東西大同小異，這就像馬修·席德在《叛逆者團隊》（*Rebel Ideas*）中所言，大家知道的幾乎差不多，所以「每個人聰明是聰明、但一群人在一起卻變笨了」。⑭

儘管大家普遍承認，互動與體驗式學習是學習的重要支柱。但在組織中，互動與體驗式學習仍得和被動式學習並存，顯見對於怎麼做才能成功轉變心態與行為，並透過這種轉變提高領導能力與成績表現，仍未獲得該有的重視。令人沮喪的是，我常看到領導力課程中原本用於反思以及試做的時間，很快就被犧牲，挪作教授內容，完全不顧一味地硬塞知識會有什麼實際後果。由於得評量學習以及培訓課程的（短期）成效，因此大家把注意力放在內容與「可以打勾」的關鍵項目上。但是知識取得很大程度只是在浪費時間，阻礙許多高管在職教育計畫，無助於有意義的學習、提升個人成長、之後推動職場的改革等等。普遍的統計顯示，僅一〇%的學習能轉化為行為上的改變。⑮其他的研究也估計，七〇%接受培訓計畫的人，一年後又回到之前的行為模式。⑯

除了培訓課程學到的東西，鮮少有充分的後續追蹤與支援，協助學員將所學付諸實踐。改變並非一蹴可幾，習慣需要時間改變。然而鮮少企業有系統地安排輔導或是請直屬經理支援，協助員工將所學應用於職場。而一般正職也鮮少提供充分空間，讓員工有持續學習的環境，鼓勵員工勇於嘗試或是善用回饋調整做事方式。我聽過許多主管因為抽出工作時間學習而對同事表示內疚與歉意，因為已經把時間挪於學習，幾乎不可能再擠出時間消化所學，以及分享所學的心得。這只會進一步破壞所學的收穫，不可避免地回到以前的行為模式。

客製化的學習尚未充分應用在職場、學校、球隊俱樂部。菁英運動隊明白，透過建立球員的個人檔案以及客製化的訓練，才能更有效地開發選手的優勢與長項，進而提高他們的表現成績。在職場，領導力課程仍過於標準化，所以每個領導人所接受的訓練內容大同小異，儘管他們的背景以及工作經驗各異。這反映該文化重視制度，而非制度裡的個體，強調的是一致性而非多元與創意。

我覺得說來諷刺的是，當我在英國學校與「特殊需求教育」相遇時，發現與標準教育完全相反的客製化教法。學校較不那麼關注課程與一成不變的知識，教師可自由發揮，關注學生的需求和性向，結果學生反而有不錯的表現，出現最大的進展。因為降低對「結果」與成績的關注，孩童有了個人化的學習計畫。我覺得費解的是，我的孩子若有特殊需求，卻可以得到支持與後盾，發揮他們的潛能。但我的孩子沒有特殊需要，卻得學習他們被規定要學的東西，而不考慮其他任何因素（**當然啦，若選擇退出體制內的課程與考試制度，有額外需求的孩童將完全拿不到日後被大學「錄取」所需的「門票」，因為他們稍顯特殊的技能與能力無法被評量而被低估**）。

我們的學習目的也會影響我們學習的方式與內容。一項研究顯示，相較於注重個人發展的人，重視勝利與競爭的人，從學習經驗、行為、乃至表現等等，都有顯著差異。看重學習更甚於表現要超越他人的人，相較於看重拿第一的人，更樂於合作或是協作。他們也比較不卑不亢，和他人能保持緊密連結。[17]再次證明，在學習的過程中，看重「表現」還是看重「成績」，會出現截然不同的結局。

一旦心態與環境都做了調整，以成長為目標、持續地學習、接受失敗是人生必要的一環、將個人發展置於優先地位（而非一直和他人比較），那麼我們的學習會更有效率。為了讓我們持續走在這條正路上，有許多有助於「保持學習」的工具與策略。

持續學習的行為：教練、反饋、反思、邊際效益

「教練」（coaching）模式已推廣到學校、體壇、組織裡，反映大家愈來愈重視學習的方式，儘管至今還無法百分之百了解學習是怎麼回事。約翰・惠特默（John Whitmore）是倡議教練模式的先驅，他將教練定義為「釋放一個人的潛能，引領他們做出極致表現。教練是協助學員學習而非教育他們」。[18]

高階主管教練與團隊教練的工作與角色是支持職場學習，但通常輔導對象只限於高階領導人，而且通常是短期的，與規模更大（成本也更高）的成套發展項目相比，只能遙遙落後在第二位。組織通常口頭上會說，他們支持教練文化，但是對於這領域卻投資不足，因此無法好好開發經理以及領導人的能力，導致文化與表現出現不良後果。

這其中也有一些誤解。由朱莉亞・米爾納（Julia Milner）與川頓・米爾納（Trenton Milner）主持的研究發現，主管認為他們在coaching員工，其實他們在發號施令或是微管理（micro-managing），老愛用「你為什麼不做這個？」「你先做這個」之類的命令句。[19]但是教練模式包括傾聽、提問、提供意見回饋、展現同理心、肯定並指出輔導對象的優勢、讓被輔導的對象自己學習解決問題（**後面這一點是習慣發號施令的主管最難克服的挑戰之一**，**卻是最重要的能力之一**）。

這也反映了體壇面臨的挑戰。體育教練已進步甚多，他們認識到互相支持、以提問為導向的教

練制才是正道，目的是讓運動員為自己而學，不再是教練一個命令、選手一個動作。這提升了選手在壓力下的表現、拚勁與決策能力。但是你仍可輕鬆就近發現教練（或家長）在場邊對著選手大吼大叫，指揮他們該怎麼做！

我經歷過這兩種模式，可以坦率地說，體驗天差地別，對於比賽場上的表現也影響甚巨。要有效地消化教練交代的一連串指令，老實說知易行難。你希望做到指令的要求，也認為自己如實地執行指令，但經常聽到教練對你咆哮，罵你怎麼老是說不聽，你沒有空閒探索哪裡出了問題，這遭遇無助於開發或激勵潛能。但是當你被問到有何看法、被逼著釐清問題所在、思考力有未逮的破口在哪裡，然後開始在教練的輔導下，自己想辦法彌補——這又是一種完全不同的體驗，大幅拓展了你的實力、應變能力與自信。不過值得注意的是，若你習慣了聽命行事與固定答案，可能需要一些時間適應這種自己拿主意的方式。

一如教練模式，意見回饋是另一個耳熟能詳的概念，可惜實踐成效不彰。意見回饋的成效因組織而異，在某些情況可能極具殺傷力，在其他情況又非常地正面積極，每每讓我感到訝異。

在菁英體育界，意見回饋是我們日常互動的重要一環。在奧運划船國家代表隊裡，意見回饋圍繞如何提高船速打轉。這並非針對個人，就是針對還能怎麼做以便提高船速。如果大家有共同的目標與求勝的願景，那麼提供回饋意見鐵定會容易些。反之，若意見回饋是針對個人，多少會讓人覺得有威脅性。意見回饋有賴互信的關係，才能開誠布公地對話。我們很快可看到3C如何緊密連結、彼此支援。

每個人都同意，有更多的辦法可提升速度，畢竟我們現在的成績和我們設定的目標之間存在著距離，至於如何縮小差距，沒有一個人有全部的答案。我們划船隊未將意見回饋區隔成「負面」

或「正面」兩大類，這點不同於我後來在職場的經驗。在划船隊，所有的意見回饋都是為了提升船速，不管回饋意見時用的是什麼方式（有時候態度的確會有些衝），但是我們在意的是可以從回饋的意見中學到什麼。

意見回饋來自於圈子裡的每個人，包括隊員、教練、支持我們的專家（如運動心理學家、營養師、復健師、生物力學專家、醫療小組）等等。我們也向外尋求回饋。我會請益退役的運動選手，也會諮詢和我一樣起步較晚的運動選手，作為我的學習對象。

我一開始進入公務部門任職時，訝異於他們完全不同的回饋方式。首先，回饋少之又少。其次，沒有人喜歡提供回饋或想要得到回饋。第三，感覺很尷尬，有時也難以理解其相關性。四（也是最要命的），回饋感覺像是人身攻擊、品頭論足。第五，回饋被污名化，因為讓人聯想到績效考核，而不良的績效考核往往導致員工表現失常、士氣低落。績效考核也鮮少得到信任，關注的是員工過去的敗筆而非未來的潛能。我服務期間，嘗試想進行一些改革，但是一如許多組織，當局不太花錢提升高管的管理能力，協助高管提升對話能力，進而了解績效考核的「目的」。一如教練輔導，不當的回饋會降低學習成果，不利提升表現。

我常反思，相較於體育世界，為什麼在職場建立一個有建設性的回饋文化如此困難。過時的考核是一部分原因，但不止於此。就像任何技能一樣，回饋也需要定期練習。任何一件事，若想做得好以利表現，都需要練習，這是不變的道理，當然也包括如何提供以及接受回饋。我們練習、檢討、調整我們提供回饋的方式，一如我們划船隊會練習、檢討、調整該如何下槳。

回饋是豐富的學習資源，而且近在眼前——組織裡有這麼多人提供實用的資訊以及相關的經驗。然而，我們有多頻繁地主動向他們請益？組織神經科學專家研究我們的大腦接收回饋時的反應，發現負責應付「威脅」的腦區經常亮燈。但是當你主動尋求回饋、決定自己需要什麼、該何時以及向誰請益時，專家們看到了大腦不同的反應。這種主動性讓我們的大腦避免做出「受到威脅」的防禦性反應，防禦心會降低我們的接受能力與學習能力。一項研究顯示，因為過去糟糕的經歷，導致「回饋」被污名化，暗示我們竟然落到要向他人「請益」的悲慘地步。我不介意「feedback」該怎麼稱呼，只要我們能觸及並善用身邊有利學習的資源。

回饋的好處往往取決於你的心態，如何反思、評估、理解回饋的內容，將其轉化為另一種思維與行為方式。過去十年來，在我參與的所有領導力課程中，見識到反思被追捧的程度有增無減，讓我非常訝異。一開始，學員被問到「你最想從這個領導力課程學到什麼？」，答案不外乎「反思的時間」。學員都是高階領導人，參加的課程多半不便宜，結果他們求的只是有足夠時間反思；不過他們的公司卻希望這些課程能灌輸他們更多知識。這充分說明了領導人的工作環境嘈雜、「忙碌」。這也透露了，儘管許多高層意識到反思的重要性，也應該多花些時間反思，但是許多人發現，將反思融入他們的角色困難重重，公司也幫不上忙，反而會扯後腿。

美國航太總署花了兩年時間，簡報歷來的任務，巨細靡遺總結學到的心得，包括一開始的意見回饋以及事後的深度見解和經驗談。太多領導人宣稱他們閒暇的時間比我們任何一個人都少，首先浮出腦海的包括比爾．蓋茲與巴拉克．歐巴馬，他們擠出時間，思考、閱讀、反思，以便持續精進思考方式。反思與檢討是我在體壇最大的收穫之一。我們不只是檢討船速，也檢討影響表現的所有因素，諸如彼此的溝通與協作方式、心態如何影響表現、如何達到學習極大化的成效。

無論結果如何，我們都會檢討，努力找出哪些地方做得不錯，哪些地方需要改進。這也適用於日常訓練與比賽。不管輸贏，檢討都照樣進行。贏了比賽若沒有回頭檢討，會錯過學習的絕佳機會，不曉得哪些因素是成功的推手。若只在輸了比賽後才檢討，給人感覺更像是批鬥大會或是獵巫行動，因此不易做得好，畢竟輸了比賽，檢討時難免充滿情緒以及負面感受，這只須在操作時下點工夫就可改善。意見回饋可以提供堅持下去的士氣與拚勁，防止表現高高低低起伏不定，而起伏過大係因你放任結果主導情緒、經驗與學習。

英國女子划船好手凱瑟琳．葛瑞格與隊友安娜．沃特金斯（Anna Watkins）在二〇一二年倫敦奧運拿下一面金牌。安娜透露，在頒獎典禮、藥檢、賽後的記者會一一結束後，兩人坐上一輛計程車，抵達英國廣播公司的攝影棚，接受更長的專訪。安娜擁有數學博士學位，熱愛試算表單，因此在車上拿出了隨身攜帶的表單，四年來，她們用表單定期檢討表現。有人可能會想，奧運比賽在她們划過終點線之後便已落幕，但是她們重視表現與持續學習的心態並未畫上句點。檢討與學習已經深入她們的基因，養成了時時檢討與學習的習慣。

這顯示，持續學習的心態重新定義了何謂成功，不會僅靠一次的比賽成績（不管你是不是第一個越過終點線）就決定成敗，而是放眼更長、更大的世界，持續地成長，兼顧每一次的比賽以及更長期的表現。這種持續學習的觀念也意味著，越過終點線之後，比賽還是進行式（continuum）：比賽不是定生死的懸崖峭壁，因此運動員能夠在高壓下盡情發揮，拿出最佳表現。又是一個雙贏的結果！

這心態同樣適用於職場。若學習只是偶一為之，僅為了爭取短期的發展機會，或是過於重視結果，那麼一個人日積月累下來的進步與潛能會大打折扣。

另一個持續學習的行為是邊際效益，微小改善有助於成為持續進步的動力，還能成功地和行動的目的產生連結。邊際效益鼓勵團隊或組織裡每一個人找出小小的進展，同時也辨識哪些是足以改變輸贏的重大契機（**前者往往能為後者鋪路**）。每天改善一點點的心態是英國奧運代表隊成功轉型走出谷底的關鍵。在一九九六年亞特蘭大奧運，英國的獎牌數排名是三十六名，金牌只有一面。在二〇一二年倫敦奧運，金牌數大幅躍升到二十九面。到了二〇一六年里約奧運，獎牌數已高居世界第二。這主要歸功於大衛・布雷斯福德爵士（Dave Brailsford），他是英國白行車隊的比賽表現總監（performance director），把邊際效益的做法發揮到極致，也將英國自行車隊陸續在北京、倫敦、里約奧運賽上交出傲人的成績歸功於它。但邊際效應其實廣泛應用於奧運的各個層面。例如，選手會自帶枕頭參加比賽（掌控一小部分的環境，對於他們的睡眠、恢復體力、身心狀態都有好處）；養成積極的衛生習慣減少訓練和比賽時被感染的風險；借用一級方程式賽車的風洞測試，改善自行車與雪車選手的頭盔，減少風的阻力；邊際效益的精神是鼓勵每個人都做出貢獻，實現整體追求的目標；每個人的貢獻都很重要。每個人都有責任勇於嘗試，積極分享所學的心得，這包括了從運動項目之外吸收到的想法。這種學習方式催生了積極向上的動能，這精神也擴散到整個英國奧運代表隊，讓大家以前所未有的各種方式建立連結。

邊際效益反映了二戰後日本企業採用的流程，可用日語「kaizen」（改善法）一詞概括，意思是連續不斷地改進、完善。這是「豐田汽車管理法」的一部分，強調每天持續不斷地改進，直到整體企業取得巨大成就。這個構想並非新聞，但是將其應用在我們生活中不太明顯的環節，例如心態、行為與人際關係等等，卻是鮮有人著墨與分析，若能善用，可以進一步改善我們生活方方面面的表現。

值得注意的是，持續學習的精神是希望我們享受隨學習而來的成長與進步，而非用終身學習來評斷自己或他人，或是暗示自己永遠都不夠好。有時候，我看到這個做法被體育界與工商界扭曲，認為一個人持續學習是因為能力不足、不願接納自己、不認可自己的價值，他們不斷地學習，卻沒有感覺自己在進步。這不符合學習的真正精神。在長勝思維裡，學習是為了在不斷變化的世界裡持續成長，探索自己尚未被挖掘的潛力與可能性，包括失敗也是學習的一環。

學習是「一輩子的挑戰，也是一種機會，透過學習從中發現意義與目標」。[20]職場、學校、家庭都需要打造有利持續學習的環境，在這個環境裡，思考模式、行為、互動方式都可以放心地被探索、質疑、發展。學習不是與世隔絕的活動，它需要我們加入學習的團體裡，讓自己和他人**建立連結**，這也是長勝思維裡的第三個C（也是最後一個C）。

總結何謂「持續學習」

一、哪些問題最能讓你廣泛學習，提升思維方式、行為、人際關係？

二、積極培養成長型心態：了解自己每天什麼時候是自動駕駛狀態（固定心態），什麼時候對學習採開放態度。

三、想辦法為自己以及事業打造持續學習的環境。

四、花時間與金錢培養學習型行為，包括教練、反饋、反思、邊際效應思維。

五、反思自己該如何調整過去所學，想想哪些應該忘掉或是重新學習。

第12章 以人為中心：建立連結對長勝思維的影響

這不能只是我一個人的事。

我重返划船隊，準備第三度進軍奧運，我知道我無法單打獨鬥。我也知道，不管結果如何、能否拿到獎牌，我將終身銘記與他人一起打拚的經驗以及這期間所建立的關係。這需要我改變思維。心態上有了轉變，完全是自然而然的現象，意識到這一點，我鬆了一口氣。但這不容易做到，畢竟多年來我已習慣將結果置於一切之上，將受訓時周遭的環境置於感覺、情緒、經驗與隊友之上。

呼應希臘政治家伯里克斯（Pericles）的建議，「你留給後人的不是刻在石碑上的銘文，而是被織入他人生活的點點滴滴。」[1]哈佛大學教授克雷頓．克里斯汀生（Clayton Christensen）生前每年都會給畢業班提出建議，「別在意你們的個人成就有多高；而要在意你幫助的人是否變得更好。」[2]人際關係是協助個人與社會達到最佳狀態的關鍵。人際關係是『人類繁殖、繁榮的要素』，因為「我們希望能與他人建立更深層、更完整的連結，這點的重要性超過世上一切」。[3]

英國頂尖曲棍球選手艾麗克斯．丹森（Alex Danson）曾是世錦賽與奧運場上的常勝軍，風光退休之後，她說「與他人的連結」是十八年職業生涯中最寶貴的資產：「不是獎盃，而是如何取勝、和你合作一起贏球的人、與你建立連結的一群人……我認為，人與人的連結才是標識成功的關鍵。」④

關於復原力（韌力）與健康幸福的研究無不承認「社會資本」的重要性，這種資本來自於安全、具包容性的環境、親友、以及支持我們的人。我們不是靠獨立面對難關、克服挫折來展現自己的韌力，而是靠主動向外求助、向他人取經學習。人際關係會決定我們的日常生活，不論是工作夥伴還是家人，會直接關係到我們的幸福感，讓我們覺得自己被關心了嗎、覺得能夠顧好自己了嗎。

建立連結早在我們很小的時候就已開始。心理學家歐力克（Terry Orlick）對兒童做了廣泛的研究，發現「人與人之間的合作經驗是發展心理健康的最核心要素」。⑤這點也適用於我們的一生，但是我們在生活中有多大程度地優先考慮以及有意識地發展優質的人際關係？我們可以反思一下，在自己的家庭和社群中，我們與誰的關係最緊密？以及為什麼？有默契的連結、合作、協作在日常基礎上是什麼模樣？我們需要怎樣的心態與行為才能做到這一點？我們可以想想他人能如何與我們的目標相連結？如何與我們的努力相連結？與其簡單地在「待辦事項」清單上打勾表示完成，不如自問，我們做了什麼，為自己和他人創造了可茁壯成長的環境，以及我們希望一起生活與共事的人有什麼樣的體驗？最後，思考一下我們還能與誰建立連結，進一步豐富我們的生活層面？

建立連結

建立連結是結合三個C的黏著劑。若一個團隊的組員沒有連結，很難「**想清楚**」為什麼與該做什麼。若沒有和客戶、同事建立連結，不會**持續學習**新事物、預測新的需求、並為未知預做準備。

如果我們沒有把生活的方方面面建立連結，我們會喪失透過合作與協作實現目標的潛在機會。[6]

如果我們清楚明白，成功需要持續學習，透過教練輔導、意見回饋、挑戰現況等行為，那麼我們需要合作關係，以便促成並支援上述行為。唯有透過連結，我們才能吸收不同的觀點與另類思維，激發我們本身的潛能。

我們應該思考，為什麼連結、合作、協作、溝通順暢明明是一條邁向成功的路徑，到底是什麼橫亙中間阻礙其發展？儘管與世界各地的人建立連結（至少在技術上）已愈來愈容易，放眼西方世界，我們卻變得更孤立與寂寞，遠離群體、喪失社交能力、愈來愈焦慮、對人的敵意有增無減。[7]拜技術之賜，與他人的連結愈來愈容易，但品質與深度並沒有相應地提升。我們也必須承認，數十年來，職場、學校、社會上諸多非人性化的做法（例如作業流程、程序、制度的地位比人還重要），已造成衝擊。

建立真正的連結與工作關係，這關係會隨著時間而深化，不會只是膚淺的交易關係。管理學教授布芮尼·布朗（Brené Brown）將連結定義為找到「人與人之間的能量，彼此感覺能被看到、聽到與珍視；彼此都願意付出與接受，但不會指指點點；能從關係中獲得養分與力量」。[8]

外交工作的基礎是設法深化與夥伴的關係，並互相結盟，因此會與夥伴發生各種看似無法跨越的障礙，涵蓋了文化、語言、歷史、政治等領域，而能夠操之在我們手上的主要辦法是建立誠心的合作關係，合力找到克服這些障礙的辦法。

學習如何與人連結、交涉，結合了正規的培訓與在職訓練，時時分析周圍的人，觀察熟練的談判專家怎麼做，反思每一次的交涉經驗，想想如何發揮與調整自己的優缺點，以便進一步影響他人。沒有具體又速成的辦法，不管你的職涯進入什麼階段，學習都不能間斷。這次的交涉與談判有成，下次可能無效。我們學會變通與靈活，把握每次的交涉，不僅出席，也考慮當下浮現的機會，切勿預設事情會如何發展。總而言之，談判的結果十之八九取決於你和他人建立連結的功力。

我記得美國前國務卿萊斯（Condoleezza Rice）卸任前，訪問了我們外交部：她發表了鼓舞人心的演說，她特別點出，人脈與關係是攸關她任內談判成敗的要素。不管面臨怎樣的挑戰、無論問題多複雜、不管政策團隊多出色，若她不能在世界各地與她交手的人建立關係，談判不太可能有進展。

我還記得，第一次外派到波士尼亞首都塞拉耶佛之前，曾與一位睿智、經驗嫻熟的大使深談。他在巴爾幹半島的歷練豐富，對於當地的地緣政治有獨到見解，我希望能向他取經。但是交談中，他鮮少提到當地的歷史或政治，反而建議我，利用每次合作的機會，和對方建立真誠的關係。他的建言是，你永遠不知道誰在幕後有影響力，所以切勿低估對方或是驟下判斷。他給了我三條建議，若想與一開始自認和對方毫無共通點的人建立關係時可參考：

- **別被名片上的頭銜誤導**：想辦法了解他們究竟是什麼樣的人，別管他們是總統、參謀長、首席談判代表還是大使。找出是什麼讓他們早上願意起床？內心深處真正在乎的是什麼？被數小時或連續數天你來我往的談判搞得筋疲力盡時，究竟什麼對他們才是真正重要的事？
- **多聽少說**：為了達到上述目的，你得多聽。人幾乎都願意分享；問題是，你願不願意傾聽，聽到對方說了什麼，沒說什麼，怎麼說的，以及語言背後的含義。傾聽是發揮影響力與說服力的關鍵，儘管很多人還是認為說話與溝通才是關鍵。
- **找到彼此的共通點**：你很快會意識到你們沒有交集的地方（語言、歷史、政治、文化），但是忘掉這些，將注意力放在你們的共同點，總會有的：只是你得用心找，然後彼此才可能開始合作。

他的話一直迴盪在我腦海，不僅指導我的外交工作，也和我之後的工作與生活經歷息息相關。如果政治力介入，縮短外派人員的輪調時間、減少語言訓練、或是優先考慮短視近利的國家利益，那麼國際關係就會受到影響，全球合作的可能性就會降低。這些往往會回過頭傷害我們自己的利益。我們必須花心力深入了解其他國家的文化與政治，以利一起探索各種可能性。

建立連結的前提是，認識並了解一些較無形、不易衡量的領域，諸如文化、經驗、幸福等等，繼而相應地改變我們的思維、行為與關係。

文化、經驗與幸福的重要性

文化會直接影響「底線」，其重要性可見一斑，而這並非全新的概念。從安隆能源破產、到車諾比核災、乃至俄羅斯運動選手服禁藥醜聞，我們看到的例子不勝枚舉，證明文化在重大的經濟與社會災難中，扮演核心影響力。文化牽涉到更深層的思考與感受，在職場鮮少被公開討論，因為我們更習慣討論財務報表與KPI指標。將深度的思考與感受作為建立連結的途徑，是長勝思維的一環，也是我們以更長遠的眼光、更廣泛的視野重新定義成功必經之旅。

要扶植與改變一個文化得先了解並承認，除了表面聽到與看到的，得進一步挖掘更深層次的內涵。所以執行長與員工有約的對談，或是牆上貼的使命宣言，並不能清楚告訴我們組織的文化與作業方式。而是必須了解大家的感受、想法、經驗（這些會影響他們的思維與行為）、以及隨之而來的結果。

企業立刻就想藉評量指標了解一個主題。其中又以「文化檢查」（culture checks）與「參與度調查」這兩個工具最受歡迎，但是實務上，這些「快照」往往只能拍到某個時間點發生的表象。事實上，欲了解一個文化，須定期以及持續地蒐集資訊，這些資訊來自於正規與非正規的意見回饋。除了了解任務相關的內容與結果，也要主動探詢大家對這些任務的感受、組員最喜歡工作的哪些部分，哪些部分具挑戰性、哪些構成壓力、哪些令人滿意等等。把了解「文化」外包給市調或轉嫁給人力資源部門，其實忽略了組織裡每一分子都是塑造組織文化的一員，而組織文化會左右思想與行為。

組織發展學教授埃德加・沙因（Edgar Schein）在關於組織文化與領導力的名著裡闡述了文化有哪些不同層次。[9] 沙因列出了工作環境裡的文化層次，包括了「信仰與價值觀」（espoused values）——企業的使命宣言、企業在公司網站上公布的價值觀、領導人對該公司的演說等等，以及員工實際的體驗與感受。找出高層領導闡述的價值與員工的實際體驗，兩者之間有何差距，這是深層了解文化的首要工作。

我們與組織文化專家艾莉森・麥特蘭（Alison Maitland）博士合作，研究英國奧運女子划船隊的文化，我們採用了訪談、焦點小組座談（focus groups）、質化分析（qualitative analysis）等方式，利用隱喻的力量揭露更深層次的實際體驗與感受。有時確實不清楚不成文的規則，但是受訪者被問及團隊或辦公室的「十誡」是什麼時，會本能地做出回應，並敞開心扉，揭露更深層次的實際體驗。

這有助於我們進一步了解整個團隊的次文化，次文化是划船選手在巨大壓力下，能相互支持的核心關鍵。其中一些實際體驗涉及了更衣室的對話，隊員在更衣室分享彼此脆弱的一面，互相打氣，出了更衣室，這樣的行為並不可取，畢竟健身房是強調硬漢本色、高度競爭的環境。

我們的研究也凸顯環境中哪些環節對於女性存在敵意或不歡迎女性，諸如牆面上掛滿了男性運動員獲獎的照片；健身房裡，男性選手有優先使用權。有些領域，總教練可立刻做些改變，有些領域（諸如團隊的價值觀與行為），則可開始第一次地公開討論，讓大家認真而用心地交換意見，共創適用於未來的團隊文化。

在第六章，我們看到體育機構以及全國的奧運組織改變了敘事，因為領導人更清楚該如何發展表現重於結果的文化，這樣的文化既能提高表現又能激勵運動員。

愈來愈多報導指出，英國運動員在退役後轉業碰到難關，或是在比賽期間與比賽後出現心理方面的問題，因此英國體育委員會在二〇一六年里約奧運之後，成立了一個新的職位，名為「完整性總監」（Head of Integrity）。而今英國每個奧運與帕奧比賽項目都得接受定期的「文化健康檢查」，顯示文化是評量進展與成功的重要指標，抱回獎牌已非唯一標準。這樣的改變無法一蹴可幾，畢竟靠奪牌定義成功的文化已根深柢固，深入骨血。英國體育局主席、五次進軍奧運的名將凱瑟琳．葛瑞格一再強調，「不該是二選一，要嘛功成名就，要嘛有個非常健康的環境；實際上，兩者皆不可缺，你才能兼顧成績與健康。」[⑩]體育委員會主席這番談話顯示，已從只在乎獎牌，轉向「獎牌之外還要更多的東西」。這是謹慎的一步，擺脫一切只看獎牌的心態。有趣的是，這番談話還是把獎牌放在第一位，至於「更多的東西」指的是什麼卻語焉不詳，顯見要擺脫根深柢固的獎牌論成敗的敘事，並非易事。

英國體育學院在二〇一九年推出名為#More2Me的運動，鼓勵運動員追求平衡的生活，並鼓吹為退役後生活預做計畫的好處。要克服的挑戰是，如何讓這些倡議成為菁英運動員每日完整訓練的一環，而不是可有可無的附加項目。以及讓教練相信，這些倡議對提高表現至為重要，不輸重訓或是技能訓練。這需要運動員、教練、運動表現指導員、經理人等展開各種對話，並與體育之外的世界建立更緊密的關係，之所以這麼做，係因打心底想要探索體育有什麼潛在的社會影響力。

不管是基層還是菁英級的運動員，續留率都偏低，也讓管理機構和其他組織更加重視體驗與感受。研究了多種用以維持英國奧運代表隊競爭優勢的「邊際效益」，諸如人才識別計畫、投資新的技術等，而留住運動選手則是最新的措施。太多運動員在奧運後選擇退休，其實他們的運動生涯還可以更長。如果主事的單位能夠同時改善選手的體驗與運動表現，可能會發現更多的邊際效應。

蓋雷斯．索斯蓋特（Gareth Southgate）一直是高技能運動領域裡的楷模，願意嘗試不同的思維，也把文化視為優先要務。他接掌英格蘭國家足球隊總教練一職（**這是個苦差事，常被形容為比英國首相還難做**），並採取持續學習的路線，包括和奧運項目的教練、運動表現指導員交流。足球界之前一直看不起奧運，認為奧運是「窮表親」。反觀足球，有自己獨立的財庫、龐大的粉絲、品牌。但是索斯蓋特看見了奧運的運動表現有諸多創新，所以亟於借鑑。

在二〇一八年世界盃，作為「改造後」的英格蘭足球隊總教練，索斯蓋特接受訪問時，一定把「體驗」掛在嘴邊。他與之前的總教練形成強烈反差，因為他被體育記者與媒體追問對世界盃有何目標時，他一再重申「體驗」一詞，希望球隊與後援團能夠擁有。記者對這回答似乎有些困惑，雙方雞同鴨講，不在同一個頻率上，因此記者又問了一次：「教練，你覺得什麼叫成功？是進入十六強？八強？還是四強？」再一次，索斯蓋特重申他的目標：希望球員與後援團能夠在這屆的世界盃擁有「最佳體驗」。他知道，如果球隊與後援團能夠獲得最佳體驗，他們會發光，發揮出最佳實力。若他們拿出最佳表現，會讓他們占據最好的位置，有利取得最好的成績，再者要時時留意不確定與不可控的因素（球門橫梁與裁判只是其中兩個例子）也會影響結果。

令人印象深刻的是，索斯蓋特清楚知道自己身為領導人的角色是支持並激勵球隊與後援團（他言必稱兩者），讓他們能在過程中得到積極正向的體驗。其餘的（例如結果）則順其自然，非他能掌控。令人訝異的是，習於舊式思維的體育記者以及其他人，多麼難以理解這種新語言。索斯蓋特與球隊在二〇一八年的世界盃取得英格蘭國家隊二十五年來最佳成績，證明了這種思維的確能在實務中發揮高效。

英格蘭足球隊領導人的行為有另外一個引人矚目、讓人耳目一新的改變，身為總教練的索斯蓋特在英格蘭隊與哥倫比亞隊緊張無比的十二碼罰球PK戰決勝負後，自發地對PK大戰時不幸未進球的哥倫比亞球員表示同情。當英格蘭球隊其他隊員、媒體、球迷都為英格蘭隊淘汰哥倫比亞隊、打進前八強歡呼雀躍時，索斯蓋特卻發揮同理心，與對手的一名選手建立連結。此外，儘管球賽**還在進行**，但索斯蓋特同意甚至堅持隊員法比安．德爾夫（Fabian Delph）應該打道回府，陪妻子分娩迎接新生兒。索斯蓋特此舉為世界盃打了一劑溫情針（這與許多不那麼開明的經歷形成了鮮明對比，例如奧運選手告訴我，他們在海外受訓時，無法和接受剖腹產的妻子通電話，一起迎接新生兒，因為那時間剛好和受訓課衝堂，但他們不得請假）。

「體驗」的重要性也出現在其他許多情況。在工商界，大家爭搶「人才」，能否留得住人，攸關創新與公司名聲，也對公司發展多元化、包容性的環境扮演重要角色。在教育界，由於學生在校體驗會影響該大學的排名以及自費學生的推薦，所以大學不得不重新思考與大幅改組。藉由關注他人的「體驗」，我們能更深入地洞察到深層的文化。這些見解能提供我們機會，積極地塑造與影響文化。

此外，文化與連結也是我們在職場、學校、體育界發光的基礎，至於發光的程度得看我們是否有心與意願，花心力關注彼此的幸福與健康。⑪

盟軍出兵伊拉克期間，我以外交官身分外派到伊拉克一個軍事基地，這是我待過的工作小組裡，最具互助精神的團隊。儘管我們有做不完的工作（**戰爭狀態下，工作沒完沒了**），我們每天一定互相報平安數次。我們一個小組有四至五人，不分等級，對於幾乎每天都會發生的砲火，我們有簡單的標準作業流程：警報聲大響後，立刻躺在地上，穿上防彈衣（或是迅速移到安全地點穿上防彈衣），用無線電互相聯繫，一旦警報解除，再次聯繫確保彼此都平安，然後繼續工作。我們也會在每天晚上碰面。當然我們都沒有家人，也無家可回，但在這樣危機四伏的環境中，大家並未把平安順遂視為理所當然，我們主動關懷照顧彼此，不管彼此的身分或位階，這點給了我們極大的慰藉。遺憾的是，我調回倫敦，「正常」伏案工作後，沒人再這麼做——不管當天發生什麼危機，或某人出現什麼個人難解的問題。我們選擇（**或不選擇**）與他人建立連結，並主動表示關懷，結果會截然不同。

二〇二〇年疫情危機可以說加速了大家對身心健康的重視與理解，尤其在定義個人與專業成就時，身心健康扮演了重要角色。由於還不習慣在家工作，加上得保持社交距離，因此大家似乎覺得他們這下被開了綠燈，能在會議開始時，先與同事互相問好，交換感受與心情（**令人驚訝的是，許多公司將開會時詢問彼此的近況作為開場白，覺得這是有利身心健康的新做法**）。之前是什麼因素阻止了這種做法常態化？為何需要等到大流行疾病爆發，大型藍籌公司才願意提供線上正念冥想課程以及輔導課程？

體育界試著重新定義高競技運動的文化是什麼模樣，避免我們在前幾章提及的各種導致士氣低落的環境，例如虐待、打壓心理健康等等。大家愈來愈重視身心健康與幸福感，但是運動選手又必須接受嚴謹的訓練，以利改善運動表現，讓其在能力範圍內將實力發揮到極致，如何平衡這兩點，看來頗具挑戰性。

國際非營利組織「真正的運動員專案」（The True Athlete Project）提供指導以及實務上的支援，協助體育單位將健康幸福作為提高競技運動表現不可或缺的一部分，希望「將體育重新塑造成培養同理心、充滿正念、擁有心理健康的訓練場」。⑫「真正的運動員專案」推出了一個全球督導計畫，提供正念為基礎的課程，協助運動員發展、精進教練實務，也鼓勵各種討論（關於價值觀、身分認同、同理心對體育的影響），協助運動員思考他們的社會責任以及投入高競技運動的意義。這個計畫提供了一個管道，讓大家重新想像體育是什麼，除了奪牌還有哪些雄心壯志？也鼓勵大家重新定義成功，除了追求個人卓越表現，應該還肩負對社會發揮廣泛影響力。這計畫讓人看見體壇的成就除了奪牌，還有更多面向。

不管我們的職業或興趣，與自然建立連結是獲得幸福與健康的核心。「親生命假說」（biophilia hypothesis）主張，我們人類喜歡親近自然（包括了動物與植物）是根植於天性。一個愈來愈流行的心理學領域「生態心理學」（ecopsychology）探討人類與自然環境之間的關係，援引證據指出，人類與自然世界的連結是促成人類繁榮的極大主因。⑬這對於困在沒有自然光、四周被機器包圍的員工而言，這樣的工作環境的確充滿挑戰，畢竟與自然連結對員工成長與進步至關重要。我在划船隊的初期，不管遭遇多麼慘痛的經歷，還是能夠從船上眺望四周風景，欣賞迷人的自然景致（**至今欣賞河邊風景仍是我最開心的時刻之一**）。

與自然建立連結似乎與職場裡大男人主義的強硬談話格格不入，在層級分明的辦公室，談話內容不外乎誰可能是贏家。不過當今社會不乏員工被操到過勞、出現憂鬱、敬業度偏低等現象，這足以讓我們重新思考，我們應該給員工什麼樣的工作環境，以利他們成長進步。有趣的是，在二〇二〇年防疫封鎖期間，世界各國政府仍高度重視如何讓國民在封鎖期間繼續日常的鍛鍊。若能看到各國政府與組織在危機之後，繼續將國民的日常健康幸福視為優先要務，那也是美事一件。

改善文化、體驗、身心健康，需要不同的領導風格，需要領導人重視價值觀，優先考慮這些打好底子的重要基礎。上述的領域，沒有一個可以在十二週內（一個季度）完成規畫、進行專案管理、訂出每月明確可達的目標。這會讓按照季度節奏作業的組織感到沮喪，因為他們的行動計畫是按照設定好的時間框架。但是改善文化不同於修理機器：一切努力是為了釋放人的潛能，將我們人類學習、發展、成長的方式納入思考。以老派、機械化、工業性語言形容工作，已不符合我們今日人類的學習與思維方式，現在需要更靈活、更人性化、更有發展性的方式，打造有助於員工成長、有利於組織蓬勃發展的工作環境。吉昂皮耶洛．佩提格利里（Gianpiero Petriglieri）教授呼籲：「管理方式要能積極地追求存在性成長與工具性成長……在這種管理方式下，我們可以成為完整的人，有著各種矛盾衝突，置身多元的環境裡。」[14]

發展合作的心態、行為與關係

多數人認同合作與身心健康的重要性，話說回來，誰會反對呢？關鍵在於得將這些原則應用或融入我們日常的思考、行為與互動上。制定作業的優先順序時，追求合作的精神有多快被忽略或遺忘？我們的預設立場、偏見、習性如何阻礙了我們敞開心胸，同意與他人協作？

與團隊一起工作時，提供了我們深思和學習協作的機會，商學院的課程使用了一系列簡單的活動，協助參與者探索有利團隊合作的關係、對話與互動。團隊活動可能是歷久不衰的建塔活動：用沒煮過的義大利麵條、棉花糖、細線建造一個塔，或是其他遊戲，總之不管什麼活動，團隊組員都得互相合作才能完成任務。大家才在十分鐘前簽了願意遵守協作的原則，但進入活動後就可能全忘了。一如我們之前所見，諸多的習慣，例如對別人說三道四、不願傾聽別人的意見、戴著濾鏡看事情、假設自己有能力以及有「正確」的做法、愛與他人競爭以及比較的心態等等，悉數出現，而且往往是自動自發出現，明顯到一眼就能看出。

只有在事後，大家檢討、反思活動上所發生的事，才會開始意識到我們可能不像自己認為的那麼願意和他人合作，也明白要發展合作的思維與行動，自己還須更多的努力。在這個節點上，我們是自己的主人，亦即選擇合作還是不合作，完全操之在我。只要我們相信，協作能夠帶來大不同的結果，就會做出另類的選擇，並積極培養合作精神。我們太少練習協作，因為小時候的生活教育以及長大後的在職培訓，鮮少重視這塊領域。

積極主動學習協作的前提是，換個心態與思維，挑戰商界與人生不外乎競爭與比較的預設心理。此外，協作需要啟動為社交而設計的腦區，而非為競爭或近在眼前的外在回報而被活化的腦區（這樣的活化也往往很短暫）。這種思維超越了獎金與獎牌，走向更長久、更有意義的成功之路。

所謂「贏」的定義，不再是表現超越競爭對手，而是願意和他人合作，一起追求共同的目標。要具備培養協作的心態與思考模式，我們可能得質疑自己習慣的預設想法：諸如得靠自己解決問題，我們的成功建立在別人的失敗之上，向他人求助是「作弊」等等。保羅．史金納（Paul Skinner）的解釋如下：

我們努力創造協作優勢，但我們若在第一時間，懶得探索其他人該怎麼幫我們才能更有效地解決問題或挑戰，反而將注意力悉數放在自己對該問題的反應上，協作優勢可能會失敗收場……透過建立協作優勢所創造的價值，多半也可能被擱置在桌上。⑮

正是喪失了價值，我們才會狹隘地只關注勝負，也因為這種狹隘的成功觀阻礙了我們前進。英國速食連鎖店LEON的共同創辦人兼執行長約翰．文森（John Vincent）在《贏而不戰》（*Winning Not Fighting*）裡指出：「無論我在哪裡工作，我都看到了合作的結果與好處大於殲滅對方。」⑯

協作是一個積極的學習過程，包括了向他人學習以及與他人一起學習，會探索各種可能性，靠發揮影響力與可能性一起共事，而非靠控制與支配。在創造價值與競爭優勢時，「舊派做法」是透過講究效能、控制知識（資源與權位）。反觀「新派做法」則是透過協作、創新、擁抱不確定性。新舊之間有著明顯對比。

拜網路之賜，我們的世界緊密連結，帶來了莫大契機；日益複雜的社會與經濟環境；加上我們已能更深入了解人類的決策行為。這些在在開啟了新的合作模式，「共享經濟」就是其中的典型代表。

「共享經濟」得在合作的基礎上才可行。不同於迪士尼或華納兄弟靠自有資產叱咤影視界，影音串流網站YouTube則是靠用戶創造核心價值。維基百科與Airbnb也是同樣的原則，挑戰了大英百科全書與大型連鎖酒店的傳統營運模式。Airbnb與easyCar Club（點對點租車服務）採用的共享經濟商業模式，通常依賴互信與用戶意見回饋作為營運的核心。這些共享經濟的企業內部需要不同的機制，這些機制的第一要務是建立互信與協作方式，而他們成功打響名號，證明了協作並不違背人性。

我作為英國划船選手，在划船界人脈頗廣，也知道哪些學校有划船隊，認識很多參加大學划船社的人，以及很多英國划船界的前輩。但我不認識任何一位自行車選手、獨木舟運動員、游泳健將。不過我們有很多共通點，諸如我們都是耐力運動員、水上運動專家、奧運國家代表隊等等。蘇．坎貝爾女爵說了一個故事，她在領導英國體育委員會初期，如何動用她所有的政治資本，將所有奧運項目的運動表現指導員齊聚一堂，花一天的時間試圖找出合作之路。一開始大家持懷疑態度，不願意浪費寶貴時間參加這種大拜拜，認為這無法直接嘉惠他們以及他們的運動項目。有些成績比較好的運動項目質疑他們能從其他項目學到什麼。坎貝爾請大家講講自己的運動項目哪裡做得最出色，哪些表現在世界排名真的是數一數二。她把運動表現指導員兩兩一組，自行車配水上芭蕾、帆船配射箭等等，然後靜觀其變。短短幾分鐘，這些運動表現指導員開始心無旁鶩地熱烈對話，拿出筆電，開始做筆記，並分享彼此的練習方法。坎貝爾知道自己走運挖到金子了：讓耐力運動專家分享專業知識，水上運動領導人彼此交談，還有很多人發現了共同興趣、一致的想法與解決方案。畢竟他們都在想辦法創造有利卓越表現的環境、激勵旗下的選手、讓他們做到最佳表現，好讓英國奧運代表隊取得前所未見的傲人成績。

建立連結以及加強協作，除了有利大家分享最好的做法與新穎的想法，心理效應也很可觀。所有運動項目相互連結，各代表隊開始將自己視為英國國家代表隊的一分子，以往各自為政的作業方式受到了挑戰，不再閉門造車只求獨好。所以某個隊伍表現不錯時，不僅其他運動代表隊可更快獲得它成功的戰術，他們也會為該隊的成功感到振奮，因為他們知道，若該運動項目試了新的辦法，成功提高速度，他們也可以跟進。前一章提到了邊際效益，若要找到自己撐下去的強大動力，得參與令人振奮、突破性、有意義的活動，成為其中的一分子，這點和分享知識一樣重要。這也是何以各自為政會逐漸被淘汰。

協作一詞定義廣泛，因此稍加解釋一下是有用的。我認為有五個關鍵領域需要我們用心地投資與積極發展：選擇合作取代競爭、改善互動的品質、建立互信、創造多元包容的環境、以及與我們所在的社區建立連結。

透過協作實現目標，若想對協作的力量深信不疑，我們得破除這個迷思：競爭比合作更符合天性。一如在第二章所見，沒有任何生理或心理上的理由，證明我們不能更大範圍地合作（如果我們願意擴大合作的話）。瑪格麗特・赫弗南激動地總結了過去五十年西方文化如何只專注於競爭，讓我們人類變成「更大、更悍、更刻薄、更成功的競爭者」。

> 彷彿整個文化都被捲入了由睪固酮驅動的回饋迴路裡。我們被說服，認為如果做不成冠軍狗，就只能淪為敗犬；若當不成贏家，就是輸家。令人震驚的是，我們沒有拿出同樣的努力，磨練我們與生俱來的協作本能。我們明知這天賜的禮物就在那兒，只是懶得花太多心力加以精進與磨練。⑰

抱著持續學習的心態、願意調適、向對手學習、與對手合作而非一心只想擊敗他們，這些都為我們提供了另一條途徑。回到「競爭」（competere，一起奮鬥）的原意，重表現輕結果的心態應該包括將「競爭者」視為優化我們表現的要角，反而能降低比賽時的壓力與恐懼。運動心理學家與教練區分了比賽中「挑戰」與「威脅」之別：若你輸給了自己討厭或畏懼的人，你會覺得受到威脅，身體會大量分泌皮質醇（cortisol，壓力荷爾蒙），導致身體緊繃，降低冷靜與有效的思考，連帶拖累表現。若你輸給一個你尊敬的人，你會想拿出最好的狀態和他同台較量（「一**起奮鬥**」），所以你覺得這是正向的挑戰，也能冷靜思考並提高自己的表現水平。

賽門・西奈克談到大家都需要「可敬的對手」，他舉自己個人的故事為例，說明他與工商管理的知名學者、講者亞當・格蘭特（Adam Grant）的「私人之爭」：「他是我的主要競爭對手，我想贏過他。」但是西奈克後來發現「他未把精力放在精進自我實力……反而專注於打敗格蘭特，因為後者更容易些」：

> 競爭就是這麼回事，對吧？一心就想贏。問題是，評斷誰領先、誰落後，完全是隨意設定的標準，沒有道理可言。我片面設定了勝負的標準。此外，和他的競爭沒有終點線，所以我在進行一場贏不了的比賽……⑱

現在的他承認，格蘭特是「可敬的對手」，而非競爭對象，幫助他精進自己的實力。很多體育界的例子也說明了這點。女網兩位霸主克里斯・艾芙特（Chris Evert Lloyd）與馬提娜・娜拉提洛娃（Martina Navratilova）表示，她們感謝對方，多次幫助自己達到新的高度。費德勒（Roger Federer）與納達爾（Rafael Nadal）多次在大滿貫決賽交手，再次顯示，對手之間彼此的友誼與互相尊重，讓各自變成更強的選手，如果沒有對方，無法多次刷新記錄。

新研究顯示，互惠與付出正在挑戰職場一些根深柢固的迷思：慷慨只會被利用；心甘情願花時間與心力幫助他人，因為缺乏追求成功的野心或欲望；「好人難出頭」等等。亞當・格蘭特研究職場裡「給予」、「互利」、「索取」等行為，結果顯示：

> 相較於索取者與互利者，成功的付出者一樣有抱負，只是追求目標的方式不同……付出者成功時，會出現獨特的現象：影響力如瀑布般擴散、串連。若是索取者贏，通常代表另一個人會輸……若是付出者贏，會產生漣漪效應，拉抬旁人成功。[19]

改變態度，重新思考如何在職場與旁人建立連結，這樣才有機會改變工作環境，擺脫零和遊戲的文化，釋放潛在的可能性。

無論我是在培訓一個團隊、主持領導力課程、還是協助文化轉型，我和對方之間的互動品質是關鍵工具。我們連結的方式，決定了我們在團隊、小組、部門或是班級裡的體驗。

在外交界，尤其是在國外工作期間，我們每天的工作離不開人際互動，因此我們得不斷地複習、反思、投資時間與心力，改善我們與他人的連結方式。我發現，並非所有組織都這麼做。我曾和一些運動員談過，他們的教練有絕對的主導權，拍板誰可參加奧運，誰該被淘汰，在這樣沒有安全感的環境下，選手不敢挑戰他，也不敢貿然發言，以免葬送前途。在職場裡，年度考績與評鑑也會讓員工覺得受到威脅而不敢開口，結果扼殺重要的對話。

看了關於有效溝通、影響力、高績效團隊的研究後，發現他們之間有些共通的主題：[20]

・開放與頻繁的溝通（溝通過程兼顧了傾聽與暢談）
・參與者有安全感，所以敢冒險、犯錯、分享不同的觀點、挑戰現狀（心理上的安全感）
・參與者有自信，因此在溝通過程中敢表露脆弱的一面、開口尋求幫助（這是優點而非弱點）、對於同事以及正在處理的問題持續保持好奇心。

同樣地，多數人同意上述現象，也支持他們的團隊有這些特質，但是實務上，我們有多少人每天用心地培養並改進這些領域？誰把這些面向納入自己的工作目標？誰在公司召開營運表現會議時，將這些列為最優先的議程？誰把這些明確地納入學習與發展計畫裡？建立互信的過程中，互動是打好基礎的關鍵。

信任與我們生活不可分割。我們自小有意識或潛意識地了解這一點，因為我們從家庭、青梅竹馬的友情裡經歷了最初的關係，開始了解信任的含義，認清信任如何被建立、被打破。

信任是我們一輩子的基礎，在我接觸的每個領域裡，信任都是成功的關鍵：包括身為奧運國手，參加競技運動項目的划船隊，希望划出全球第一；或是身為外交官，加入談判小組，試圖解決複雜、棘手的國際紛爭；協商出一套歐盟的指令、支持波士尼亞政治人物的改革計畫（以利該國走出一九九〇年代血淚交織的衝突，往前邁進）。而今我和不同的組織合作，培養領導人與團隊小組，這也需彼此建立互信，才能挑戰既有的常規，讓大家慢慢習慣更深入地對話。

針對信任所做的研究顯示，信任對於工作場所有莫大好處。然而有多少組織重視並優先考慮建立互信？如果是，有多少組織願意將信任提升到與其他指標或KPI並重的地位？

研究顯示，相較於在互信低的公司任職的人，在互信高公司任職的人表示：壓力較小、工作時精力更充沛、產能更高、病假較少、更加敬業、對生活更滿意、較不會過勞。敬業、壓力低、精力充沛代表的是，員工更有動力解決棘手問題、更樂於學習，因此能力得到改善與開發，連帶留職率也會提高。

若一系列研究透露的核心訊息都是，在互信度較高的公司，員工承受的長期性壓力較少，生活更開心，工作表現更高，你應該會認為，公司理應投資並改善職場的互信。但是事實不然，我們所到之處，互信度都在下降。不論是在我們的文化裡、機構裡、政治人物的想法裡、還是公司裡，信任感均遠低於上一代。其中一個研究顯示，只有四九％的員工信任高階主管，僅二八％的員工相信執行長提供的訊息可靠。影響所及，減緩了溝通、互動與決策。這還只是第一步。資誠聯合會計師事務所在二〇一六年全球執行長調查報告中指出，五五％受訪執行長認為，缺乏互信會威脅組織的發展。[21]這也是傳統評量成功指標時會忽略的關鍵領域。如果我們認真地正視複雜的挑戰，希望提高職場的績效或運動場上的表現，我們禁不起繼續忽略信任的重要性。

我參與的研討會以及討論會，信任、協作、優質的對話一直是基礎與核心，目的是讓職場更具包容性。其中有一次，有家公司高層主管才結束了董事會的季度營收報告，便立刻來參加改善工作環境包容性的領導力研討會。我請他們更深入地解釋該公司的營運策略裡提出要建立一個更包容的環境是什麼意思，他們一開始的反應是一片茫然。過了一分鐘，這些高層才轉換思維，用不同於剛剛看待季度營收數據與電子表單的思維。這時需要不同的語言、視角、以及與該公司的人文特質建立連結。我們開始討論公司內部的對話品質、心理安全感、同仁在研討會之外的工作體驗。第一次一起進行這種深入的對話，迸出了龐大的能量。不過這類對話不能急於求成，也無法硬塞在議程滿滿的會議裡。

在二十一世紀，企業的成功取決於公司能否靈活地釋放公司內部員工的想法，傾聽比目前更多元的聲音與意見。成功的定義不再只限於財務管理、效率、削減成本，反而和創造力、創新、擁抱不確定性愈來愈有關係。許多公司正在改變價值與實力，納入協作與創新（**我經常在公司的大會與策略教戰日聽到這些夯詞**）。這需要一個能讓員工有真正歸屬感、員工彼此能互相連結的工作環境。公司不該讓員工上班時，人到了辦公室，心卻留在遠方，完成分內該做的事，然後走人，出了辦公室才恢復自己應有的本色。領導人與經理應該擁抱的是人，而非員工的頭銜，這樣才能挖到深藏不露的創意與創新，提振員工的敬業態度與表現。

包容、協作、互信等行為的前提是，我們得想辦法連結之前可能無交集的人，對於不同與差異充滿好奇，並探索差異潛在的機會。與更多不同背景的人建立連結，形成更強烈的一體感，讓我們覺得有歸屬感（個人與專業方面）。大家愈來愈意識到企業、體育與教育對社群的影響，也明白更牢固、更廣泛的連結所衍生的潛能有多麼巨大。第十章論及目的導向的重要性，強調企業必須積極貢獻社會與保護環境，才能維持成功不墜，長期留得住敬業的員工與忠誠的客戶。除了重視自己所在的社區與社群，我們這個年代亟需我們與周圍更廣泛的世界建立連結，以及了解我們的行為可能對當代與後代數百萬人造成哪些潛在後果。

二〇二〇年新冠疫情大流行催生了全新的生活與工作方式，提供重塑社會的機會，讓我們重新思考自己的價值觀，提問什麼對自己的生活最有意義，並為我們每個人打開更大的視角看著全世界。新冠病毒本身顯示，我們大大小小的世界多麼地緊密相連，也明白告訴我們，專注於眼前短期風險而忽略長期風險，會讓我們陷入險境。多年來為改善低效率、縮減預算等努力雖然達標，但也犧牲了我們因應疫情這類突發狀況的備戰能力。

我在本書提到了我們在二十一世紀面臨一波又一波的全球性挑戰。本書的主旨不是深入剖析每個複雜的課題，而是思考我們因應這些問題的心態與行為。顯而易見地，人類面臨的艱巨問題（氣候變遷、核武裁減、全球疾病、難民潮等等）都需要集體拿出對策、理解各種觀點、協作解決。我們甚至可以說，人類的未來取決於我們是否有能力建立深入、有抱負、更多元的連結。本書強調，這些能力是存在的，只不過我們需要用心投資。歷史學家哈拉瑞（Yuval Noah Harari）指出：「智人創造虛構故事的獨特能力，讓人類得以大規模合作，而這正是我們人類至今進化成功的關鍵驅動力。」[22]既然我們探討了人類「長勝」是什麼模樣，現在是時候該讓這種獨特的能力脫穎而出了。

總結何謂「建立連結」

一、想想你與誰關係最密切，並深思這些連結的品質。

二、想想你希望擁有的體驗，以及你希望周圍人有什麼樣的體驗，你該如何塑造這些體驗。

三、主動接觸他人，諸如同事、傳統的「敵人」或對手、和自己不同類的人、不認識的人（但長期下來他們可增加你生活的廣度），與他們建立更深層的連結。

四、發展有利連結的行為，並不斷地檢討與調整，這些行為包括：有質感的對話、協作（而非競爭）、互信、包容、建立共同的目標、培養一體感等等。

五、反思你用哪些方式將人視為生活的重心，以及你會如何進一步改變或精進這點。

天之道，不爭而善勝。

老子，《道德經》

結語

新語言、新問題、新故事

語言

第一章討論了「贏」一詞的由來，追溯「贏」的主流定義是如何普及於我們社會，以及左右了我們的思維、行為、互動的方式。但是「長勝思維」重新定義了何謂「贏」，希望大家更廣泛地關注長期而言更重要的事；不僅重視結果，也同樣重視學習與成長；認清實現目標與抱負，少不得協作與建立連結。

在重新定義「贏」的過程中，語言扮演關鍵角色，支撐我們的思維、行為與互動方式。如何將想法轉化為文字，決定了這些想法的前途。雖然找到解釋思維與想法的語言之前，想法就已開始成形，但唯有想法能夠用語言表達出來，想法才能被完整地傳達、分享、試試看可行與否、進一步展延、被其他人支持與跟進。語言是通往心靈的一扇窗，因此語言是貫穿本書的一條主軸線，完整揭露贏的真正意涵。與贏相關的語言已經交織在我們的生活中，要想理解贏背後牽涉的信仰、偏見、預設想法，語言是關鍵。

我根據個人的經驗與職場環境，愈來愈明白語言的重要性。我們的用意是要說這件事，但是說出來的話顯示我們口是心非。例如，團隊領導人公開表示，希望小組成員踴躍發言，分享自己的想法。但是我在之後登場的會議上（我受邀參加會議）發現，領導人的語言（口頭與非口頭）卻傳達恰恰相反的意思。當有人分享新想法時，領導人要嘛轉身，要嘛立刻結束他的發言，表現出十分不耐煩的模樣，甚至別人發言時，不客氣地打斷。他們很可能完全沒意識到這一點。

這是在挑戰我們成長過程中視為理所當然的文化觀念時，遭遇的難處之一：我們得尋找透露潛意識思維的蛛絲馬跡，才能改變有意識的行為。多數領導人心懷善意地與其他人打成一片、重視其他人、有意改善包容性，卻未意識到，他們其實習慣性地打壓、貶低、排斥他人，這點可從他們會聽誰說話、肯定誰、獎酬誰、使用什麼樣的語言描繪成功的模樣、誰是組織裡的「贏家」等等，看出他們的潛意識想法。

改變說話的內容，我們得給自己安裝一個偵測語言的雷達以及具備敏銳的覺察力。這不應該讓你感到害怕或是緊張：順其自然。語言是動態，隨時在改變與進化，所以要提高語言使用能力，唯一辦法是持續精進我們所用的語言。這是有趣、廣泛、自然的循環，發展我們的思維，並與他人分享想法。這需要我們用心關注自己想要說的內容，也要注意實際說出來的話可能造成的影響。反思我們的影響力時，需要得到各方的回饋意見。所以我們要懂得停下來，傾聽周遭發生了什麼，細聽對方使用的語言，理解他們想告訴我們什麼。這是我們與環境充分連結的絕佳辦法，也是共同塑造環境的利器之一。

當我們注意、檢討、質疑我們周圍的語言及其含義時，我們已開始用不同的視野與心態看待世界。那些之前被貼上「失敗者」或是「B咖選手」標籤的人，實際上可能是潛在的重要貢獻者，應該被納入多元化的團隊裡，為小組提供更多決策、計畫以及行動所需的想法與意見。這有利於建立更包容的工作環境、更多元的想法庫，供大家參考、創新、解決問題。語言也會創造參與感與歸屬感，取代拒絕與排外。信任與協作是今後的樣貌，不同於之前由競爭與猜忌主導。

提問

我們必須有效地挑戰現狀，而提問是最好的工具與指導守則。在教練輔導模式下，我們可以放心地挑戰圍繞贏打轉的語言（我們過去習以為常的語言風格），開始探索長勝版的語言應該是什麼模樣。我們聽多了「一切都是為了贏」，現在聽到這話時，不妨給自己機會探索更多的東西：這話對嗎？為什麼？你想贏過什麼？你想打敗誰？你還能改變或創造什麼？

到了獎勵員工時，想想你要獎勵什麼？誰該被獎勵？誰是過去的英雄？你希望誰在未來能承先啟後？想想用什麼標準評比誰該被重視、誰被輕忽？你獎勵的是短期成果嗎？抑或獎勵更深層的貢獻？身為領導人，不妨想想傳統的英雄特徵，諸如知道所有問題的答案、絕不屈服、指揮若定等等。然後跨出這些框架，想想我們能做什麼以利建立連結、協作的環境，讓連結與協作成為常態，和同仁們一起成長發光。

是時候該挑戰這些不靠譜的口號：「不痛則無獲」、「好還要更好」、「只有贏才能證明自己的價值」。你可以繼續找出一些口號，然後加以質疑。為什麼非得用過去來預測未來？還有其他可能嗎？你從最近的經歷中學到了什麼？如果聽到其他人不屑地稱某人是敗犬，或是把頂尖人才獨立出來，與其他人一分為二，不妨抱著好奇心，探索是什麼原因造就了這樣的思維？是出於害怕差異還是害怕改變？若換個視角看世界，你會有什麼收穫？

我們選擇的語言以及提出的問題，決定了我們是放大了視野、拓寬自己未來的可能性，抑或限縮自我、強化可能過於狹隘的世界觀？超越簡單、「輸贏」二元論的語言，我們可以開始用不同的方式看待世界，讓自己變得更有彈性，以及持續成長，開啟新的潛能。

每天都想想哪些問題有助於刺激我們思考與行動，想想自己每天忙著生活之餘，是否會問一些不同的問題，這可是非常有用的。這裡提供一些建議，有助於你開啟「長勝思維」，這些建議都在我們可掌控的範圍內，不像有些生活以及環境面向無法操之在我。

長勝思維的每日必問

一、你希望看到的長期改變是什麼？你今天能做什麼讓這個改變成真？你正在進行的短期項目與措施是什麼？他們能怎麼幫你實現長期目標？

二、你如何判斷今天過的是好是壞？你想以什麼樣的心態去評斷？你會問你自己以及身邊的人什麼問題？你會用什麼樣的角度看待今天發生的事（無論好壞）？

三、你今天會學到什麼？你會得到什麼，即便沒有得到你想要的結果？

四、如果你今天表現出色，誰會吃虧？他們一定會吃虧嗎？誰是你的競爭對手？你可以怎麼做讓他們願意和你合作一起創造共同的價值？

五、你如何與白天遇到的人建立連結？你今天想對別人發揮什麼影響力？

故事

令人意外的是，一些運動首次納入奧運正式比賽項目，隨著這些新增項目而來的語言與故事讓人耳目一新，與以往一切向贏看的口號截然不同。採訪參加冬奧項目的選手（如大跳台、雪上技巧、空中技巧等滑雪項目），發現這些選手存在強烈的連結與一體感，他們會互相打氣，分享玩樂與探索的文化。選手們勇於冒險，對於勇往直前不畏風險有高度的榮譽感，所作所為不會只為了贏得獎牌。這些運動項目與冒險脫不了關係，選手努力突破能力所及的界線。比賽並非為了奪牌，所以不會步步為營打安全牌。對參賽者而言，更大使命與回報是成為發揚運動項目的推手。

永不屈服運動會（Invictus Games）成立於二〇一四年，為體育競賽開了另一扇窗。類似其他傳統的國際綜合型賽事，這些比賽不在乎誰輸誰贏。永不屈服運動會為傷病現役軍人、身障退伍軍人舉行各種改良過的比賽，諸如輪椅籃球賽、坐式排球比賽、室內划船賽等。Invictus出自拉丁語，意思是「不被征服」、「不被打敗」。運動會的宗旨是「發揮體育的力量，鼓勵康復、支持康復、廣泛理解並尊重傷病的服役男女」。[1]英國薩塞克斯公爵哈利王子是該運動會的贊助人，他說到「選手衝刺邁向終點線，然後轉身向最後一個踩線的人鼓掌打氣。（永不屈服運動會）向來是隊友們選擇一起越過終點線，他們不希望變成第二名，也不希望其他人是第二名。這個賽事展現了人類精神最光輝的一面」。[2]

經過意見回饋與反思之後，美國體操教練瓦洛麗・康多斯・菲爾德（Valorie Kondos Field，綽號瓦小姐）徹底改變她執教的哲學，從一心求贏、「下達命令的獨裁者」，變成「為世界培養人生的贏家，不在乎輸贏」，透過耐性、誠意、責任感建立互信。[3]的確，這讓瓦小姐交出更亮麗的成績。改變教法後，其中一個最讓她引以為傲的例子是大橋凱特琳（Katelyn Ohashi），她是優秀的美國青少年體操選手，剛入大學時，她說：「我討厭一切和偉大相關的東西，她不希望當贏家，因為贏讓她失去了人生樂趣。」④瓦小姐明白自己的工作是幫助凱特琳重拾對運動的熱情，得把她當成完整的人看待與訓練，關心她體操以外的生活，並向她保證，無論她成績好壞，都會關心她。這方式成功了，大橋慢慢找回熱情。大橋在二〇一九年一月令人驚豔的表現透過視頻在全球瘋傳，瀏覽人數超過一．五億。該視頻是她在二〇一九年「大學生體操挑戰賽」地板項目上靠流暢的演繹獲得罕見的完美十分。正是她樂在過程中的表現，影片才會受到高度矚目與熱捧。

在二〇一九年環法自行車賽中，自行車選手傑蘭特．湯瑪斯（Geraint Thomas）向隊友兼對手伊根．貝爾納（Egan Bernal）展現的態度，讓觀眾與評審既驚訝又感動。希望能衛冕成功的湯瑪斯，途中發揮無私的精神，為了車隊讓賢，全力改挺更年輕的哥倫比亞好手貝爾納拿下環法賽冠軍，湯瑪斯的氣度成了這場環法賽的亮點與佳話，也為比耐力、比體力的國際賽事創造新的敘事，改寫表現與成功的含義。作家暨創投專家麥可．莫瑞茲（Mike Moritz）在《金融時報》撰文指出：「真正的贏家是第二名」，而且他會高度肯定自己「能夠欣賞他人的成就」。⑤

加拿大奧運划船選手傑森．多蘭德（Jason Dorland）後來也擔任教練，從選手到教練，累積的經驗不外乎不惜一切代價求勝。他告訴我，直到跌落谷底，他才明白有其他方式與辦法。他將教練輔導模式改以過程為中心，強調共情、同理心、努力耕耘，創造一個安全的環境，運動選手可以放心探索潛能，靠內在動力自動自發激勵自己。傑森本人目睹了體育的力量既可以摧毀也能激勵人心。他用自己「失敗」的故事作為利器，告訴他人可用不同的方式看待體育、工作與生活。也向我們證明，可用不同的視野挖掘體育對我們人生的貢獻：「體育可以選擇維持現狀，亦即視比賽如戰場，為了求勝，可不擇手段摧毀對方。或者體育可選擇更有意義的存在，這正是體育最實在的機會所在。」[6]

我見過最激勵人心的運動選手之一，但他未拿過任何奧運獎牌。他是NIKE唯一贊助的鐵人三項選手，不是因為他是世界排名第一，而是他的故事太有震撼力。約翰．麥可沃伊（John McAvoy）因為持槍搶劫而入獄服刑，是英國頭號通緝犯之一，直到體育改變了他的人生。他服刑期間，負責管理監獄健身房的一位警官看到約翰在划船機上的表現，發現了他的運動天分。數年後，約翰出獄，成了職業鐵人三項選手。除了受訓，他在多方面支持貧困社區以及少年犯教養院的年輕人。身為運動員，社會責任和比賽一樣重要。他講的故事與眾不同，聽眾涵蓋在校生、大學畢業生、工商界領袖，大家聽了他的故事（生活裡什麼才重要、贏對他的意義），應有所警惕，人生的選擇與機會不該只限於爭第一。[7]

這些故事隨處可見，我希望大家能記住更多這樣的故事。我們可以選擇是否放大這些故事以及故事內容，不要太執著於最近的成績與勝利者。

許多運動員開始探索自己運動生涯的深層意義：有時刻意尋找，有時意外碰巧發現，有時因為遇到逆境使然。身為菁英運動員，挑戰自我極限的天性讓你在心態上，隨時準備超越眼前框架，尋找各種可能性。菁英運動的語彙不是只有犧牲、痛苦、奮戰，開始涵蓋了友誼、關愛、人與人之間的連結、情緒上的安全感、意義、支持、價值、誠信等概念。這現象也存在並且適用於體育之外的世界。問題在於如何進一步注意與發展這些概念。

長勝思維力勸我們擁抱、傾聽、講述不同的故事。鼓勵我們對於自認為了解的故事提出更多問題，以利重新認識勝利對我們自己以及周遭世界的意義。透過故事，我們可以改變並塑造我們的生活。

麥爾坎・葛拉威爾（Malcolm Gladwell）在《以小勝大：弱者如何找到優勢，反敗為勝？》（*David & Goliath: Underdogs, Misfits and the Art of Battling Giants*）一書中，重新詮釋大衛決戰巨人歌利亞的故事。葛拉威爾挑戰了大家熟悉、但被過度簡化與照單全收的故事內容：小男孩大衛在大家都不看好下，打敗了力大無窮的巨人戰士。葛拉威爾用全新的觀點重新剖析了大衛迎戰歌利亞的場景。他指出，巨人被自己的盔甲重量拖累，他按照一對一單挑的儀式，頭戴銅盔、身穿鎧甲，結果害他無法快速移動，甚至阻擋了視線，看不清對方。葛拉威爾點出，大衛並不打算用這樣的方式決鬥，他選用自己擅長的彈弓，發揮從獵殺野生動物學到的戰術。少了盔甲，大衛有了速度與靈活的身手。通常我們不會想到有這樣的詮釋，甚至沒想過可能有其他另類的觀點。我們不假思索對大衛不太可能戰勝的判斷，顯示我們對獲勝者是誰以及力大是什麼模樣的預設想法過於狹隘。葛拉威爾指出，掃羅王（Saul）只從體力決定力量的大小，未能了解力量有不同的形式，例如「可用速度與出其不意取代力量」。葛拉威爾繼續用這個比喻說明，「我們今天仍在犯這個錯誤：從教育孩子的方式乃至打擊犯罪與敉平動亂等不一而足……」。⑧

翻轉這個眾所周知的故事讓葛拉威爾點出了挑戰主流敘事的必要性，畢竟預設的想法過於狹隘：

……我們認為世上很多珍貴的東西都出自這種一面倒的衝突，因為明知毫無勝算仍奮勇一戰的舉動，會產生一種美感，讓人覺得這真是厲害……我們一再誤會了這類衝突。我們誤解、錯誤詮釋這些故事。巨人並非如我們想像的偉大。給予他們優勢的特質往往也是他們巨大弱點之所在。處於劣勢會以我們常常覺得莫名其妙的方式改變我們：它會打開大門、創造機會、教育並啟發我們，讓在其他情況下似乎難以想像的事成為可能。⑨

同樣地，我們也誤解了勝利的影響力。贏和我們想像的不同。短期內有利我們致勝的特質再過了一陣子後，可能會讓我們成為輸家。反觀失敗倒是可以積極地改變我們，只不過以我們不知不覺的方式。經過挫敗而獲得的成功看起來很不一樣：可以打開各種可能性、創造機會、敢於探索之前難以想像的更大雄心。

分享、傾聽、尋找不同的故事與觀點是培養長勝思維的維他命。有個故事中的故事讓我印象深刻。有一次在公司的晚宴上，我記得一位奧運划船金牌得主分享他的故事。他說，自己多年來一直待在贏不了比賽的船隊裡，但藉由改採不同的路線與做法，找出船隊做事的方式後，他和整個船隊的表現完全改觀，進而奪得奧運金牌。這是一個激勵人心的故事，他講得非常精彩。我坐的那一桌，大家熱烈地鼓掌，滿懷崇拜的眼神看著那面閃閃發光的奧運金牌，晚宴結束後，坐我旁邊的公司領導人忍不住跟我說：

這故事真是了不起，非常鼓舞人心，但是……（**他壓低聲音，彷彿要說出什麼驚天駭俗的事**）我忍不住想知道，那場比賽其他隊伍的說法。他們怎麼樣？如果沒有大家的參與，那場比賽不會這麼精彩。他們也受過辛苦的訓練，搞不好更辛苦，而且可能和他一樣，質疑自己所做的事到底正不正確。但是他們不是勝利隊伍，今晚無法站在台上，我們看不到他們、無法聽他們道出心聲，也不能肯定他們的表現。但我覺得他們的故事或許也能給我們一些啟發。

這番話讓我牢記至今，而他的見解印證了我寫這本書的動機。現在是時候該思考不同的故事，或許這些故事會成為你現在與未來成功的關鍵，也為我們的人生帶來重大意義。

說故事是改變我們自己以及周遭人思維方式的有利工具之一。我們選擇與搜尋的故事可以拓寬我們的視野，為自己所作所為賦予全新意義。大量故事貫穿本書，有些是我自己的故事，有些出自我認識的人與採訪對象，有些出自我培訓的選手或工作時的合作對象，還有一些取自我讀過的書籍。我希望能喚起大家對自己故事的記憶，幫助大家換個角度看待這些故事，鼓勵你用更廣視角反思這些故事的意義，這會協助你重新定義自己對長勝的看法。

結語與感想

本書以問題為主軸。我對「勝利的真正意義到底是什麼？」這問題，不斷地探索、深究、反思，試著從各種可能的角度看待這問題。我並未試著找出正確答案或是簡單公式。我希望本書提及的故事、問題、想法能激發大家回頭根據自己成功與勝利的經驗，找出更多實例，迸出不一樣的想法與心得。一旦你開始留意，你就會發現更多。注意腦海裡冒出哪些生活中的故事？哪些關於勝（或輸）的記憶強烈到歷歷在目？職場、學校、家庭有哪些面向，你開始用不同的眼光解讀？

我們找出並剖析了獲勝的完整面貌，以及與其相關的所有悖論。我們發現，看似簡單、積極、美好的事物，其實有著更多面貌。我們也看到了，生活、個人、社會、組織、乃至全球公認的勝利與成功，從長遠來看，不見得那麼積極有意義。我們可以很肯定地說，我們還有其他選擇。

當大家說出「贏不是一切，而是唯一」，我們已可無畏地正面迎戰這句話。我們發現，若這句話成立，那麼「唯一」不過是短暫現象，沒有長久的意義，是限制我們的枷鎖，阻止我們探索更多的可能性。

掙脫短效、狹隘、限制自我發展的勝利觀，我希望幫助大家以更大的雄心、更多元的方式探索自己的潛能。有關本書的諸多討論裡，我一直在思索、想像、也想知道長勝觀應用在教育體制、競技運動界、商業與政治制度會是什麼模樣。有些人要求我更詳細地描述這些，但本書的目的不是提供處方箋，而是提供想法、挑戰、甚至挑釁。另外本書也速覽了教練、運動選手、工商界領袖與教師如何另闢蹊徑，不再把「贏就是一切」奉為圭臬。

首要工作是繼續挑戰我們植基於狹隘短效勝利觀的文化現狀與思維模式。從這裡出發，我們開始想清楚自己的目標，讓生活有意義，與社群與社會建立連結；終其一生持續學習，探索新的想法、挑戰落伍的觀念；努力建立關係，以利我們能以不同的模式與他人協作，互相砥礪，一起往更優秀的自己邁進。

本書以及背後許多支持者的人生故事，是我們摸索更合適的成功之道時，不妨借鑑與參考，畢竟有時候我們會走偏。人生的比賽（遊戲）裡，能贏的東西不是只有獎牌，是時候該重新定義二十一世紀裡勝利對我們每個人可能的意義。

贏不是一時，而是一生。你如何看待長勝？

尾聲

我們划船隊抵達雅典，這是我第三次（也是最後一次）以國手身分挺進奧運殿堂，我們有明確的計畫：贏得預賽，直接取得進入決賽的門票，全神貫注拿出最佳表現。但一如生活充滿無常，事情並未按計畫好的腳本進行。在第一場比賽，我們就慘輸給白俄羅斯划船隊。賽後，我們感到錯愕。回到岸上時，我能感覺到內心惶恐不已。距離決賽只剩幾天，只剩一次機會爭取挺進下一輪比賽的資格，我們的機會並不樂觀。

自拿下世錦賽冠軍後，這一年並不平順。隊友凱瑟琳在世錦賽期間背部受傷，打亂了我們冬季的受訓計畫，自此只能拚命趕進度。雅典奧運之後，我將展開新的生活、新的職涯，有了賴以為生的命脈做後盾，讓我無後顧之憂揭露自己的短板，努力想辦法克服擋路的障礙。我無畏風險重返體壇，探索新的方式，從中我學到很多，也顯著成長，但我也知道自己只剩最後幾分鐘一搏的機會，見證這些努力開花結果。愈是接近比賽，愈是被過去的糟糕成績糾纏不放。在雅典令人失望的第一場比賽後，我注意到划船隊其他隊友與我們保持距離、減少與我們交談、在下榻的酒店裡也會避開我們。

賽後過了幾個小時，我和凱瑟琳與教練坐下來對話，氣氛劍拔弩張。我們僅剩五天取得資格，如果在敗部復活賽過關，就可進入決賽。我們得做好一切準備，締造自己的故事、嘗試不同的做法，敢冒一些風險，做些改變，彼此信任。我們得無視其他人的閒言閒語，例如我們已輸了、不可能敗部復活重返賽事、凱瑟琳的背傷以及我過去糟糕的表現莫不預告勝負已定。眼前又是一個巨大的挑戰，是十年來努力克服一個又一個高峰後，另一個矗立在眼前的巨峰。

接下來幾天，我們繃緊神經，不斷與自己的心魔搏鬥，重建自信，以便贏得下一輪比賽，才能進入奧運決賽。我們挑戰自己的極限，在僅剩的幾個小時內，改變做法，精進技術。最後的幾天裡，生活充滿了變數與不確定性，各種想法與情緒不斷冒出來，不知道最後會如何。

第一場比賽失利五天後，我們的船停在奧運決賽的起跑線上，對我而言，這是我運動生涯第一次也是唯一一次挺進奧運決賽。在兩千米長水道上，我心無旁鶩賣力地划、腎上腺素狂飆、肺快炸掉地大口喘氣，那是我一生中最精彩的七分八．五秒。

二〇〇四年八月二十一日，我們衝過希尼亞斯湖上的終點線時，我冒出各種五味雜陳的情緒，也湧出一系列的問題，這些問題自此一直挑戰我的思維，跟著我一輩子：有時在我的潛意識裡，因為我開始創建新的領域，這些領域少了一心求勝的束縛；有時在我的意識裡，因為我發現這問題在我身邊反覆出現。這是我職業生涯的主線，因為我的合作對象（包括個人、團體、組織）既希望贏，卻被諸多習慣、作業流程、預設想法所困而裹足不前。這也是交織我個人生活的一條主線，我一直在摸索什麼東西對我個人、我的家庭、我的小孩才重要。

一開始，我一再懷疑自己是不是「失敗者」；不知道自己是否在為沒有拿到第一找個合理的理由，以便讓自己好過；擔心「勝利者」會不會嘲笑我在這問題上的糾結與反省。現在我知道了，在勝利者內心深處，他們也有一樣的感覺，而且不管結果如何，這些問題都不會消失。

我知道我在希尼亞斯湖的經歷不能用一塊閃亮的獎牌（不管其顏色）總結。該獎牌對我很重要，但總歸只是之前與之後人生豐富故事的一部分。

現在我了解，雅典那個炙熱、明媚的八月，讓我踏上開拓新思維的征途，進一步明白什麼才是人生的要事。我破解了長期以來根深柢固的迷思，開始展開精彩的冒險，探索勝利對我們所有人的可能含義。

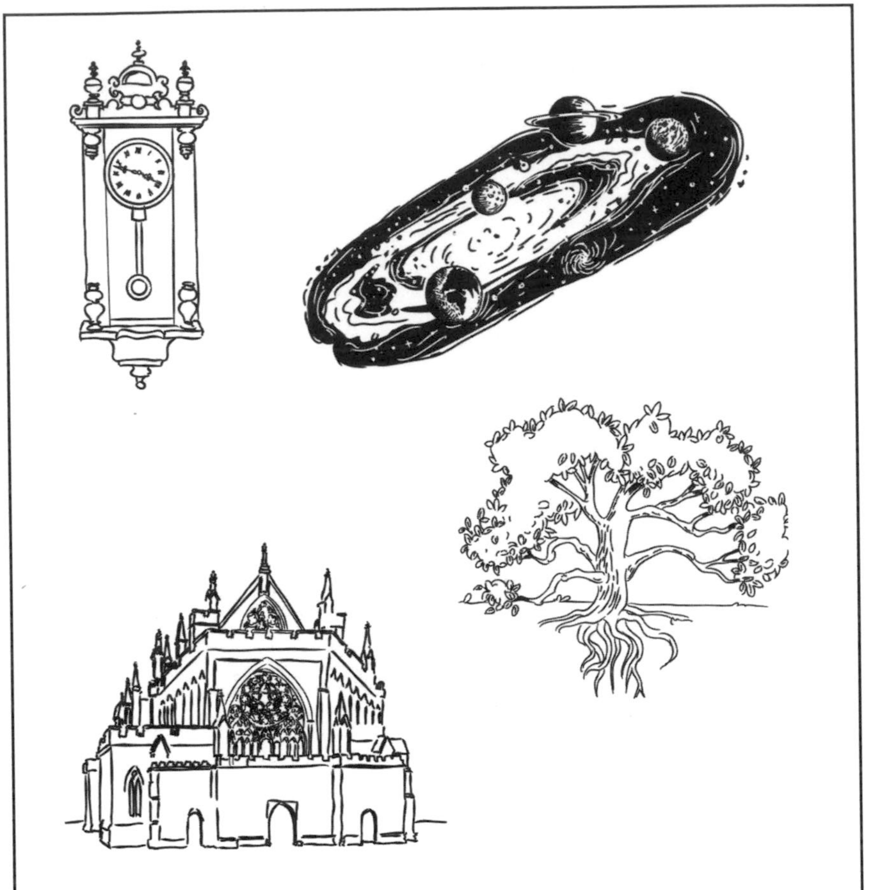

謝辭

本書取自我人生的方方面面，包括個人與專業的。我得感謝很多人，無法一一細數。我和他們一起摸索、探討、辯論本書的諸多想法、經驗談與思想。

我最感激那些與我並肩作戰（一起肩負輸贏）的人士，尤其是分別和我搭檔參加兩屆奧運雙人划船賽的隊友達特・布萊基（Dot Blackie）與凱瑟琳・葛瑞格，以及更多幕後的支持者，他們帶給我的遠甚於任何一面圓形獎牌。

無數次的對談對本書的進展起了關鍵性作用。尤其要感謝史蒂夫・殷漢姆（Steve Ingham）、克里斯・尚布魯克（Chris Shambrook）、傑森・杜蘭德（Jason Dorland）、安妮・維農（Annie Vernon）、歌蒂・薩耶斯（Goldie Sayers）、勞倫斯・哈斯泰德（Laurence Halsted）、the Will It? Team、雷爾夫・強森（Ralph Johnson）、瓦洛麗・菲爾德（Valorie Kondos Field）、喬西・裴利（Josie Perry）、理查・馬丁（Richard Martin）、艾爾・史密斯（Al Smith）、安德魯・希爾（Andrew Hill）、丹恩・凱伯（Dan Cable）、班・哈迪（Ben Hardy）、伊娃・卡內羅（Eva Carneiro）、羅傑・貝里（Roger Bayly）、艾莉森・麥特蘭（Alison Maitland）等人，他們分別在本書不同的撰稿階段，給了我寶貴的回饋意見。我還要感謝伊安・羅伯森教授，讓我引用他的話作為本書題辭。

長期以來，我一直很欽佩瑪格麗特・赫弗南（Margaret Heffernan）與馬修・席德（Matthew Syed）的寫作能力與思考領導力。很榮幸能與他們討論這個話題，非常感謝他們慷慨相助與鼓勵。

近年來有機會在劍橋大學嘉治商學院（JBS）高管教育學程任教，對我的思維模式起了決定性影響，也拓展全新的商業視角。我尤其要感謝嘉治商學院同仁馬克・德隆德（Mark de Rond）、菲利普・史提爾斯（Philip Stiles）、已故蘇奇塔・納德卡尼（Sucheta Nadkarni）、史馬蘭達・戈薩－曼辛（Smaranda Gosa-Mensing）以及所有其他人，多謝你們讓我在授課期間發現諸多樂趣。

我要對艾利森・瓊斯（Alison Jones）與《Practical Inspiration》出版公司的團隊致以謝意，感謝他們協助我把盤旋腦中的想法與經驗化為白紙上的黑字。進入作家的行列，無疑是踏上長勝之旅，而且會繼續走下去。

最後我得感謝我的家人。我這人有個習慣，喜歡接受挑戰、做到自己的極限、讓自己遠離舒適圈。寫這本書無疑是其一。我很感謝家人給了我空間，忍受我心無旁騖地專注於這份工作。

走到這一步，並非一路平順。一開始是整理自己內心的想法，然後將探索的觸角伸到遠遠超出自我之外。有很多參考資料我只能簡短提及，很多想法我希望能進一步闡述，許多問題我也還在思索。這真的只是一個開始，任何錯誤或疏漏都算我的，我希望大家能略過這些瑕疵，看到我想在本書分享的想法、問題與建議。

附錄

下表列舉一些例子加以對照，一邊是短期、「不惜一切代價求勝利」的語言與思考模式，一邊是長勝思維模式。這些例子並非詳盡無遺，但能讓大家具體了解長勝思維的模樣，以利大家更容易辨識，進而有知有覺用心地進一步精進。

練習長勝思維

短勝思維	長勝思維
	想清楚
視野狹隘，專注於短效，不願意或是害怕探索既有框架之外的事物	更廣闊的視野有助於我們看到更大的格局
看重狹義的衡量指標與措施（銷售數字、毛利率、KPI、目標、選舉結果、考試成績或排名）	從更廣泛的視野定義成功，找出「有意義的衡量指標」，例如經驗、價值觀、創意、協作，追求目標、健康與幸福
為了追求短效或是碰到壓力時，價值觀被擺旁邊	不管順境或逆境，價值觀永遠擺中間
僅看重「白紙黑字」的表面文化（被公告、貼在牆上、列在政策裡）	看重更深層的底蘊文化以及組織裡每個人的體驗與感受

短勝思維	長勝思維
老是將短期成果與短期決策列為優先事項	願意在短期內犧牲結果，以便從錯誤中汲取教訓、給自己時間調適與改變，為長期的生存與發展鋪路
成功只在乎結果，不惜代價	成功取決於文化（做事的方式）；員工／運動員／學生的經驗重於一切；堅持人品和誠信；無論結果如何，崇尚卓越
	持續學習
只對在體壇與工商界頂尖者感興趣，並積極仿效	樂於傾聽並向不同背景的人學習，包括「失敗者」（與第一名有不一樣結果的人）
速成技能獲肯定、受到高度重視	重視心態、思考模式、行為表現、互動。長期發展（例如批判性思考力、創新、創意、協作等）受到重視、獲得投資
贏家是第一名	可從贏家身上學習重要的觀點，分享他們新穎的想法、提問與經驗
狹隘看待被大家關注的事物與現象	探索瘋狂的想法，旺盛的好奇心，樂於學習，不對（人或想法）妄下判斷
優先考慮快速取勝的技巧與策略	優先考慮能發揮長期與廣泛效果的工作，例如社會影響

短勝思維	長勝思維
專注於工作任務、執行任務、「待辦」事項、塑造英雄	花時間放慢腳步、練習正念冥想、對自己與他人慈悲，以利發揮更大的長期影響力
狹窄的專才、專業、重點類目	看重通才思維與不易歸類的廣泛技能
	建立連結
一個人的身分靠成就定義，諸如「運動員」、「工程師」、「律師」等等……	人是完整的全人，之所以被擁抱係因他們這個人而非其成就
管理風格很大程度依賴掌控與支配	管理風格以信任、協作、包容為特色
盡可能力求確定性	能夠容忍與接受不確定性、模糊性
談判是零和遊戲，總要有人贏或輸：贏家的獲得是靠犧牲他人（輸家）	談判時採取「雙贏」策略，找出能嘉惠雙方之處，共同創造雙方能共享的更大成果
競爭力是大家樂見、可得到外在肯定與獎賞的重要行為	協作是大家樂見的重要行為，重視任何可擴大連結與關係的機會
會議成功與否取決於決策和行動要點	會議成功因為能連結到共同的目標，也願意給予其他替代想法以及前所未聞的聲音一些時間與機會，建立關係，互相理解並確保大家廣泛接受

作者簡介

凱絲・畢夏普（Cath Bishop）曾是奧運划船選手與外交官，現在擔任教練與顧問，協助開發領導力與建立團隊。她在艾塞克斯郡的濱海小鎮利（Leigh-on-Sea）長大，就讀劍橋大學彭布羅克學院，就學期間學會划船，兩度參加牛劍划船賽。她曾代表英國國家隊參加三屆奧運與六屆的世錦賽。她在一九九八年世錦賽與達特・布萊基搭檔，拿下雙人單槳划船賽銀牌；二〇〇三年改與凱瑟琳・葛瑞格搭檔，勇奪金牌，繼而在二〇〇四年雅典奧運摘銀（**但正如本書所言，比賽的意義遠甚於抱回獎牌！**）。

凱絲擁有劍橋大學彭布羅克學院現代與中世紀語言碩士學位、威爾斯大學亞伯里斯威斯分校國際政治碩士學位、雷丁大學德文博士學位。她是劍橋彭布羅克學院以及威爾斯大學亞伯里斯威斯分校的榮譽院士，兼任亨利皇家划船賽的負責人。

在二〇〇一至二〇一三年，凱絲曾在外交部擔任公職，專精於政策、談判與解決衝突，期間曾外派至波士尼亞與伊拉克。離開外交部後，凱絲改任顧問與教練，協助企業打造團隊與發展領導力。她在劍橋嘉治管理學院教授高管教育課程，並經常受邀在世界各地演講。她目前與丈夫以及兩個孩子住在倫敦。

註解

① 有句諺語「**所有閃閃發光的東西未必是金子**」（All that glitters is not gold），而出處最早可追溯至十二世紀法國神學家阿蘭・德・里爾（Alain de Lille）譯自當地俗語。十二世紀以降，「所有閃閃發光的東西未必是黃金」這句話可見於諸多歌曲、詩歌和文學作品，如喬叟（Chaucer）的《聲譽之屋》（Hit is not al gold, that glareth, *The House of Fame*）、莎士比亞（Shakespeare）的《威尼斯商人》（All that glisters is not gold, *Merchant of Venice*）、米格爾・德・塞萬提斯（Miguel de Cervantes）的《唐吉軻德》（no es oro todo lo que reluce, *Don Quixote*）以及托爾金（JRR Tolkien）原為《魔戒首部曲：魔戒現身》（*The Fellowship of the Ring*）所做的一首詩。

緒論

① Aldrin, Buzz, *Magnifi cent Desolation: Th e Long Journey Home from the Moon*, Harmony, 2009

② Bull, Andy, 'Jonny Wilkinson: It took a few years for the pressure to really build. And then it exploded', *The Guardian*, 9 September 2019

③ Kondos Field, Valorie, TED talk, *Why Winning Doesn't Always Equal Success*, 2019

第1章

① International Association of Athletics Federations

② Trump, Donald, May 2016, electoral campaign speech

③ *Oxford English Dictionary*, www.oed.com

④ Gaucher, Danielle, Friesen, Justin and Kay, Aaron C., 'Evidence that gendered wording in job advertisements exists and sustains gender inequality', *Journal of Personality and Social Psychology*, Vol. 101, No. 1, 109–128, 2011

⑤ Kohn, Alfie, *No Contest: The Case Against Competition: Why We Lose in Our Race to Win*, Houghton Mifflin, 1986, p. 30

⑥ Hauser, David, 'The War on Prevention II: Battle metaphors undermine cancer treatment and prevention and do not increase vigilance', *Health Communication*, 4 August 2019

⑦ Stiglitz, Joseph, 'It's time to retire metrics like GDP. They don't measure everything that matters', *The Guardian*, 24 November 2019

⑧ Muller, Jerry Z., *The Tyranny of Metrics*, Princeton University Press, 2018, p.79

⑨ Winsten, Jay, 'Science and the media: The boundaries of truth', *Health Affairs*, Spring 1985, pp. 5–23

⑩ For example, Jacobsson, Eva-Maria, Becker, Lee B., Vlad, Tudor, Hollifield, C. Ann and

Jacobsson, Adam, 'The impact of market competition on journalistic performance'. Presented to the Journalism Research and Education Section of the *International Association for Media and Communication Research* conference, Stockholm, July 2008

第2章

① 囚徒困境是賽局理論中最著名的模型之一，說明了為什麼即使合作符合雙方的最大利益，兩個理性的人可能不合作。它的歷史可以追溯到一九五〇年由梅里爾．弗勒德（Merrill Flood）和梅爾文．德雷希爾（Melvin Dresher）進行的心理學研究，並由阿爾伯特．W．塔克（Albert W. Tucker）正式提出，他描述幫派的兩名成員被捕入獄。兩人隔離監禁，因此彼此無法溝通。檢察官為每名囚犯提供討價還價的機會：每人都有機會透過作證另一犯人有罪來背叛對方，或者與對方合作而保持沉默。如果他們彼此背叛，則兩人都將被判入獄兩年。如果雙方保持沉默，那麼兩人都只要服刑一年。但是，如果一個人出賣了另一個，則背叛者被釋放，另一個被判入獄三年（反之亦然）。
如果兩個囚犯彼此合作，則比都背叛更有利，但是如果一個人在對手合作時背叛，則背叛者可以獲得更大利益。當牽涉到兩個人，個人看似理性的思考再也不理性了。從長遠來看，當雙方合作時，每個人都獲利最大。

② 我在領導力信任培訓機構（The Leadership Trust）首度運用這個練習題，這個機構組織的課程著重體驗式學習和反思時刻。 我也看過許多商學院使用這個練習題。

③ Kohn, p. 12

④ De Waal, Frans, TED talk, *Moral Behaviour in Animals*, 2012

⑤ Kohn, p. 21

⑥ Ibid.

⑦ Darwin, Charles, *The Origin of the Species*, Chapter III, John Murray, 1859, p. 6

⑧ Bandura, Albert, *Social Learning Theory*, Pearson, 1976

⑨ Discussed in Robertson, Ian, *The Winner Effect: The Science of Success and How to Use It*, Bloomsbury, 2012

⑩ Cuddy, Amy, TED talk, *Your Body Language May Shape Who You Are*, 2012. 令人玩味的是，柯蒂備受矚目的「強勢姿勢」研究也引來了許多敵意滿滿的攻擊和質疑，而柯蒂得為自己的研究辯駁。

⑪ Vickers, Emma, 'Problem gambling among athletes: Why are they susceptible?', *Believe Perform*, https://believeperform.com/problem-gambling-among-athletes-why-are-they-susceptible/

⑫ Syed, Matthew, *Bounce: The Myth of Talent and the Power of Practice*, HarperCollins, 2010, p. 195

⑬ Bull

⑭ Goldman, Robert and Klatz, Ronald, *Death in the Locker Room: Drugs & Sports* (2nd ed.), Elite Sports Medicine Publications, 1992, p. 24

⑮ Connor, James, Woolf, Jules and Mazanov, Jason, 'Would they dope? Revisiting the Goldman dilemma', *British Journal of Sports Medicine*, Vol. 47, No. 11, 697–700, January 2013
⑯ Ryan, Frank, *Sports and Psychology*, Prentice-Hall, 1981, p. 205

第3章

① Criado Perez, Caroline, *Invisible Women: Exposing Data Bias in a World Designed for Men*, Chatto & Windus, 2019, p. xi
② Giridharadas, Anand, *Winners Take All: The Elite Charade of Changing the World*, Knopf, 2018
③ 意為「我就是我們，我們就是我，不分彼此、緊緊相依」（I am because we are），多虧了戴斯蒙・屠圖（Desmond Tutu）和曼德拉，烏班圖哲學也逐漸在非洲以外的地區廣為人知。
④ 一種綜合拳擊與摔角的武術。
⑤ The Olympic motto', www.olympic.org/the-olympic-motto

第4章

① 伊莉莎白・梅姬（Elizabeth Magie）於二十世紀初期發明了**大富翁**桌遊，初衷意在勸諫玩家「土地掠奪」和資本主義下壟斷思維的危險。
② Heffernan, Margaret, 'Hierarchies lie at the root of corporate decay', *Financial Times*, 7 December 2017
③ Karlgaard, Rich, *Late Bloomers: The Power of Patience in a World Obsessed with Early Achievement*, Currency, 2019

第5章

① Levine, Madeline, 'Kids don't need to stay "on track" to succeed', *The Atlantic*, 16 February 2020
② Heffernan, Margaret, *The Bigger Prize*, Simon & Schuster, 2014, p. 53
③ Zander, Benjamin and Zander, Rosamund Stone, *The Art of Possibility*, Penguin, 2000, p. 31
④ Zander & Zander, p. 46. 威爾・克魯齊菲爾德（Will Crutchfield）稍早便曾感嘆鋼琴競賽造成各演奏者對樂曲的詮釋幾乎大同小異；演奏者們不願意挑戰演奏技巧、一心避免出錯，只為了求勝。但這樣的行為實是在扼殺演奏的潛能：'The ills of piano competitions', *New York Times*, 16 May 1985
⑤ Boyle, David, *Tickbox*, Little Brown, 2020, p. 232
⑥ Muller, p. 92
⑦ Zander & Zander, p. 25
⑧ Cited in Barker, Eric, *Barking up the Wrong Tree: The Surprising Science Behind Why Everything You Know About Success is (Mostly) Wrong*, HarperOne, 2017, pp. 9–10

⑨ Kohn, p. 100
⑩ Carse, James P., *Finite and Infinite Games*, Free Press, 1986, p. 73
⑪ Sistek, Hanna, 'South Korean students wracked with stress. South Korea has one of the best education systems in the world, but student suicide rates remain high', www.aljazeera.com/indepth/features/2013/12/south-korean-students-wracked-with-stress-201312884628494144.html, 8 December 2013
⑫ Dweck, Carol, *Mindset: The New Psychology of Success*, Random House, 2006
⑬ Kosslyn, Stephen, M., 'Are you developing skills that won't be automated?' *Harvard Business Review*, September 2019
⑭ Seldon, Anthony, 'Anthony Seldon on the future of education', www.schoolhousemagazine.co.uk/education/anthony-seldon/, 10 February 2017
⑮ Heffernan, M., 'How to Kill Creativity, the Microsoft Way', *Inc.*, 6 Feb 2014
⑯ Pink, Daniel, H., *Drive: The Surprising Truth About What Motivates Us,* Canongate, 2009
⑰ de Botton, Alain, 'The materialistic world: An ordinary life is no longer good enough', *London Real*, 2020, www.youtube.com/watch?v=wLt24P8-cCs
⑱ Vernon, Annie, *Mind Games: Determination, Doubt and Lucky Socks: An Insider's Guide to the Psychology of Elite Athletes*', Bloomsbury, 2019, p. 209

第6章

① Syed, Matthew, 'Thomas Bjorn: I felt empty winning tournaments on my own, but this Ryder Cup victory was great', *The Times*, 3 October 2018
② Fury, Tyson, *Behind the Mask: My Autobiography*, Century, 2019, p. 142
③ Hutchinson, Michael, *Faster: The Obsession, Science and Luck Behind the World's Fastest Cyclists*, Bloomsbury, 2014, p. 152
④ Ransley, Tom, 'British rower Tom Ransley retires after Games delay', www.bbc.co.uk/sport/rowing/52140705, 3 April 2020
⑤ Agassi, Andre, *Open: An Autobiography*, HarperCollins 2009, location 3241 [e-book]
⑥ Vernon, p. 214
⑦ Kalwij, Adriaan, 'The effects of competition outcomes on health: Evidence from the lifespans of US Olympic medalists', *CESR-Schaeffer Working Paper* No 2017-006, 20 September 2017
⑧ Whipple, Tom, 'Disappointment sends silver medallists to an early grave', *The Times*, 13 October 2018
⑨ Seinfeld, Jerry, 'I'm Telling You for the Last Time', filmed live in Broadhurst Theatre, New York, 1998, www.youtube.com/watch?time_continue=5&v=PbIEjy_ww90&feature=emb_title
⑩ Goldman, Jason, G., 'Why bronze medalists are happier than silver winners', *Scientific American*, 9 August 2012

⑪ 與「銀牌症候群」有關的各種研究的深入討論，請參考播客*The Happiness Lab*, Dr Laurie Santos, Episode 3, 'A silver lining', 1 October 2019.

⑫ Dorland, Jason, *Chariots and Horses: Life Lessons from an Olympic Rower*, Heritage House, 2011, p. 119

⑬ Hughes, Geraint, 'Team GB's men's rowers emotional over Tokyo Olympic Games 2020 training', *Sky Sports News*, 8 January 2020

⑭ Hutchinson, p. 152

⑮ Campbell, Cate, 'A letter to... the keyboard warriors', www.exclusiveinsight.com/cate-campbell-a-letter-to-the-keyboard-warriors/, 29 August 2018

⑯ 'State of Sport 2018: Half of retired sportspeople have concerns over mental and emotional wellbeing', www.bbc.co.uk/sport/42871491, 5 February 2018

⑰ EY, 'EY Personal Performance Programme', www.ey.com/en_uk/workforce/personal-performance-programme

⑱ Grey-Thompson, Baroness Tanni, *Duty of Care in Sport*. Independent review to Government, April 2017, www.gov.uk/government/publications/duty-of-care-in-sport-review, p. 4. 筆者執筆寫此書的當下，文中仍有許多建言尚未為政府採納、尚未付諸實行。

⑲ Cavallerio, Francesca, 'Sportsmen must develop identities outside sport', *The Statesman*, 21 June 2020

⑳ 有愈來愈多研究使我們對運動員的轉型更為了解，例如：Dacyshyn, A., 'When the balance is gone: The sport and retirement experiences of elite female gymnasts', in Coakley, J., Donnelly, P., (eds.), *Inside Sports*, Routledge, 1999, pp. 212-222.

㉑ Douglas, Kitrina, 'Storying myself: Negotiating a relational identity in professional sport', *Qualitative Research in Sport and Exercise*, Vol. 1, No. 2, 176–190, 2009

㉒ Harper, Douglas, *Online Etymological Dictionary*, www.etymonline.com

㉓ Hutchinson, p. 10

㉔ 'Better culture creates a stronger system', UK Sport press statement, published on UK Sport website, www.uksport.gov.uk/news/2017/10/24/uk-sport-statement-on-culture, 24 October 2017

㉕ Ingle, Sean, 'British Bobsleigh team told: Keep quiet about bullying or miss Olympics', *The Observer*, 17 June 2017; Ingle, Sean, 'Inside British bobsleigh's "toxic" culture: The latest Olympic sport in the dock', *The Guardian*, 9 October 2017. 二〇一七年的獨立評論探討賽界在治理、領導與文化上的缺失。www.uksport.gov.uk/news/2017/06/14/british-cycling

㉖ Canadian Olympic Committee, 'Values', https://olympic.ca/canadian-olympic-committee/values/

㉗ 研究指出，過度遵循傳統「運動倫理」中體現的規範和價值觀（犧牲奉獻、追求冒險、挑戰極限的敘事）使運動員特別容易陷入作弊的誘惑。Hughes, R., Coakley, J., 'Positive Deviance

among Athletes: The Implications of Overconformity to the Sport Ethic', *Sociology of Sport Journal*, Vol. 8, Issue 4, pp. 307-325
㉘ Moore, Richard, *The Dirtiest Race in History: Ben Johnson, Carl Lewis and the 1988 Olympic 100m Final*, Wisden, 2013, p. 299
㉙ Atherton, Mike, 'It's sport, not business. Australia's sandpaper-gate report is vital for administrators everywhere. Mike Atherton says fi ndings show damage of "win at all costs" ethos', *The Times*, 30 October 2018
㉚ Sport England research, www.sportengland.org/campaigns-and-our-work/this-girl-can
㉛ Visek, Amanda J., Mannix, Heather, M., Chandran, Avinash, Cleary, Sean D., McDonnell, Karen and DiPietro, Loretta, 'Perceived importance of the fun integration theory's factors and determinants: A comparison amongst players, parents and coaches', *International Journal of Sports Science and Coaching*, 27 September 2018; Visek, Amanda J., Achrati, Sara M., Manning, Heather, McDonnell, Karen, Harris, Brandonn S. and DiPietro, Loretta, 'The fun integration theory: Towards sustaining children and adolescents sport participation', *Journal of Physical Activity and Health*, Vol. 12, No. 3, 424–433, 2015

第7章

① Pfeffer, Jeffrey and Sutton, Robert, 'The knowing doing gap', *Stanford Business*, 1 November 1999
② Pfeffer, Jeffrey and Sutton, Robert, *The Knowing-Doing Gap: How Smart Companies Turn Knowledge into Action*, Harvard Business School Press, 2000, p. 211
③ Hill, Andrew, 'The difficulty in managing things that cannot easily be measured', *Financial Times*, 26 November 2018
④ Hill, Andrew, 'The executive success factors that lead directly to jail', *Financial Times*, 10 February 2020
⑤ Muller, p. 20
⑥ Pilling, David, *The Growth Delusion*, Bloomsbury, 2018, pp. 1–4
⑦ Stiglitz
⑧ Heffernan, p. 113
⑨ Reitz, Megan and Higgins, John, *Speak Up: Say What Needs to be Said and Hear What Needs to be Heard*, Pearson, 2019
⑩ *Salz Review: An Independent Review of Barclays' Business Practices*, April 2013
⑪ Quoted in Heff ernan, p. 287
⑫ Quoted in Daisley, Bruce, *The Joy of Work*, Penguin Random House, 2019, pp. 3, 21
⑬ DeLong, Thomas J. and Vijayaraghavan, Vineeta, 'Let's hear it for B players', *Harvard Business Review*, June 2003

第8章

① www.parliament.nz/en/pb/hansard-debates/rhr/combined/HansDeb_20190319_20190319_ 08
② Luttwak, Edward, *The Pentagon and the Art of War*, Simon & Schuster, 1985
③ Mackay, Andrew and Tatham, Steve, *Behavioural Conflict: Why Understanding People and Their Motivations Will Prove Decisive in Future Conflict*, Military Studies Press, 2011
④ McChrystal, General Stanley, *Team of Teams: New Rules of Engagement for a Complex World*, Penguin, 2015, p. 249
⑤ '"You did not act in time": Greta Thunberg's full speech to MPs', *The Guardian*, 23 April 2019

第9章

① Sinek, Simon, *The Infinite Game*, Penguin, 2019, p. 128
② Brooks, David, *The Social Animal: A Story of How Success Happens*, Random House, 2011, p. x

第10章

① Cable, Dan, *Alive: The Neuroscience of Helping Your People Love What They Do*, Harvard Business Review Press, 2019, p. 123
② Petriglieri, Gianpiero, 'Are our management theories outdated?', *Harvard Business Review*, 18 June 2020
③ Hill, Alex, Mellon, Liz and Goddard, Jules, 'How winning organizations last 100 years', *Harvard Business Review*, 27 September 2018. 該篇文章指出標準普爾500（S&P 500）公司的企業平均壽命在近八十年來跌幅為八十%（從六十七年到十五年），而過去三十年共有七六%的富時100指數（FTSE 100）公司關門大吉。
④ Collins, Jim, *Good to Great: Why Some Companies Make the Leap… And Others Don't*, Collins, 2001
⑤ For example, Apple, 'Apple's Worldwide Developers Conference 2020 kicks off in June with an all-new online format', 13 March 2020, www.apple.com/uk/newsroom/2020/03/apples-wwdc-2020-kicks-off-in-june-with-an-all-new-online-format/
⑥ Google, 'Our approach to Search', www.google.com/search/howsearchworks/mission/
⑦ Ernst & Young, 'The business case for purpose', *Harvard Business Review* Survey, 2016
⑧ Serafeim, George, 'Facebook, BlackRock, and the case for purpose-driven companies', *Harvard Business Review*, 2018; Serafeim, George, 'The type of socially responsible investments that make firms more profitable', *Harvard Business Review*, 2015, www.hbr.org/2018/01/facebook-blackrock-and-the-case-for-purpose-driven-companies
⑨ Phillips, Robert, 'Accountability: A business answer to a world in crisis', www.

jerichochambers.com, 19 November 2019
⑩ Kerr, James, *Legacy: What the All Blacks Can Teach Us About the Business of Life*, Constable, 2013, p. 13
⑪ Czihsentmihalyi, Mihalyi, *Flow: The Psychology of Optimal Experience*, CreateSpace Independent Publishing, 1990
⑫ 英國划船協會的運動心理學家克里斯‧尚布魯克創造了「被結果綁架」（outcome hijack）一詞，幫我們注意到何時回到了是否會獲勝與看重結果的思維，並透過獲勝與結果來定義自己。然後，我們可以重新專注於當下表現，以及使我們的船盡可能划得更快之上。
⑬ 儘管正向心理學在一九九八年才正式定為心理學的一個分支，但其奠基於幾千年前的宗教和歷史概念，特別是「圓滿幸福的狀態」（eudaimonia，「美好生活」或「幸福生活」）的概念。 第3章中提到了亞里斯多德倫理學的核心，在西歐和美國發展興盛，並強調幸福是透過正面情緒、社會連結而非任何身外之物而得。 正向心理與樂觀主義，專注於目標和「有意義的生活」，激發我們考慮內在價值和認識生活中真正重要的事。其涉及到我們對時間的看法改變，更為未來可能性所激勵，甚於過去的問題。
⑭ Hunt-Davis, Ben and Beveridge, Harriet, *Will It Make the Boat Go Faster? Olympic-winning Strategies for Everyday Success*, Matador, 2012; www.willitmaketheboatgofaster.com
⑮ Amabile, Teresa and Kramer, Steven, *The Progress Principle: Using Small Wins to Ignite Joy, Engagement, and Creativity at Work,* Harvard Business Review Press, 2011, pp. 7, 10
⑯ BBC Radio 4, 'The Cathedral Th inkers', released 24 March 2020, *BBC Sounds*
⑰ Ries, Eric, *The Lean Startup: How Today's Entrepreneurs Use Continuous Innovation to Create Radically Successful Businesses*, Crown, 2011
⑱ EPIC (Embankment Project for Inclusive Capitalism), www.epic-value.com
⑲ Pembroke, Beatrice and Saltmarshe, Ella, 'The long time', *Medium,* 29 October 2018
⑳ BBC Ideas, 'Do we need to re-think our ideas of time?' www.bbc.co.uk/ideas/videos/do-we-need-to-re-think-our-ideas-of-time/p0818lnv
㉑ Future of Humainty Institute, www.fhi.ox.ac.uk/
㉒ The Long Now Foundation, www.longnow.org
㉓ The Attic, 'The long reach of long now', www.theattic.space/home-page-blogs/2018/6/1/the-long-reach-of-long-now, 1 June 2018
㉔ Thunberg, Greta, Speech to UK Parliament, 23 April 2019
㉕ Heffernan, Margaret, *Uncharted: How to Map the Future Together*, Simon & Schuster, 2020, p. 214
㉖ Barker, pp. 239–241
㉗ Kahneman, Daniel and Deaton, Angus, 'High income improves evaluation of life but not emotional well-being', Center for Health and Well-being, Princeton University, 4 August 2010

㉘ Kuhn, Peter J., Kooreman, Peter, Soetevent, Adriaan and Kapteyn, Arie, 'The own and social effects of an unexpected income shock: Evidence from the Dutch postcode lottery', UC Santa Barbara: Department of Economics, 2008
㉙ Brickman, Philip, Coates, Dan and Janoff-Bulman, Ronnie, 'Lottery winners and accident victims: Is happiness relative?', *Journal of Personality and Social Psychology*, Vol. 36, No. 8, 917–927, 1978
㉚ Sinek, pp. 221, 223
㉛ 勤業眾信（Deloitte）與美國的非營利組織「社會進步指令」（Social Progress Imperative）共同發展出一套「社會進步指數衡量」（Social Progress Index, SPI），於二〇一五年印行刊出。這套衡量表著重於社會與環境指標，並認為衡量一個國家的發展已不能再單視經濟成長而定。

第11章

① Toffler, Alvin, *Powershift: Knowledge, Wealth and Power at the Edge of the 21st Century*, Bantam, 1990
② 有許多調查問過執行長在尋找哪些能力，例如：Badal, Sangeeta Bharadwa, 'Skills learned in school differ from those demanded at work', *Gallup*, 26 January 2016; 'Future of jobs', World Economic Forum, 2016, http://reports.weforum.org/future-of-jobs-2016/. 也請參閱Pistrui, Joseph, 'The future of human work is imagination, creativity and strategy', *Harvard Business Review*, 18 January 2018.
③ Nadella, Satya, *Hit Refresh: The Quest to Rediscover Microsoft's Soul and Imagine a Better Future for Everyone*, Harper, 2017
④ Syed, Matthew, *Blackbox Thinking: The Surprising Truth About Success*, John Murray, 2015
⑤ Yin, Yian, Wang, Yang and Wang, Dashun, 'Quantifying the dynamics of failure across science, startups and security', *Nature*, 30 October 2019
⑥ Bezos, Jeff , '2018 letter to shareholders, https://blog.aboutamazon.com/company-news/2018-letter-to-shareholders?utm_source=social&utm_medium=tw&utm_term=amznews&utm_content=2018letter, 11 April 2019
⑦ 阿里・艾許在聊到自己與哈桑・庫巴（Hasan Kubba）合著的*The Unfair Advantage*, in the *Extraordinary Business Book Club Podcast*, Alison Jones, Episode 202 .
⑧ 'What is Jeff Bezos' "Day One" philosophy?', *Forbes*, 21 April 2017, www.forbes.com/sites/quora/2017/04/21/what-is-jeff-bezos-day-1-philosophy/#49a720c91052
⑨ Epstein, David, *Range: Why Specialists Triumph in a Specialized World*, Riverhead, 2019, p. 97
⑩ Epstein, p. 86
⑪ Epstein, p. 90
⑫ The Cooperative Learning Institute, www.co-operation.org

⑬ Kohn, Alfie, 'A defense and analysis of cooperative learning', www.alfi ekohn.org
⑭ Syed, Matthew, *Rebel Ideas: The Power of Diverse Thinking*, John Murray, 2019
⑮ Georgenson, David L., 'The problem of transfer calls for partnership', *Training and Development Journal*, Vol. 36, 75–78, 1982
⑯ Saks, Alan M., 'So what is a good transfer of training estimate? A reply to Fitzpatrick', *The Industrial-Organizational Psychologist*, Vol. 39, 29–30, 2002
⑰ Hibbard, David and Buhrmester, Duane, 'Competitiveness, gender, and adjustment among adolescents', *Sex Roles*, Vol. 63, 412–424, 2010; Ryckman, Richard, Libby, Cary, van den Borne, Bart, Gold, Joel A. and Lindner, Marc A., 'Values of hypercompetitive and personal development competitive individuals', *Journal of Personality Assessment*, Vol. 69, No. 2, 271–283, 1997
⑱ Whitmore, John, *Coaching for Performance. The Principles and Practice of Coaching and Leadership*, Nicholas Brealey, 1992
⑲ Milner, Julia and Milner, Trenton, 'Most managers don't know how to coach people. But they can learn', *Harvard Business Review*, 14 August 2018
⑳ Mikkelsen, Kenneth and Martin, Richard, *The Neo-Generalist*, LID, 2016, p. 114

第12章

① Quoted in Thompson Parker, Jeffrey, *Flicker to Flame: Living with Purpose, Meaning, and Happiness*, self-published, 2006, p. 118
② Christensen, Clayton, *How Will You Measure Your Life?* Harvard University Press, 2017, pp. 29–30
③ Brooks, pp. xx, xviii
④ Wilson, Jeremy, 'Alex Danson has "zero regrets" after bringing glittering career to an end following cruel head injury', *The Telegraph*, 20 February 2020
⑤ Orlick, Terry, *Winning Through Cooperation: Competitive Insanity, Cooperative Alternatives*, Acropolis, 1978, p. 121
⑥ 就像在本書其他章節，我在本章中使用「合作」和「協作」二詞，沒有嚴格的區分。一般而言，合作的定義比協作隱含更大的共同利益、獨當一面的所有權和目的，但在不同領域，從政治、商業到體育的教育，兩者的運用有所差異。但無庸置疑的是，兩者都需要真正的連結。
⑦ 英國國家心理健康研究所等組織提供了許多報告，詳細介紹了近年來這些趨勢，著眼於不同面向的人口以及心理健康問題。Paul Wachtel's work, *The Poverty of Affluence: A Psychological Portrait of the American Way of Life*, Free Press, 1983一書詳盡追溯維赫特爾所謂美國的「孤立的個人主義」（isolating individualism）之由來。維赫特爾將這種「孤立的個人主義」歸咎於人們對成長永無止盡的追求與渴望。
⑧ Brown, Brené , *The Gifts of Imperfection*, Hazelden, 2010, p. 19

⑨ Schein, Edgar, *Organizational Culture and Leadership*, Wiley, 1985
⑩ 於二〇一八年十月的媒體訪談大量援引此話，這段話自那時起便廣為人提起。
⑪ 正向的文化對幸福而言很重要。 實際上，我們的友誼和人際關係的深度會在生理上影響我們的免疫力、血壓和對人生的展望及看法。 Seppala, E. and Cameron, K., 'Proof that positive work cultures are more productive', *Harvard Business Review*, December 2015
⑫ The True Athlete Project, www.thetrueathleteproject.org
⑬ Howell, Andrew J., Dopko, Raelyne L., Passmore, Holli-Anne and Buro, Karen, 'Nature connectedness: Associations with well-being and mindfulness', *Personality and Individual Differences*, Vol. 51, 166–171, 2011
⑭ Petriglieri
⑮ Skinner, Paul, *Collaborative Advantage: How Collaboration Beats Competition as a Strategy for Success*, 2018, p. 143
⑯ Vincent, John and Hitch, Sifu Julian, *Winning Not Fighting: Why You Need to Rethink Success and How You Achieve it with the Ancient Art of Wing Tsun*, Penguin, 2019, p. 60
⑰ Heffernan, *The Bigger Prize*, p. 33
⑱ Sinek, Simon, *The Infinite Game*, pp. 159–160
⑲ Grant, Adam, *Give and Take: A Revolutionary Approach to Success*, W&N, 2013, pp. 11–12
⑳ 在這方面艾美・艾德蒙森（Amy Edmondson）、山迪・潘特蘭（Sandy Pentland）、亞當・格蘭特和布芮妮・布朗著有許多相關作品、文章和研究。
㉑ Zak, Paul J., 'The neuroscience of trust', *Harvard Business Review*, Jan–Feb 2017
㉒ Yuval Noah Harari, *Sapiens: A Brief History of Humankind*, Harvill Secker, 2011

結語

① Invictus Games Foundation, www.invictusgamesfoundation.org
② Ibid.
③ Valorie Kondos Field, TED talk, *Why Winning Doesn't Always Equal Success*, 2019
④ Ibid.
⑤ Moritz, Michael, 'Geraint Thomas is the true champion of the Tour de France. Teamwork beat personal ambition as "G" helped Egan Bernal ride to victory', *Financial Times*, 2 August 2019
⑥ Dorland, Jason, *Pulling Together: A Coach's Journey to Uncover the Mindset of True Potential*, 2017, p. 241
⑦ McAvoy, John, *Redemption: From Iron Bars to Ironman*, Pitch, 2016
⑧ Gladwell, Malcolm, *David & Goliath: Underdogs, Misfits and the Art of Battling Giants*, Little, Brown & Company, 2013, pp. 12–13
⑨ Gladwell, p. 6

長勝心態

作者	凱絲·畢曉普
譯者	鍾玉玨
商周集團榮譽發行人	金惟純
商周集團執行長	郭奕伶
視覺顧問	陳栩椿
商業周刊出版部	
總編輯	余幸娟
責任編輯	林雲
封面設計	Bert
內頁排版	林婕瀅
出版發行	城邦文化事業股份有限公司-商業周刊
地址	104台北市中山區民生東路二段141號4樓
傳真服務	(02)2503-6989
劃撥帳號	50003033
戶名	英屬蓋曼群島商家庭傳媒股份有限公司城邦分公司
網站	www.businessweekly.com.tw
香港發行所	城邦(香港)出版集團有限公司 香港灣仔駱克道193號東超商業中心1樓 電話:(852)25086231 傳真:(852)25789337 E-mail:hkcite@biznetvigator.com
製版印刷	中原造像股份有限公司
總經銷	聯合發行股份有限公司 電話:(02)2917-8022
初版1刷	2021年7月
初版6.5刷	2021年8月
定價	台幣400元
ISBN	978-986-5519-55-1(平裝)

國家圖書館出版品預行編目資料

長勝心態/凱絲·畢曉普(Cath Bishop)著;鍾玉玨譯.
-- 初版. -- 臺北市:城邦商業周刊, 2021.06
面; 公分.
譯自:The long win : the search for a better way to succeed
ISBN 978-986-5519-55-1(平裝)
1.成功法
177.2 110008499

藍學堂

學習・奇趣・輕鬆讀